まもなく病気がなくなります!

［増補新版］超微小 知性体 ソマチッドの衝撃

医学・科学・宇宙に
革新的見解をもたらす
重大な発見

Somatid

上部一馬
Kazuma Uwabe

ヒカルランド

2015年10月
ノーベル賞受賞理論、
ニュートリノの質量観測は
ソマチッドの実在証明に
直結している!?

病が消失するメカニズムを捉えた!!

◎「スーパーカミオカンデ」で素粒子の半減を観測

このほど、2015年のノーベル物理学賞に東大宇宙線研究所の梶田隆章《かじたたかあき》所長が「ニュートリノ振動の発見により、ニュートリノに質量があることを示した」業績で、選出されたことがスウェーデン王立科学アカデミーから発表された。ニュートリノとは、人体を1秒間で100兆個も貫通し、太陽のほか、宇宙からも飛来し、地球ですら貫通する素粒子の一つで、これまで質量がないものとするのが定説だった。

岐阜の地下1000メートルに設置されたスーパーカミオカンデで観測したもので、地球の裏側から貫通してきたニュートリノの数が岐阜県下で半減していたことで質量の存在が裏付けられた。

このニュートリノやクォークなどの量子を載せた情報が超光速でテレポーテーション(瞬間移動)していることは、すでに東大大学院の工学系グループが2013年8月に世界で権威ある科学誌の一つ『ネイチャー』で公表していた。

近年、量子物理学の世界では、3次元と多次元世界を往来している物質こそ、ニュートリノやクォークなどの素粒子であることが判明し、超光速で時空に関係なく、テレポーテーションしていることが考えられているのだ。

この書で明らかにした永遠不滅生命体ソマチッドの実在については、本論に譲るが、どうもこのニュートリノなどの素粒子と同様に超光速で時空を超え、テレポーテーションし、動植物の生命力を喚起、人間の自然治癒力の向上に大きく関与しているとしか思えない状況証拠が揃ってきたと言える。

このソマチッドの研究では、カナダ在住の生物学者ガストン・ネサンが先駆者なのだが、日本でもこのソマチッドの研究者がこのところ、少なからず全国各地で増えてきた。

◎動植物などあらゆる生命体に命を吹き込んでいるのがソマチッドだ

本書第2章で登場していただく、20年前から1000件以上の動植物や鉱石とソマチッドの研究を続けている東《あずま》學《まなぶ》工学博士の研究は、ネサンの研究をさらに発展させた。

東博士の辿り着いた結論は、「動植物や鉱石など、地球上のあらゆる生命体には、永遠不滅生命体ソマチッドが関与しており、生命にエネルギーを与えているのは、このソマチッドにほかならない」ということだ。

しかも太陽光などの赤外線に照射されることで、ソマチッドが抱き込んでいるケイ素原

位相差顕微鏡で観察する東學工学博士（㈱グローバルハート・ソマチッド研究室）

子からマイナス電子のエネルギーが輻射される。
この電子のエネルギーこそが組織細胞や白血球、赤血球、リンパ球などを活性し、生命力及び自然治癒力を増大させる源であるというのだ。
そして、生体内が酸化したり、ネガティブな感情に支配されたりすると、ソマチッドはケイ素で身を包みこれを防御、または尿中から排泄され、体外に避難する。そして、1000年でも1万年でも、10万年でも、1億年でも生き続けるという。
したがって、いち早くこうした体調の異常な兆候をキャッチし、強力な「魂」の力を発動すれば、末期ガンや難病であろうとも病は消えていくというのだ。

先駆者ネサンの結論は、「何らかの体内の免疫力が低下した場合、ソマチッドが異常なバクテリア形態に変化する。つまりソマチッドは体の変調の指標になる」というものだ。

言わば、ソマチッドが病気の原因ではなく、〝病気の証人〟みたいな存在だという。

東博士が、「ソマチッド内のケイ素原子がマイナス電子のエネルギーを出し、あらゆる細胞にエネルギーを与え、活性化する」としたのも、ネサンの「ソマチッドは、史上最小のエネルギーコンデンサーである」と見事に一致する。

◎ソマチッドがガン細胞を正常細胞に戻す

東は、病人と健康体の人のソマチッドを観察し、この結論にいたった。

要するに病気をもたらした生活サイクルを反省し、「魂」の力を発動、赤外線エネルギーを照射するとともにソマチッドを豊富に含むスギナやヨモギ茶、水溶性ケイ素などを摂れば、正常となったソマチッドがエネルギーを与え、病は改善するという。

これを証明するのが次の写真だ。

写真①は健康な男性。赤血球がまん丸で、小さな点がソマチッドだ。画像は動画なので、

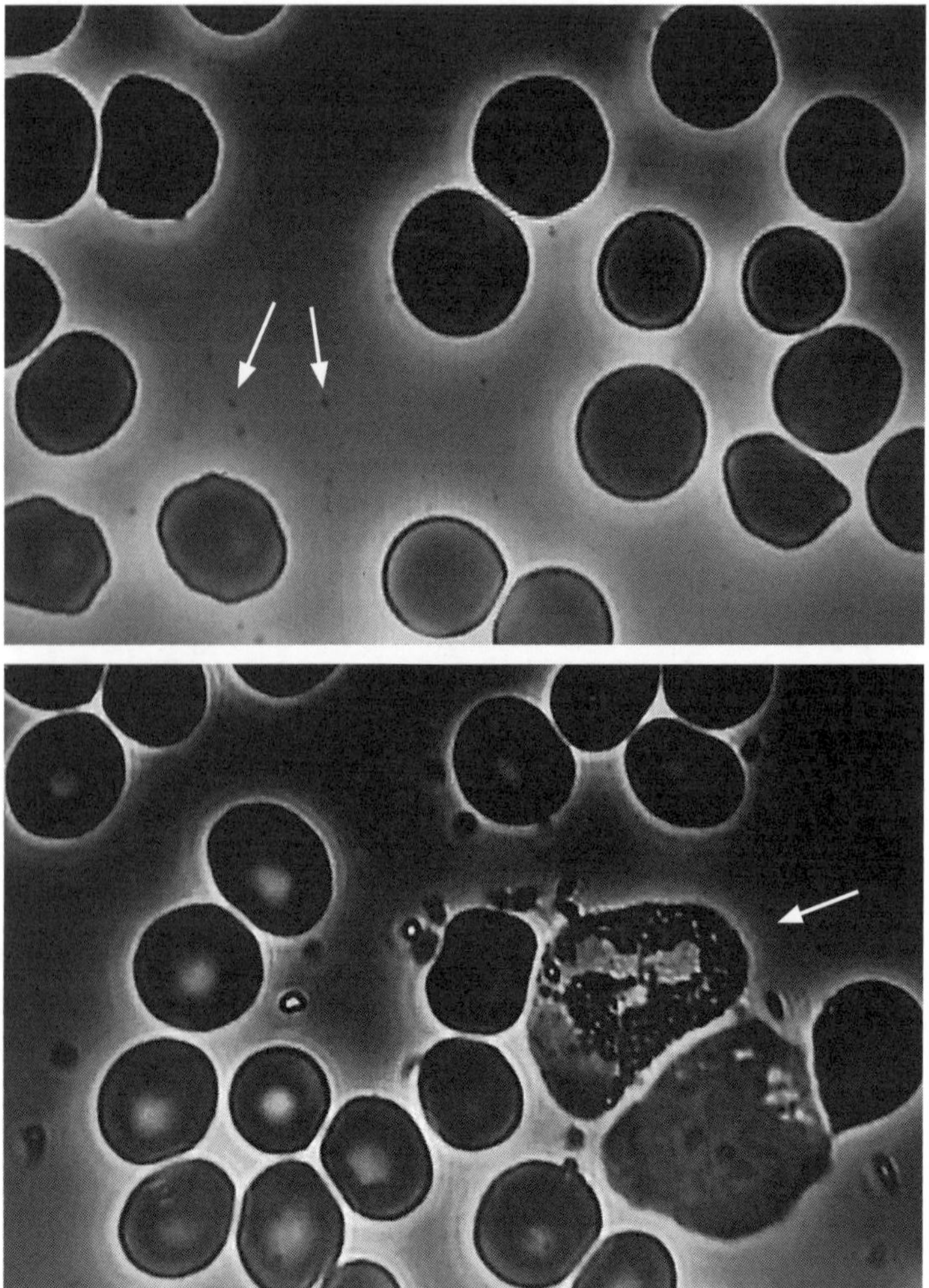

①【上】健康人は赤血球がまん丸でソマチッドが蠢動　②【下】ソマチッドに異常が見られ、ガン細胞（右下）にソマチッドが集中

小さな無数のソマチッドが蠢動し、赤血球からゾロゾロ生み出されているのが分かる。写真②は、余命3カ月と宣告されたガンを発症している50代の男性。ソマチッドに異常が見られ、右下の白い斑点のようなガン細胞中に黒い点が無数に集中しているのがわかる。これは世界初とも言えるソマチッドの衝撃映像だ。

東博士によれば、「不健康になると、ソマチッドに異常が見られるほか、ガン細胞の中にソマチッドが集中するのです。そして、このガン細胞に情報を与え、正常細胞に戻すのです。これが本来の免疫というものなのです。

むろんのこと、この男性に赤外線式ドームサウナに入ってもらい、ケイ素水や発酵食品を摂ってもらったところ、ガンは消失、今も元気です」という。

この説は、40、50年前、国を二分し争われた、孤高の天才学者、故・千島喜久男博士が説いた『赤血球分化説』とも酷似する。この学説は「あらゆる組織細胞は腸内で作られる赤血球から分化する」というものだ。したがって、腸で正常な赤血球を作るために、正しい食養生を続け、腸の健康を守れば、細胞新生が円滑化する」という。

しかし、当時、主流を占めていたのは『骨髄造血説』だ。赤血球には核もなく、DNAやRNAも備わっていないことから、学会から異端扱いされ、トンでも学説と酷評され、闇に葬られてしまったのだ。

◎ソマチッドはニュートリノと酷似する

しかし、ネサンが結論づけたように「ソマチッドが遺伝子DNAの前駆物質であり、遺伝情報を持っており、最小のエネルギーコンデンサーである」とすれば、千島博士の『赤血球分化説』は整合性を帯びてくるのだ。

東博士が導き出した仮説も、「DNAの情報を持ったソマチッドが体内で太陽光を浴びることでソマチッド内のケイ素原子からマイナス電子のエネルギーが輻射され、細胞がエネルギーを貫い、その結果、心臓をはじめとする組織細胞が動いている」というものだ。

要するにあらゆる組織細胞は、「ソマチッド内のケイ素電子が輻射するマイナス電子のエネルギーがあって初めて有機体が生命活動を開始する」というのだ。

なんという慧眼《けいがん》。今日、「心臓を動かしているのは何か」と問われ、世界中で何人の科学者がこの問いに答えられるだろうか。

まさしくソマチッドは、『創造主』または『大いなる意思』、『グレイトサムシング』の意思である『愛』『進化融合』『創造』のテーマを授かった永遠不滅生命体ではないだろうか。その正体とは、宇宙空間に蔓延するニュートリノと実に酷似するのだ。

血液中のソマチッドを挙動させる力の仮想図

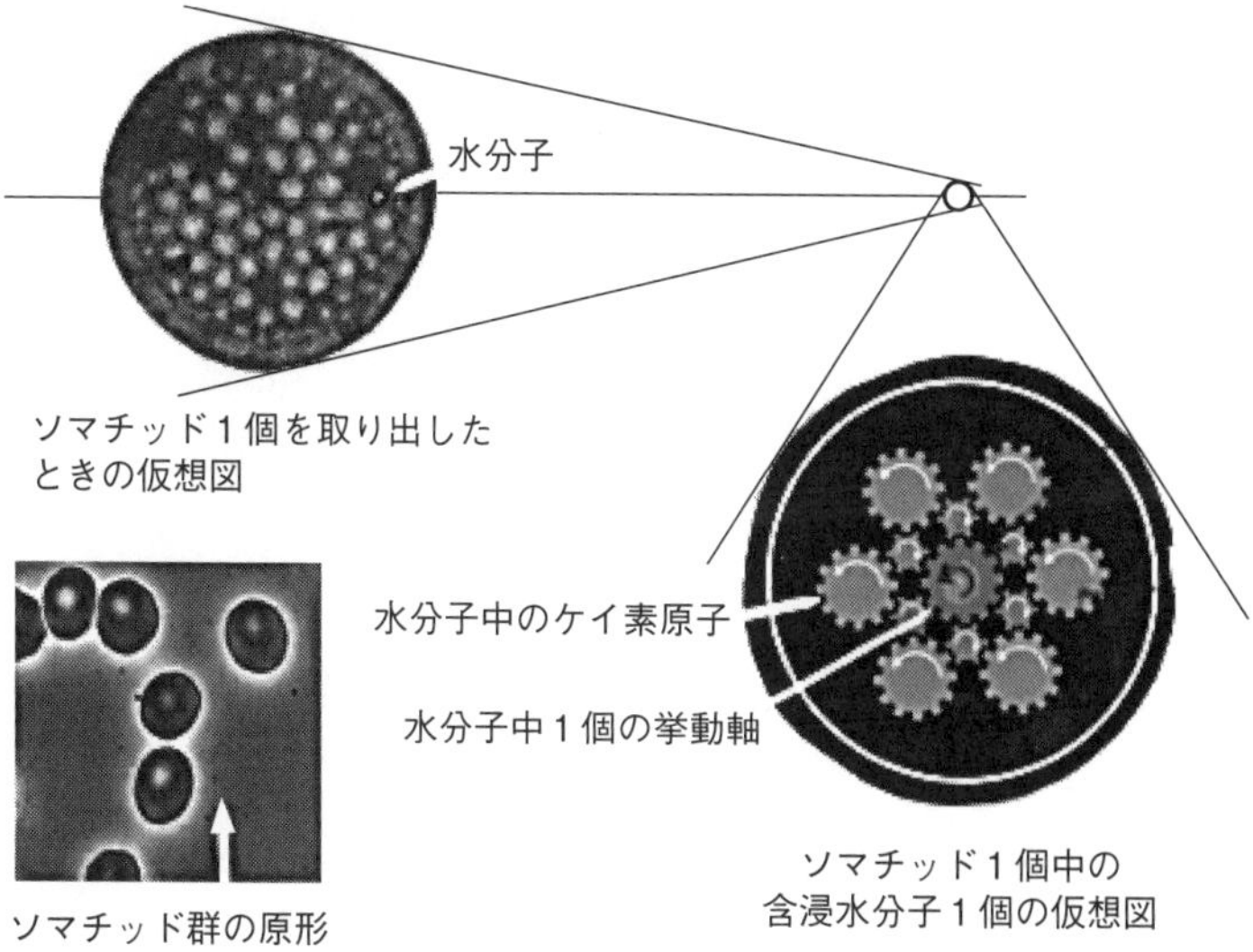

「ソマチッド内のケイ素原子からマイナス電子のエネルギーが輻射され、生命体は惹起する」という世界初の仮説

装丁　重原 隆
校正　麦秋アートセンター
本文仮名書体　文麗仮名（キャップス）

◎太陽系内から飛来する隕石にもソマチッドが含有する

本書は、拙書『超微小《知性体》ソマチッドの衝撃』の増補新版である。お陰様でこの書は、7刷となり、工学博士及び医学博士など科学者からも大きな支持を得ることができた。

初版から10年近い歳月が流れ、このソマチッドの研究はかなり進んでいるのだが、わかってきたことがまったく不思議な有機物であるということだけで、謎が深まるばかり。

ソマチッドは、太陽系内から飛んできた隕石に含有されるほか、動植物、及び鉱石にまで含有されていることがわかってきた。

人体においては血中に多く存在するほど、健康状態が良好。少ない場合は、不健康、体内環境の悪化が考えられる。この場合、良く睡眠を取り、バランスの取れた食事を摂るとともに、赤外線及びテラヘルツ波などの遠赤外線を照射、またはケイ素を多く含有するスギナ茶、テラヘルツ鉱石キミオライトなどを摂ると、血中にソマチッドが増加しだし、健

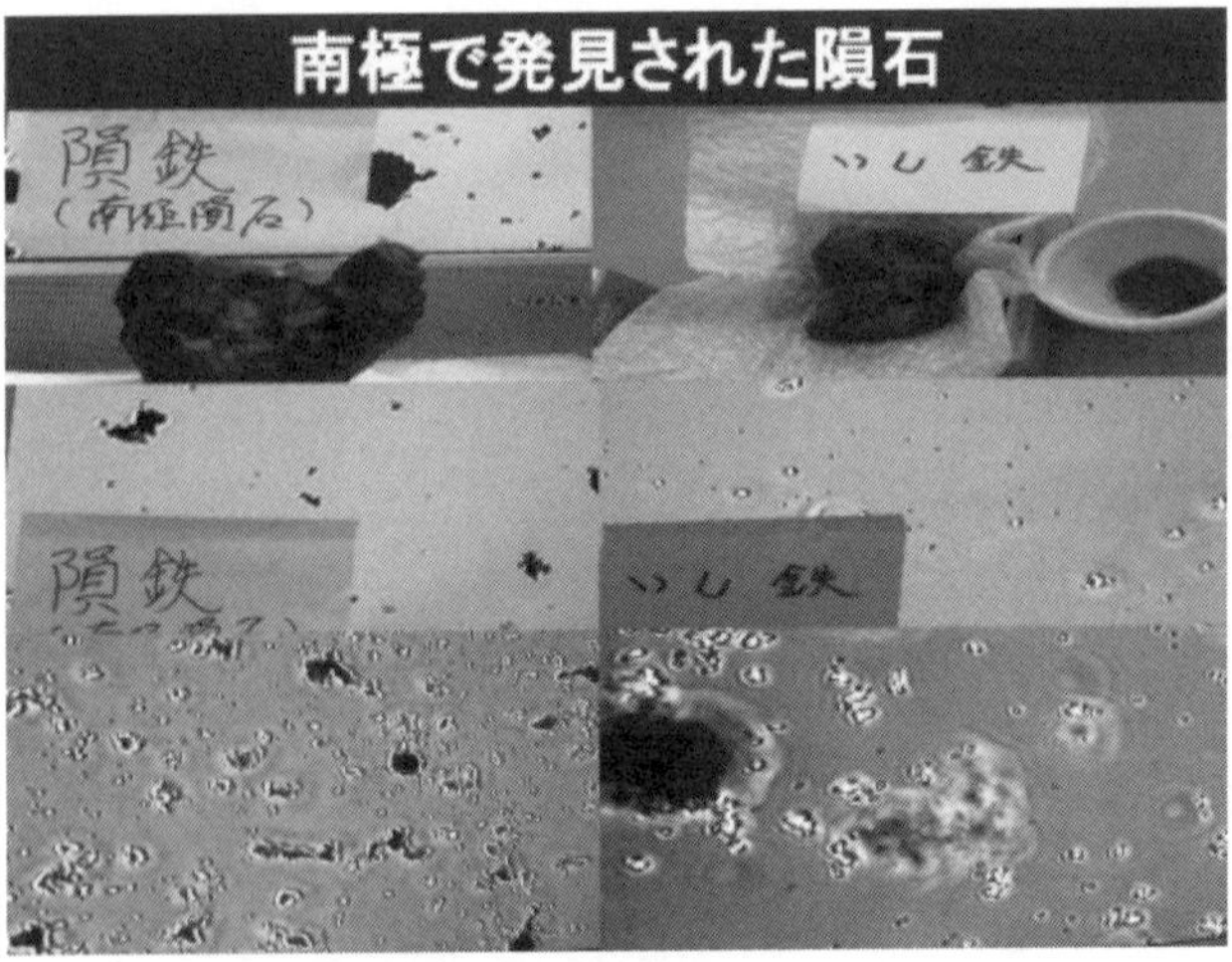

宇宙から飛来した隕石中にソマチッド

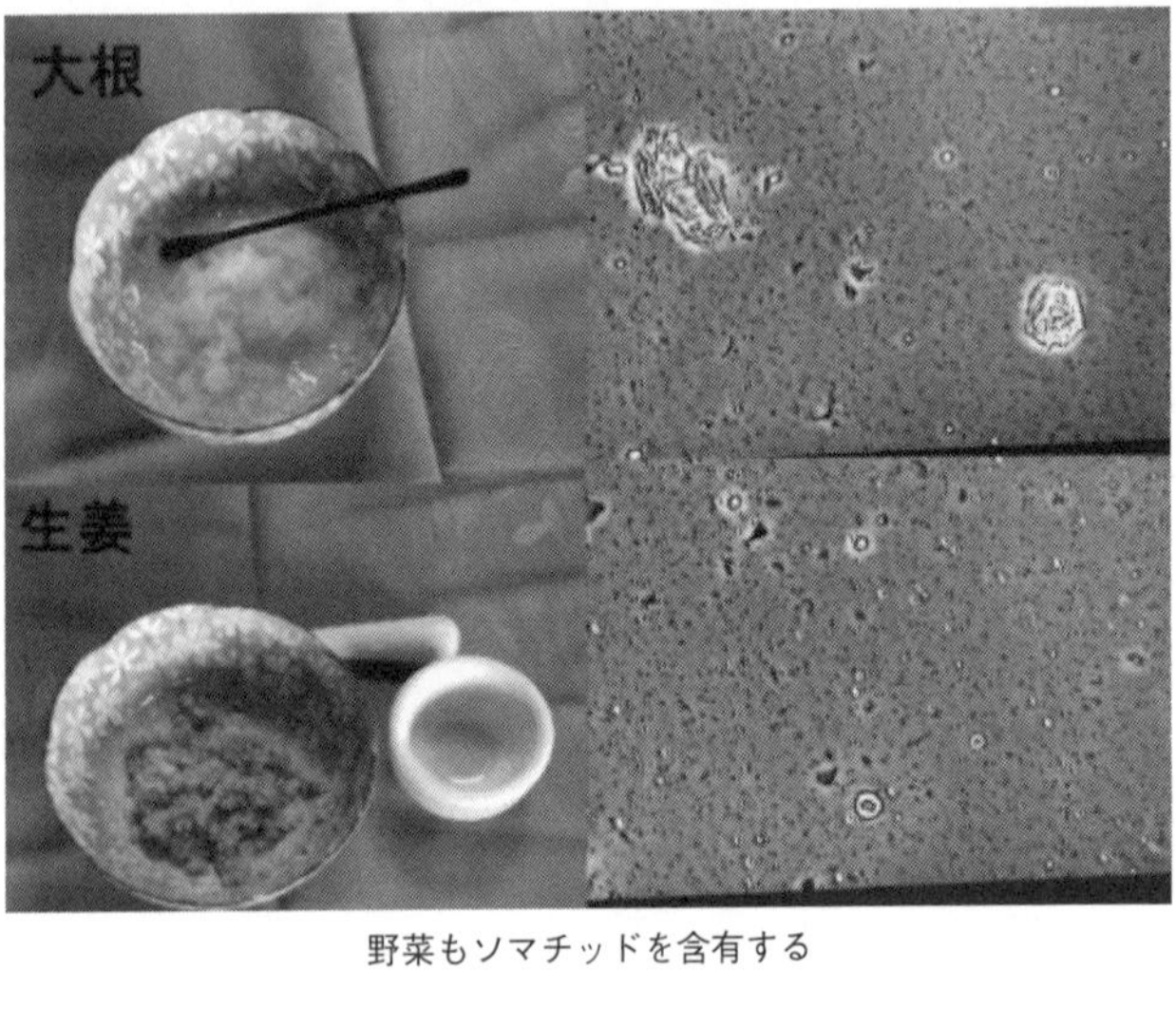

野菜もソマチッドを含有する

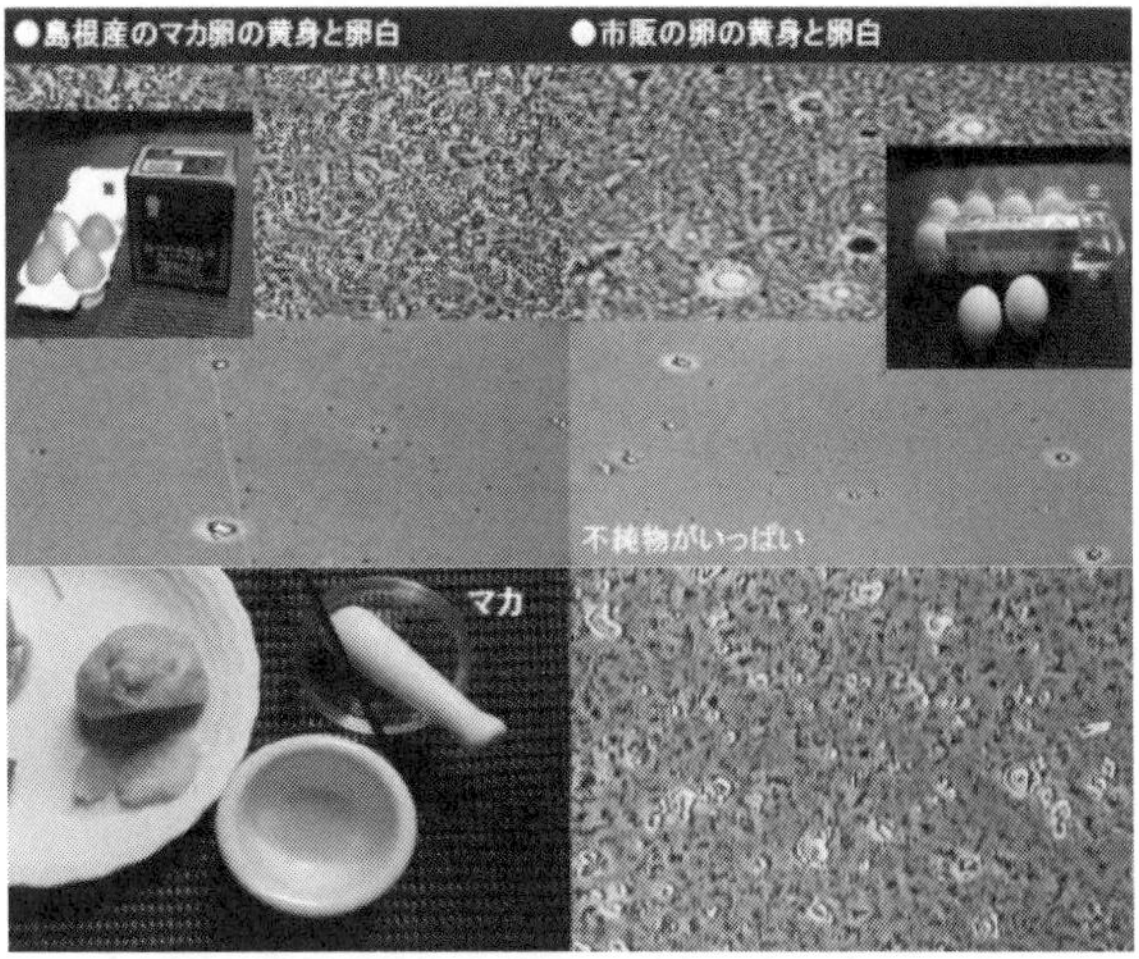

マカ卵と比較し、スーパーの卵には不純物が多い

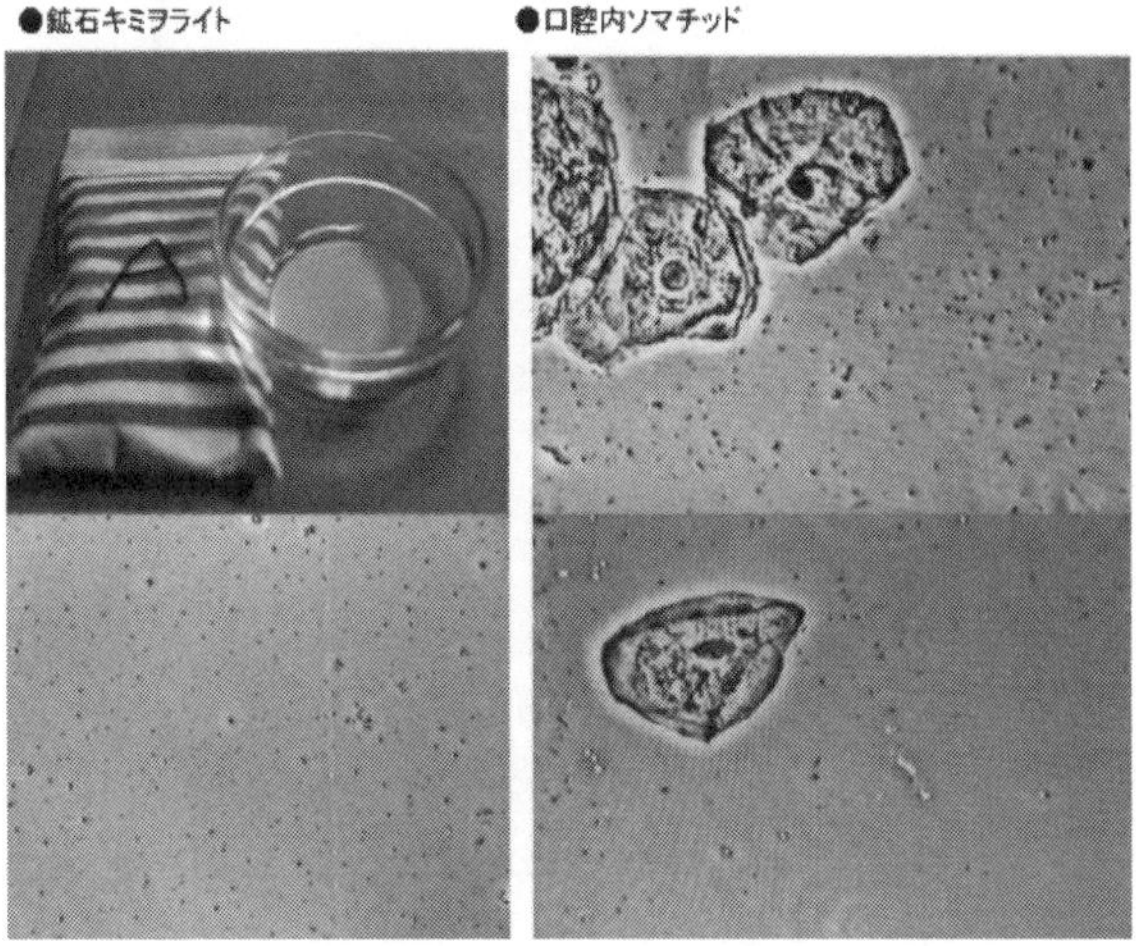

口腔内にもソマチッドが存在する
提供／食と健康を考える会代表　波多野昇

康状態も良好になることが明らかとなった。

人間の健康状態を左右するのは、1個の細胞中200個から数千個生息している原核生物由来の小器官、ミトコンドリアであることが今日の生物学では定説だ。

このゾウリムシのような細胞内小器官に酸素及び栄養素が運ばれ、ATP（アデノシン三リン酸）というエネルギーに変換、このエネルギーが細胞に運ばれ、組織細胞が活動するというメカニズムだ。

免疫理論で一世を風靡《ふうび》した故・安保徹新潟大学名誉教授によるミトコンドリアのエネルギー産生のメカニズムは、以下だ。

一つは、ミトコンドリア内に酸素が流入することで、ATPと水が作られる。これはゆったりした呼吸下で行われる。もう一つは、解糖系によって、酸素を使わずにATPと水が作られるメカニズムだ。こちらは、100メートル走や重量挙げのような過激な運動をした場合、無呼吸でエネルギーを得る方法だ。

このことから無呼吸の解糖系エンジンだけを使っていたのでは、交感神経過多となって、緊張を長時間強《し》いられ、心身に異常をきたすことになって短命となる、または発病の可能性が高くなるリスクが生じる。

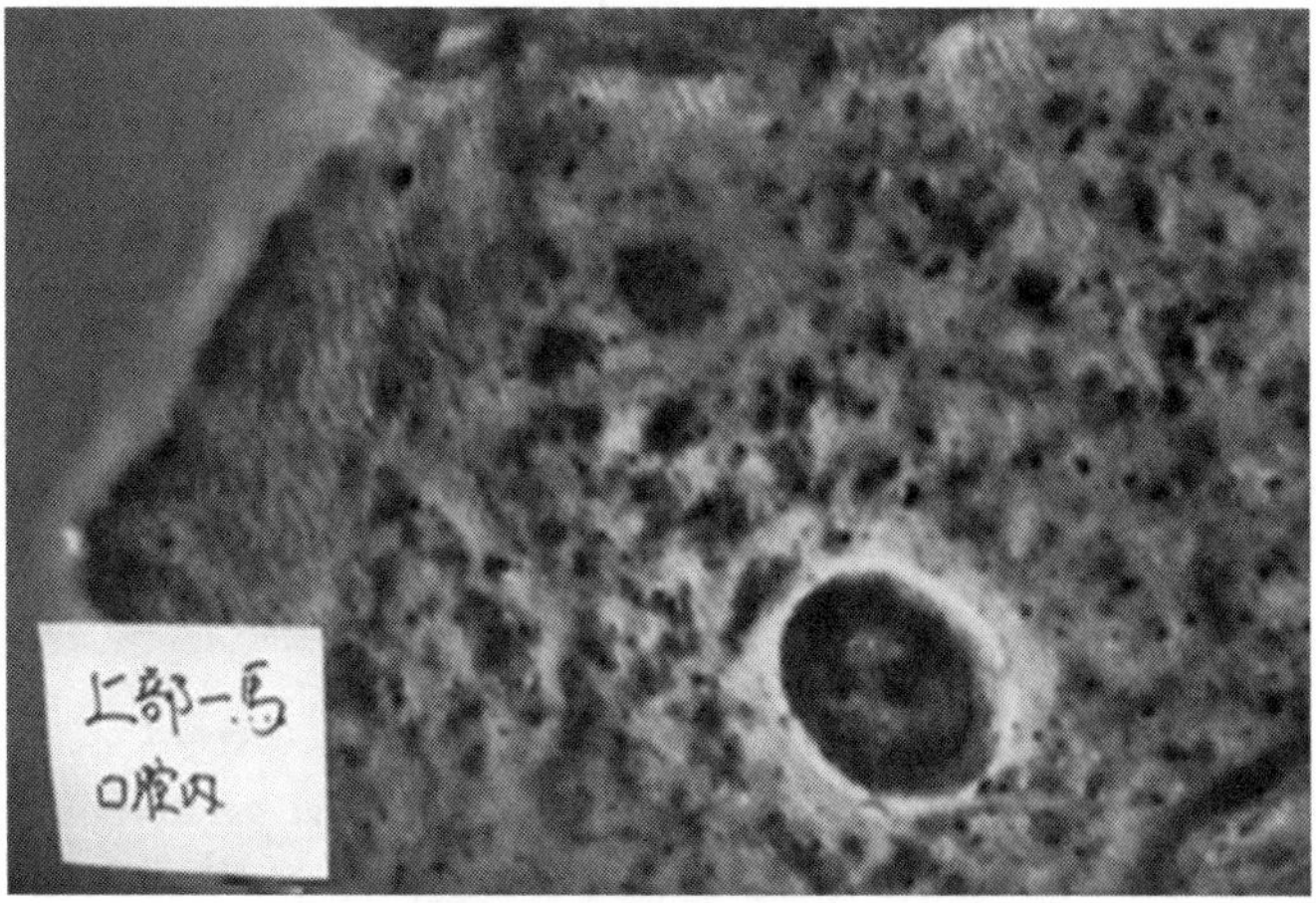

口腔内の１個の細胞を捉えた！

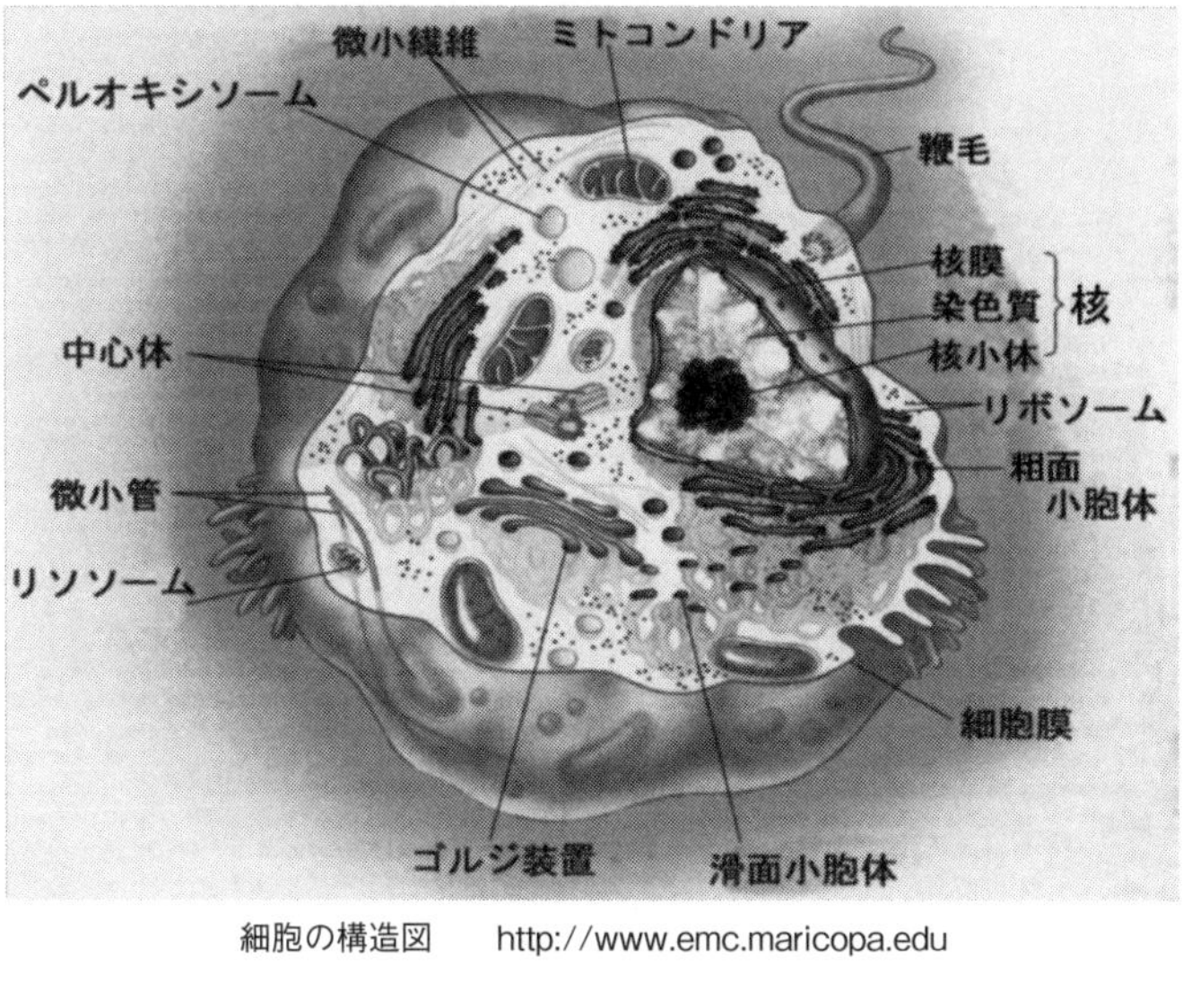

細胞の構造図　　http://www.emc.maricopa.edu

２つの回路系：非常時/酸素呼吸

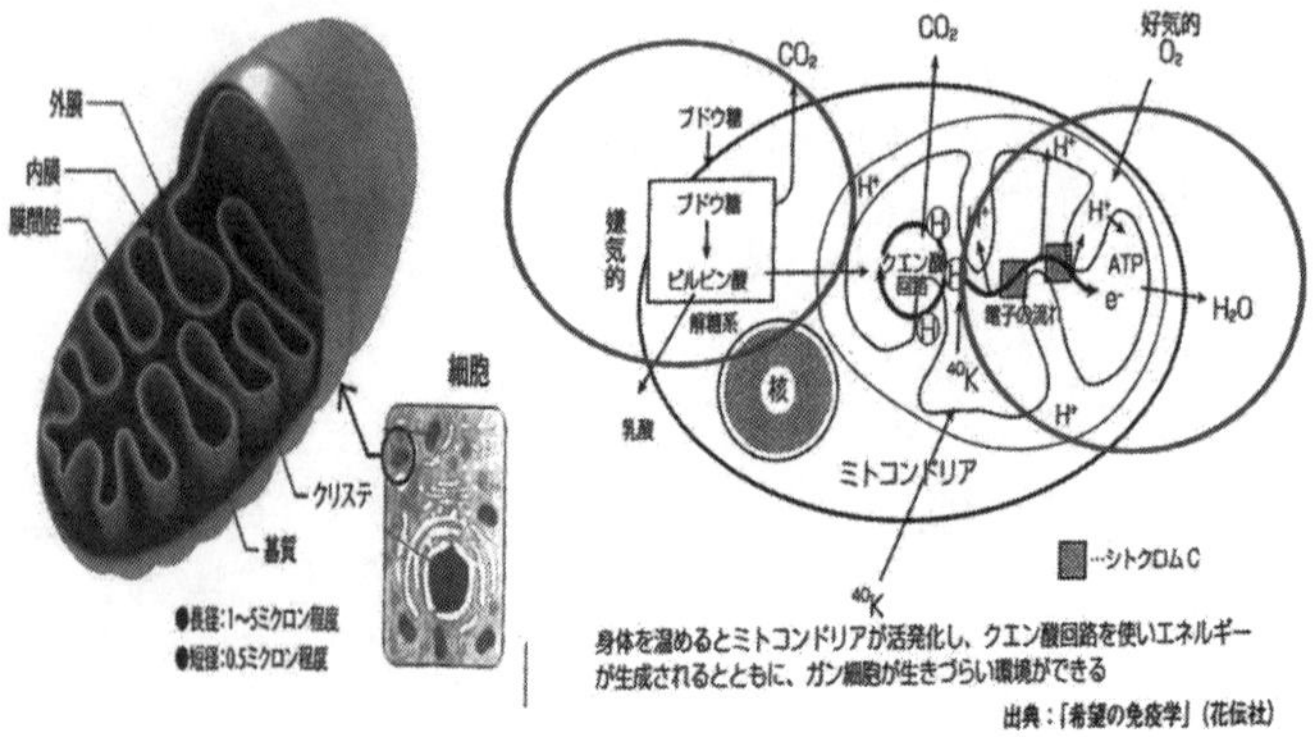

身体を温めるとミトコンドリアが活発化し、クエン酸回路を使いエネルギーが生成されるとともに、ガン細胞が生きづらい環境ができる
出典：「希望の免疫学」（花伝社）

非常時（解糖系）と呼吸時の二つのエネルギー系

したがって、深呼吸、または腹式呼吸によるリラックス状態、または、ぬるま湯に浸かるなどの副交感神経優位下では、免疫が正常に働き、万病を予防できる体質になるわけだ。

安保理論を簡単に言えば、こうなる。

ここで、筆者が推論したのは、このミトコンドリアにエネルギーを与えているのが、本書のテーマである超微小知性体ソマチッドではないかということだった。

前頁上の画像をとくとご覧いただきたい。

これが、位相差顕微鏡が捉えた口腔内の細胞1個の姿だ。筆者も初めて見た。

真ん中の大きな楕円形が核と思われる。

周辺の点々は、細胞中のミトコンドリアだ。

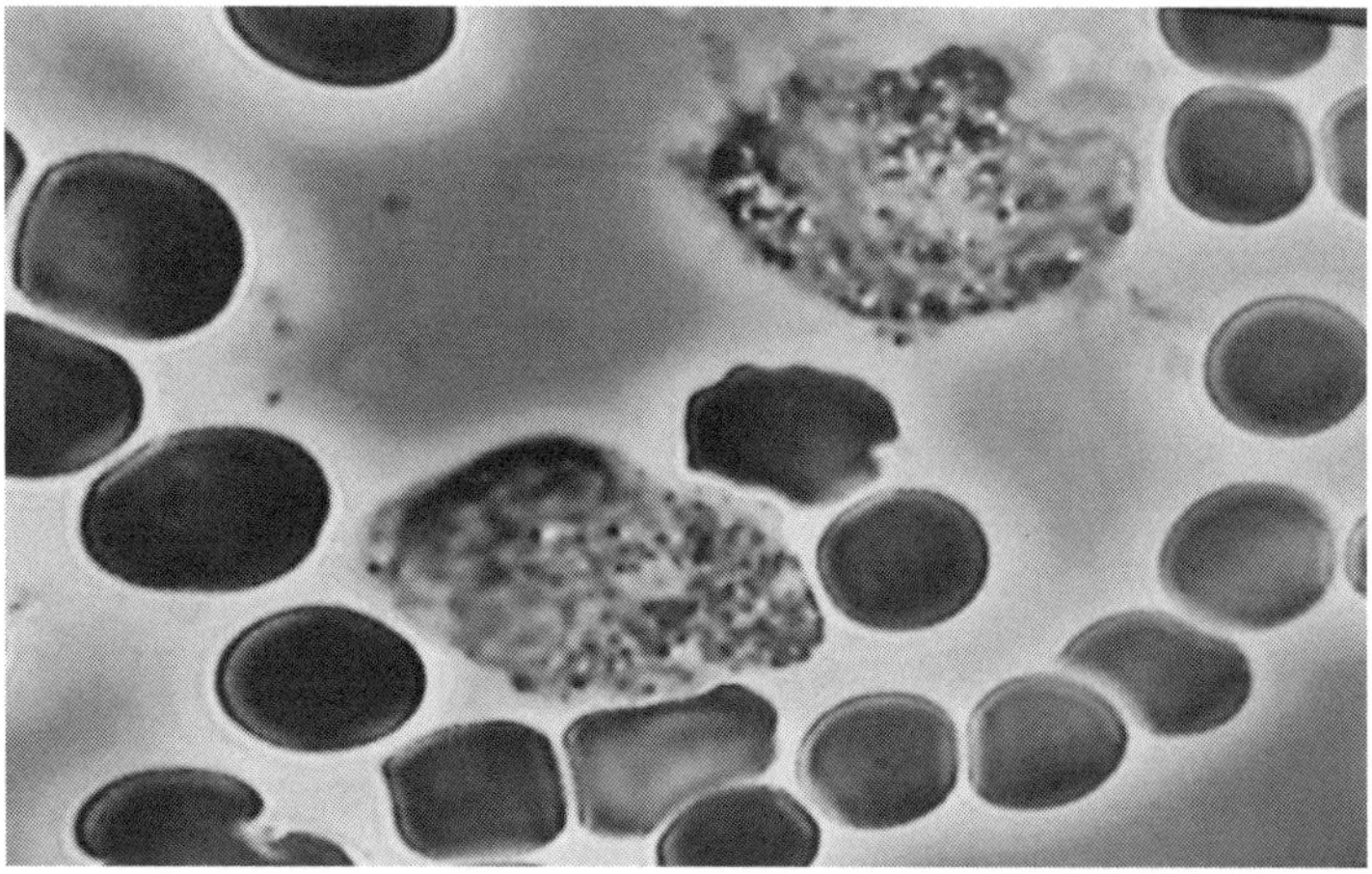

血中のがん細胞内でソマチッドが増加、正常化する

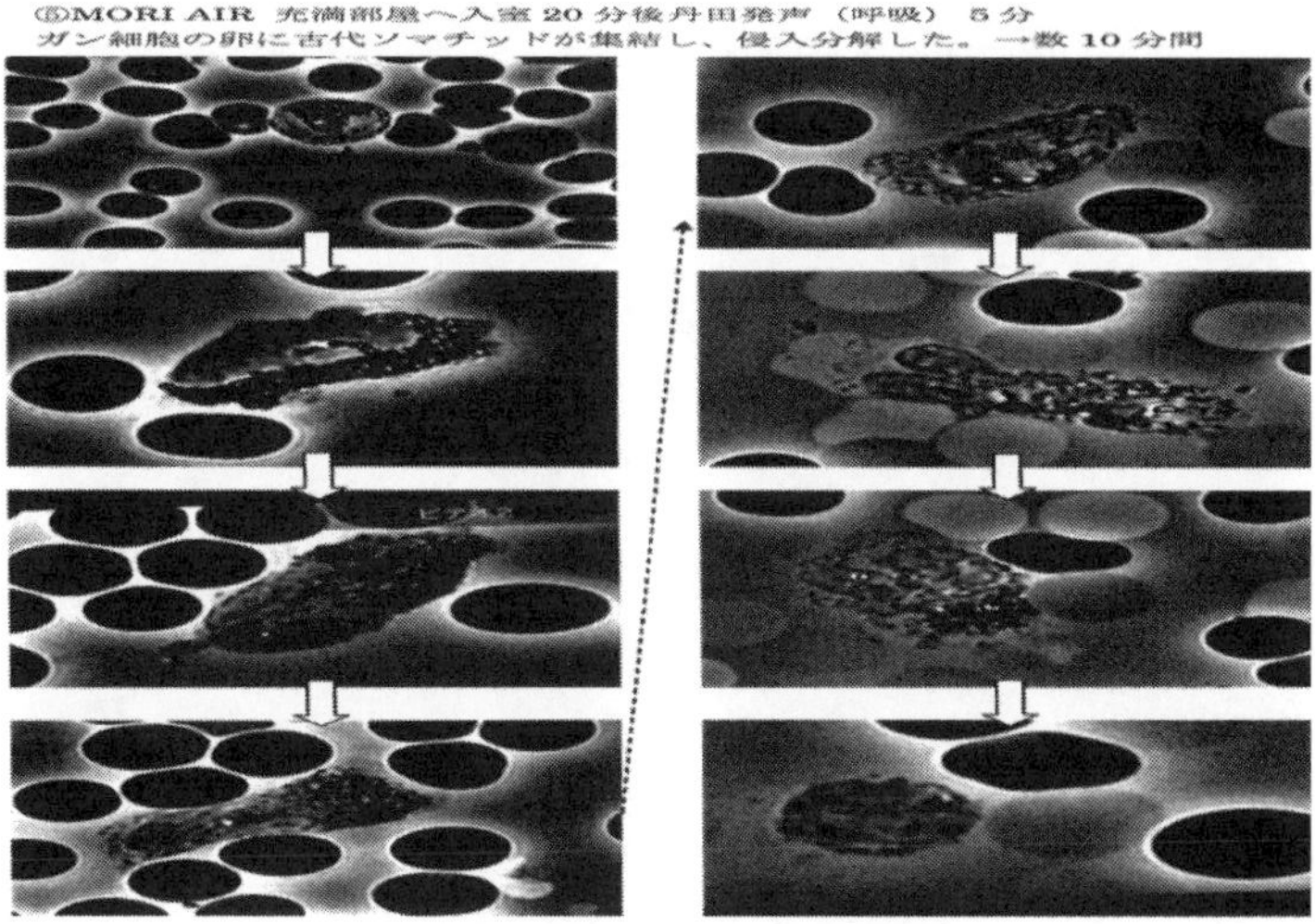

⑤MORI AIR 充満部屋へ入室20分後丹田発声（呼吸） 5分
ガン細胞の卵に古代ソマチッドが集結し、侵入分解した。→数10分間

がん細胞を分解するソマチッドの連続写真

◎ソマチッドにはミトコンドリアの働きに関与しない謎の機構が潜む⁉

しかし、フーチセンサーの熟練者であるテレセラピー研究会代表の目崎正一氏の判定では、「ソマチッドとミトコンドリアとは関係がない」とのことだ。

人間が元気で活発的な活動に関与しているのは、ミトコンドリアの働きではなかったことが示唆されるわけだ。

要するに血中でのソマチッドの蠢《しゅん》動《どう》で得られる健康状態の正常化は、別なメカニズムが働いていることになる。

まさしくソマチッドは、人智を超えた存在だ。

◎人間の本体〝ISIBE〟にソマチッドは関与する？

もう一つは人間の本体、または創造主は誰か、という永遠的な課題に関するヒントが見つかったことだ。

1947年7月、メキシコ市郊外でUFOが墜落、その中で二体の宇宙人が死亡、そして生きている宇宙人が捕獲されるという、米軍事史上、最もショッキングな事件が勃発した。〝ロズウェル事件〟である。

この事件は、後に観測気球が墜落したものであると修正され、うやむやにされてしまった。しかし、真相は、陸軍が基地に隔離したエアルと名乗ったグレイ型宇宙人が、マチルダ・オードネル・マックエルロイという看護師にだけ、心を開き、テレパシー交信していたのだった。

この内容は、〝エアルインタビュー〟という米軍事最高機密文書として近年まで、外部に流出していなかったのだ。

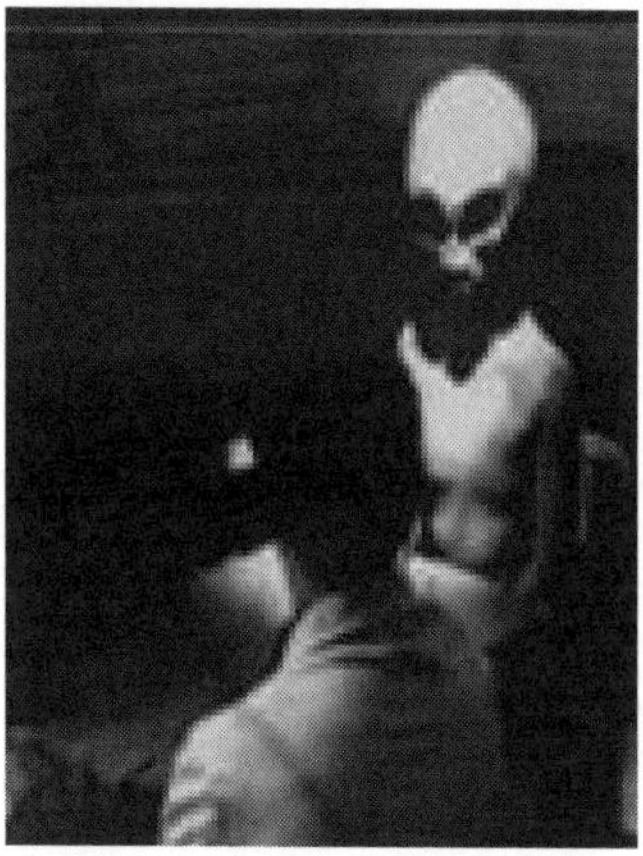

ロズウェル事件で捕獲されたETエアル

このインタビューは捕獲された7月から1か月ほど行われ、エアルは人類史上起きた事件や歴史の文献などを看護師マチルダから入手。そして、この宇宙人は英語を短時間で習得、この文献の内容も短時間で理解した。

実は、グレイ型のエアルは、巷《ちまた》で言われるようにサイボーグであって、空気も食料も睡眠も不要だった。しかし、違うのは、意思、精神を持ち、地球上空に滞在する彼らの宇宙ステーションとテレパシー交信し、瞬時に次の言動を取るシステムを有していることだった。

そして、人類誕生の秘密、有史以前、太陽系及び地球を支配していた、エアルが〝旧帝国軍〟と形容した地球外生命体が人類、または人間の本体とする〝IS－BE〟を操作し、人間の永遠の魂を封印していることなどを告げた。

この〝IS－BE〟は、地球外の惑星から地球に転生する。しかし、この時、太古、旧帝国軍が太陽系及び地球を支配しており、彼らが仕掛けた〝トラップ・システム〟によって〝IS－BE〟に記憶された情報が遮断され、記憶喪失状態となって地球に永遠に転生するというのだ。

エアルが告げたISとは、〝である〟。BEとは、〝そうなる〟の意だ。つまり人間とは、創造主であるというのだ。どういうことだろうか。

◎人類は地球外生命体によって創造された!!

人間が創造主？　ではその人間を創造したのは誰であろうか？

一神教を仕掛け、世界に20億人いるとされる教徒が崇《あが》める〝主〟とやらが人類を創造したことになっているが、本当だろうか？

ヒトゲノムの解読が完了した今、遺伝学者は、「地球以外の何者かが人類を創造した」（DNAの二重螺旋構造を発見、ノーベル生理学・医学賞受賞フランシス・クリック博士）、「人間のDNAの非コード配列の97％が地球外生命体の何物でもない」（サム・チャン教授）と述べている。前出の宇宙人エアルはなんと告げたか？

「聖書の創世記は、旧帝国軍が自分たちの都合の良いようにユダヤ人に書かせた」である。また、全世界でその著書がベストセラーとなったゼカリア・シッチンの「古代宇宙人飛行士説」によれば、「50万年前、ニビル星のアヌンナキが金の採掘のため、労働力として自分たちのDNAと、類人猿のDNAを掛け合わせ、男を創造。その骨から女を創造した」とある。

およそ、聖書の創世記とは記述が違う。事実、シュメールの壁画には多数の試験管らしき器と、巨大な人間が小さな人間をあやしている姿が描かれている。

アヌンナキは、10メートル前後の身長だったらしい。世界中の遺跡から巨大な人骨が相次いで発掘されている事実がある。これこそ、アナンナキである可能性が高い。

筆者は、偶然、エジプトの博物館の元学芸員と知り合う機会を得、「巨人の人骨を多数発掘していますが、エジプト政府はこれを秘匿《ひとく》していました」との言質を得ることができ

考古学者ゼカリア・シッチンが古代シュメール壁画
を解読した。人類が「神」と呼んできたの
は、爬虫類型宇宙人だったのだ。

古代宇宙人飛行士説を唱えるゼカリア・シッチン

シュメール壁画には人間が小さく描かれている

た。

こうした遺伝子操作により人間が誕生した際、エアルが告げた永遠不死の〝ＩＳ－ＢＥ〟がソマチッドとともにテレポーテーションし、人体に流入したのではないだろうか？

こう考えると、遺伝学者の見解と整合性がとれる。

もちろんのこと、人類創造は複数の地球外生命体によって行われており、アヌンナキが地球の大気と体質が合わず、彼らの惑星に戻った後、20種類もの地球外生命体が関与した説もある。ジャーメインという存在から通信を受けるリサ・ロイヤルは、「プレアデス星人が集合意識で動くゼータレクチル星人のＤＮＡを使い、日本人を創造した」と自らの著作で述べている。

筆者は、現在、30万年前、ピラミッド文明を持つ日本の古代文明が文字とともに世界に広がったとの説を公表している。興味のある方は、『人工台風とハーモニー宇宙艦隊』（ヒカルランド）等に詳述しているので、そちらをお読みいただきたい。

したがって、人類創造は神によってではなく、１００万年前から50万年前に複数の地球外生命体によって行われたと考える方が事実に即していると思われる。

◎ソマチッドはネガティヴな環境下を嫌う

今日の量子力学では、物質の極小の世界は素粒子だ。この素粒子は、人間が観察すると物質化が起こり、無意識下では波の特徴が現れることが立証されている。

しかも、この素粒子には時空は関係ない。どんな遠方であろうと瞬時に情報が伝達されることが立証されている。これは、「量子もつれ」と呼ばれる現象だ。

もしかすると、ソマチッドは、前述した両者に関与する最も重要なファクターかもしれない。

なぜなら、1000℃の高熱化、放射線の照射、硫酸などの極悪な環境下でも死滅することはない。劣悪な環境下では自在にテレポーテーションし、身を隠す術《すべ》を知っているからだ。

嫌うのは、ネガティヴな否定的な環境だ。この場では、〝創造〟が生まれない。

正《まさ》しくエアルが告げた〝IS－BE〟、人間は〝創造主〟であるとする意に適《かな》っている。

長寿食・予防医学指導家の松井和義氏による実験で、良好な環境ではソマチッドが活性化したのに対して、ネガティヴなバイブレーション下では、血中が著しく不健康となり、

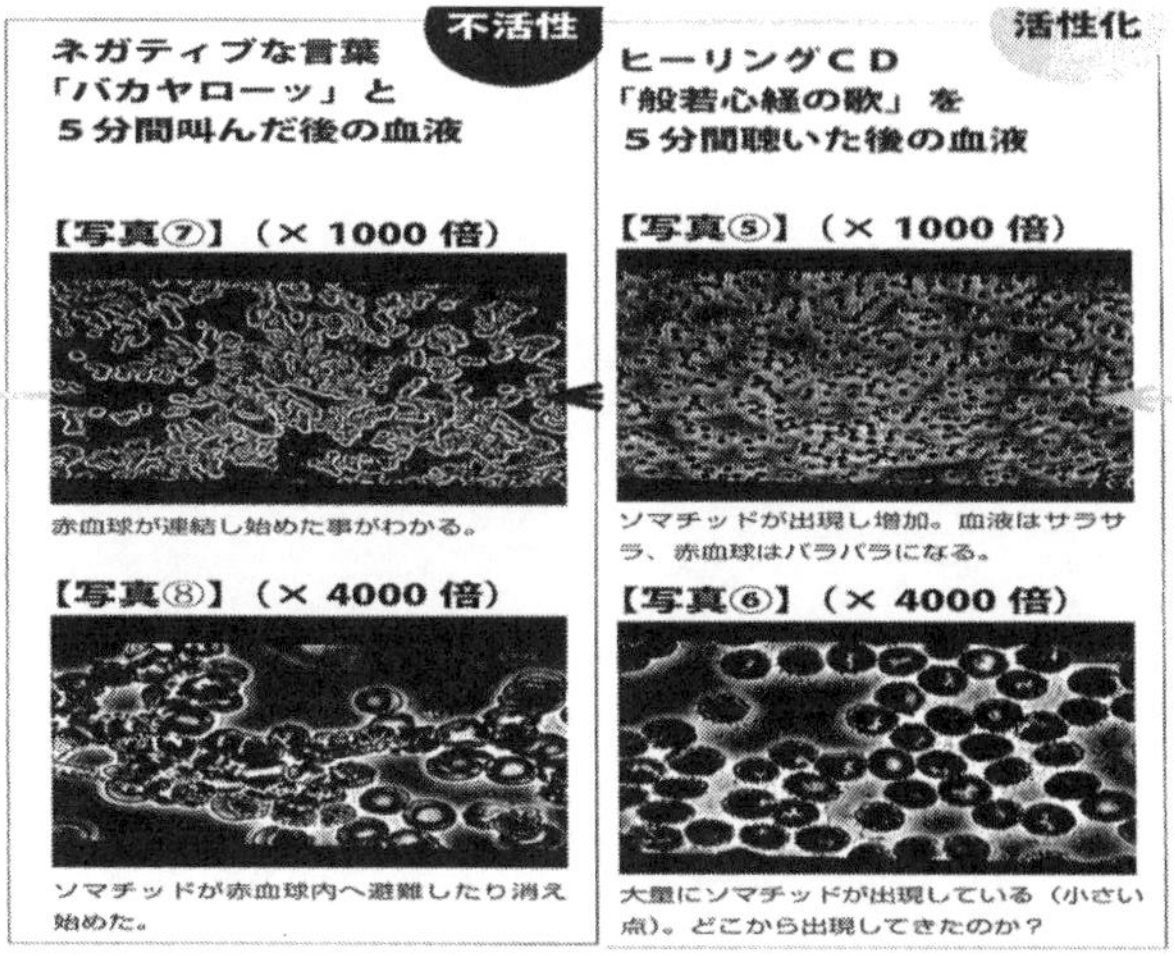

悪環境下と良好な音楽を聴いた後のソマチッドの変化

提供／長寿食・予防医学指導家　松井和義

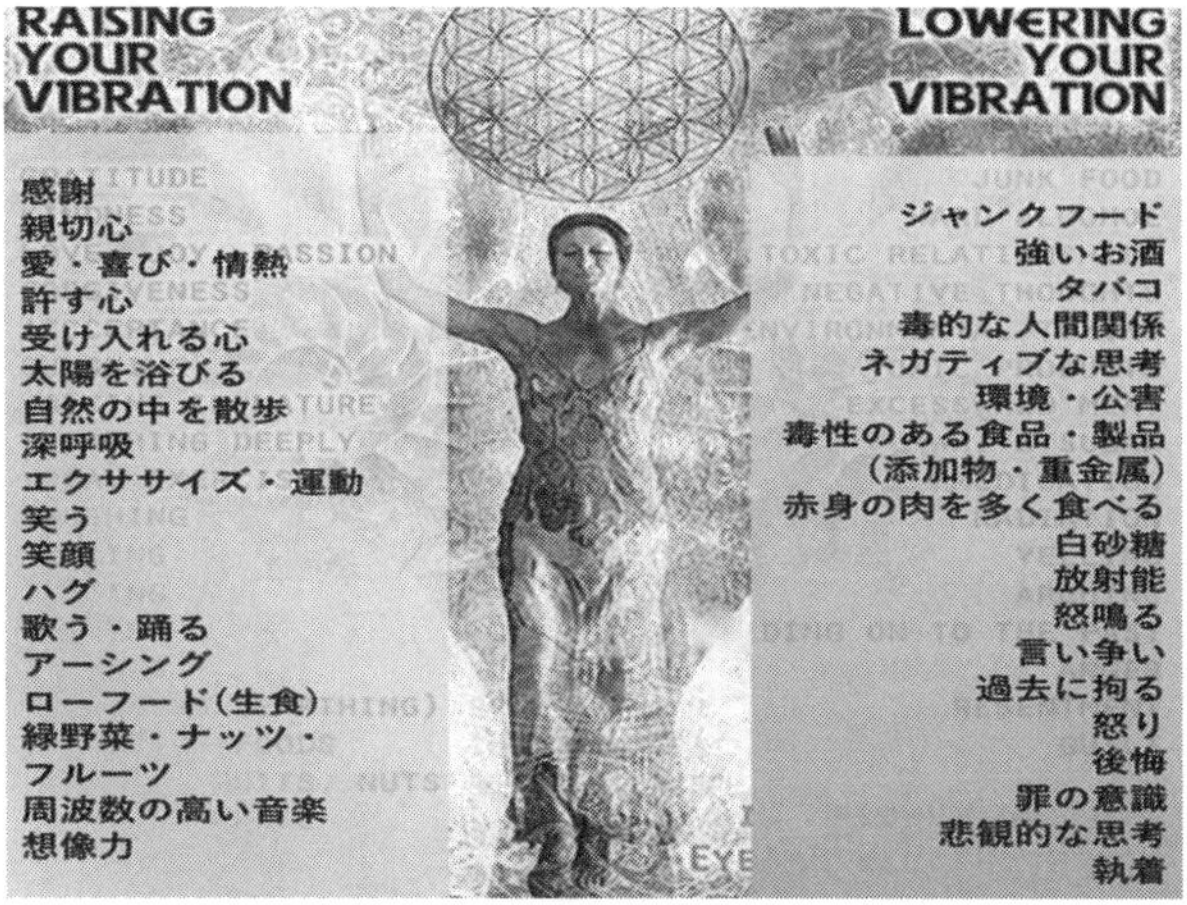

ソマチッドが好きな環境と嫌いな環境　　引用 /FB

ソマチッドが消失へ向かうことが明かされた。

このことからもソマチッドの使命は、宇宙万物の創造を担っているのではないかと思えるのだ。前頁上の画像は、ソマチッドがネガティヴな環境を嫌い、良好なバイブレーションを好む証拠となったものだ。

前頁上左は、「バカヤローッ」と5分間叫んだ後の血中状態。血液が連結し、ドロドロした状態である。これでは、赤血球は毛細血管を通じ、各細胞に酸素と鉄分など栄養素を運搬することができない。

したがって、この状態が持続すると細胞は酸素・栄養素不足となり、細胞組織は不健康となる。やがて、病を発症することになる。

前頁上右は、『般若心経』の歌を聴いた後の血中状態。ソマチッドが出現し、血液はサラサラになり、赤血球はバラバラとなった。これが健康的な赤血球の状態だ。

前頁下の画像は、あるフェイスブックで見つけた上昇傾向のバイブレーションと、落ち込む低いバイブレーションの比較列挙だが、ソマチッドが好む環境は一致する。

もし、あなたが低いバイブレーション下にある場合、思考と生活パターンをチェックし、改めることを考えた方がよい。

◎故・千島喜久男博士の「赤血球分化説」は理に適っている!!

孤高の天才、故・千島喜久男博士の「赤血球分化説」によれば、赤血球から万物の細胞が形成されるとする。赤血球がまん丸、バラバラならば、良好な健康が維持されると考えることができる。

現代医学は、千島理論を否定しているのだが、正しい食養が健康を維持することは食養家の常識だ。腸内環境が善玉菌優位の環境下で赤血球が造られるとする千島理論は、まさに慧眼《けいがん》と断言してよいのではないか。

近年、これを裏付けるように米国の有名大学における研究で、腸にある幹細胞から赤血球が造られていることを摑《つか》んだ。

今日の日本で、男女とも大腸がんが増加しているのは、腸内での食品添加物や農薬などの化学物質の蓄積、日本人の体質に合わない洋食文化が主流となったことが原因と筆者は考える。

喫煙が肺がんの原因とする厚労省の戯言《ざれごと》など、プロパガンダ以外のナニモノでもない。喫煙人口が顕著に激減しても肺がんが増加している現状を考えれば、官僚の謀略であることが一目瞭然ではないか。

それは、タバコだけワルモノにし、欧米で追放、忌《い》み嫌われる遺伝子組み換え食品を推奨、世界中で数兆円もの損害賠償訴訟を起こされている悪魔のバイオ企業モンサント社の「ラウンドアップ」の〝４００倍規制緩和〟をしたことでも裏付けられる。

これを決議したのは、２０２２年７月に暗殺された安倍晋三元総理だ。これこそ、〝万死に値する〟と思ったが、ホントに現実化した。

話がそれたが、そもそも、日本人は草食してきた歴史が長いので、食物繊維を消化できるよう、腸が長いのが特質だ。

一方、牛や羊を囲いの中で飼い、その家畜を食べてきた欧米人は、腸が短い。そのため、動物タンパクの消化から形成される悪玉菌や腐敗物質の滞留時間が短くてすむ。

本来、食養とは、〝身土不二《しんどふじ》〟。自分たちが住む土地で採れた食物を食べるのが正しい。

一時期、ヨーグルトなどの〝地中海食〟がブームとなったが、日本人は乳製品を食べた歴史が短い。したがって、乳を分解する酵素を大半の日本人が有していない。それ故、未消化のまま排泄される。

それを食べるなら、〝マ（豆）ゴ（ゴマ）ワ（ワカメ）ヤ（野菜）サ（魚）シ（椎茸）イ（芋）〟こそ、進んで食べるべきだ。

日本人は、長年食べてきた和食を摂ることこそ、基本だ。

このことは、ソマチッド及び赤血球の状態を位相差顕微鏡で観察した画像が雄弁に語っている。

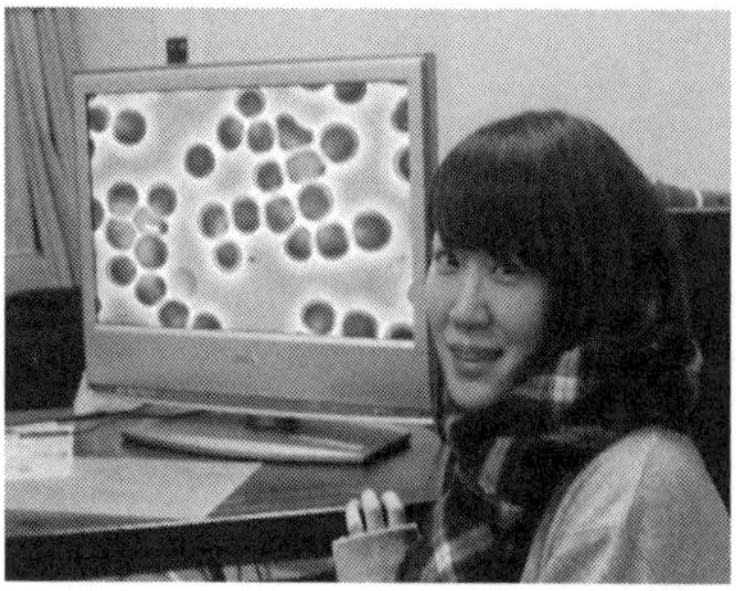

和食を中心に食べる人たちの概ねの血中状態

上の若い女性の血中状態を見てほしい。血中状態はサラサラで赤血球はまん丸でプリプリ。「私は、いつも朝食はご飯と味噌汁、漬物、お魚を食べています」とのこと。筆者は、血中観察に何度も立ち会ってきたが、和食を食べる人のほとんどがこうした血中状態だ。これこそ、千島博士の研究につながる食養を説《と》く代替療法家が訴求するものと断言していい。ちなみにプレアデス星人たちが食べるものも、野菜・果物、魚であり、四つ足動物は食べない。つまり和食だ。

たまには、ハンバーグ、すき焼きを食べてもいい。石部金吉にならないよう、楽しくみんなで食べるのがいい。

◎世界で最も高率でワクチン接種する“日本人の頭は、大丈夫か？”（欧米人）

今日、世界人類の人口減、または日本人自滅のシナリオが着々と進められている危機的な状況と考えられる。その根拠は、一部の世界の大金持ちと闇の組織ディープ・ステートによるインキチコロナ騒動とｍＲＮＡ型ワクチン接種の謀略だ。

これは、世界の人口を7億から5億人にまで削減したいという、ニューワールドオーダー（ＮＷＯ）という狂人じみた世界の大金持ちが仕組んだ計画の一環だ。

欧米諸国では、ワクチン接種を3、4回したところ、効果がないだけでなく、副反応の方が酷いので、接種を中止しているのだが、日本の一般庶民だけが政府の言うまま、4回目、5回目のワクチン接種を終了、高率で接種6、7回目を打っているのが現状だ。

これらもまた、先端ジャーナリスト間では常識なのだが、マスコミがこれらのことを報道しないので、国民は騙《だま》されたままだ。

「日本人の頭は大丈夫か」。これが欧米人の評価だ。

事実、2022年秋、英国保健省は「コロナウイルスは存在しない」とする公式文書の存在が判明、また米上院も「コロナは嘘である」と議決した。

元気だった少年はワクチン接種後死亡した
引用 /CBC テレビ

　ワクチン接種を巡っての死亡事故では、２０２１年10月、神奈川県鎌倉市で13歳の野球少年がファイザー製ワクチンを接種した夜、風呂の中で死亡するという事故が発生、病院では「ワクチン接種の副反応が原因ではないか」と報告書を国に提出したが、厚労省は「評価不能」と判断した。これが、市議会でも取り上げられる騒ぎとなった。

　また、ワクチン接種した中日ドラゴンズの木下雄介投手が２０２１年８月３日に亡くなった。27歳だった。木下選手は、７月６日、トレーニング中に突然意識を失い、心肺停止状態で発見されたという。この件により、プロ野球選手の間にワクチン接種の危険性への認識が広がった。

　突然死は氷山の一角で、この他、倦怠感《けんたいかん》や手足の痛み、神経痛、関節痛、歩行困難、寝たきりなどの症状は数知れない。

◎ワクチン接種副反応による障害を厚労省は認めない！

２０２３年７月20日、名古屋のＣＢＣテレビで、大石邦彦アナウンサーが以下を報道した。

少年野球で将来甲子園出場を夢見ていた中１の少年がファイザー社のコロナワクチンを１回接種しただけで、発熱が２週間続き、頭を鷲掴《わしづか》みされるような頭痛が続いた。１年たっても微熱と倦怠感、頭痛が続き、野球だけでなく勉強もできなくなった。41か所の病院を回ったが、国が認めてくれないことから、病院側もワクチンが原因だと認めてくれず、何の処置もしてくれない。

ついには「精神的なものだ！」と恫喝《どうかつ》された。その後、痒《かゆ》みが胸から始まり、全身に広がった。痒みから夜も眠れない状態が続いている。医療費は２００万円以上かかった。国の医療救済制度に申請したがなんの返事もないという。

同様に同年７月６日、同番組では、30代の女性がモデルナ社ワクチン１回接種13分後、アナフィラキシーショックを発症し、慢性疲労症候群のまま歩行困難な状態になっていることを報道した。

D・SのNWO（世界人口5億人削減計画）は、ケムトレイル
+コロナワクチン+5Gで完成する！！
アジュバンド
しかもビルダーバーグ会議に度々、出席させてもらって
ご満悦になっているビル・ゲイツという人物は、
親の半分が「ワクチンを拒否
YOUTUBE.COM
ギリスで親の半分が"ワクチン拒否"（2020年8月24日）
ワクチン含有成分：ナノ化アルミニウム、水銀、ヒ素、鉛、ストロンチウムなどの重金属、グルタミン酸ナトリウム、ホウ酸、蛾の毒素など。
カイコからコロナワクチン？ 九大が候補物質の開発成功：朝日新聞デジ…
asahi.com

大金持ちらによる狂人計画 NWO 人口削減計画が実行されている

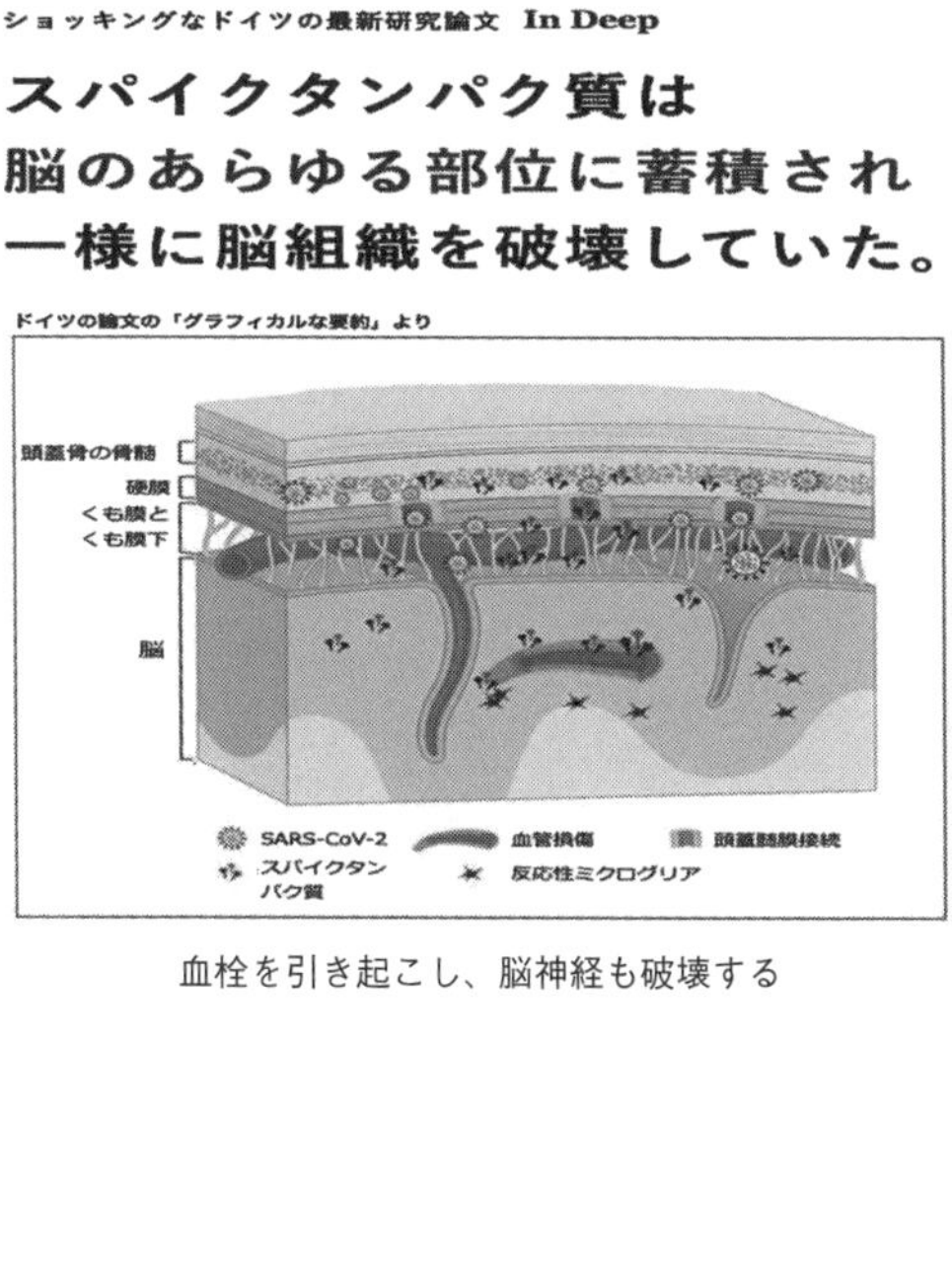
ショッキングなドイツの最新研究論文 In Deep
スパイクタンパク質は
脳のあらゆる部位に蓄積され
一様に脳組織を破壊していた。
ドイツの論文の「グラフィカルな要約」より
頭蓋骨の骨髄
硬膜
くも膜と
くも膜下
脳
SARS-CoV-2
スパイクタンパク質
血管損傷
反応性ミクログリア
頭蓋髄膜接続

血栓を引き起こし、脳神経も破壊する

病院では慢性疲労症候群と診断、点滴もサプリメントもまったく効果がなく、3か月半たっても吐気と頭痛、歩行困難状態が続く。ここでもワクチン副反応救済制度を申請したが、不認可。毎月の治療費は7万円かかっているという（前出の松井和義編集「ミミテックVOL44」より）。

さらに、筆者の知り合いの会社社長の87歳の元気だった母親は、ワクチン接種後死亡した。友人の盛岡に住む90歳近いご両親は、ワクチン接種後、昼も夜も寝たきり状態となった。これらの原因は、ワクチンを接種した後、血管内でスパイクタンパク質が形成され、これが血管に刺さり、血栓が生じ、神経伝達障害、及び血栓症が発症することが医療関係者から報告されているのだ。

ワクチンを接種したことで、死亡、または寝たきりや歩行困難状態などの障害が発生したのが明らかなのだが、国や医療機関は原因不明との見解だ。

この政府や医療機関の対応は、まやかし、出鱈目《でたらめ》であると筆者は断罪する。

◎コロナ禍、及びmRNAワクチン接種の首謀者はビル・ゲイツらの狂人だ！

現実に、ワクチン接種を奨励していた世界でも権威のあるFDA（米食品医薬品局）が

2022年、ファイザー社のワクチンを巡って、これを否とする弁護士や医師との裁判に敗訴。ファイザー社の提出資料が公開されるはめになり、38頁にわたる「承認後の副反応報告が心臓・脳・胃などに重要臓器に重篤な障害を起こし、死亡にいたる症例もある」ことが明らかとなったのだ。

このように現在のコロナ騒動及びワクチン接種も、大金持ちのビル・ゲイツやジョージ・ソロスらが策謀、ワクチン製造メーカーに多額の資金を提供していることが明らかとなっている。これらは、先端ジャーナリストの間では常識なのだ。

現在、ウクライナ紛争において、G7、及びNATOはロシア・プーチンが独裁者とし、この戦いを主導していると批判しているのだが、ことの真相は、米バイデン大統領の息子ハンター・バイデンや米政府高官らがウクライナで細菌兵器工場のスポンサーとなって、許されざる人体実験や婦女子の国際人身売買を行っていたのが誘因だ。これを知ったロシア・プーチンが激怒、その兵器工場を攻撃、旧ロシア市民及び婦女子の奪還に動いたのが発端だった。

驚くべきことにロシア兵を装ったウクライナ兵がロシア系ウクライナ市民を殺害、虐殺しているのが真相なのだ。危機管理コンサルタントとして活躍中の丸谷元人も、YouTubeで「マスコミ報道は真逆」と述べている。

2022年3月、ディープ・ステート系の傀儡《かいらい》とされる黒幕ゼレンスキーのビデオ演説を聴いた自民党議員は、全員マスク姿で起立、そして拍手。中でも元女優山東昭子にいたっては、〝閣下〟と呼び、全面支持する姿が公開された。

安倍政権時代、内閣官房参与を務めていた京都大学大学院の藤井聡教授は同年4月2日、「ウクライナ『報道』が流行ればコロナを忘れ、それに飽きればまたコロナで騒ぎ出す、サル以下のTVマスコミと日本政府」と自身のメールマガジン「クライテリオン編集長日記」で断罪した。

まさに言い得て妙。自民党議員の首脳部が勢ぞろい、全員マスク姿で起立、拍手喝さいの画像がネットで流れた。

ここいる政治家どもは、〝長いものに巻かれろ〟主義の自分の身の安泰だけを考える政治家集団と言える。

これをマスコミは批判することもなく、政府広報機関のように情報を垂れ流す。もはや、日本のマスコミはジャーナリズムを捨て、政府の忖度《そんたく》機関と化したも同然だ。

したがって、今回のコロナ禍は、ディープ・ステートに操られる政府とマスゴミがでっち上げたインキチ騒動が真相なのだ。

岸田政権は、黒幕ゼレンスキーのウクライナに60兆円以上を支援することを約束してい

全員マスク装着、ゼレンスキーを絶賛する自民党議員　引用／FB

藤井聡教授が政治家とマスコミを非難

黒幕ゼレンスキーと米民主党は癒着

【国民への緊急メッセージ】

大阪市立大学医学部　井上正康名誉教授より

DNA ワクチンは遺伝子組み換え薬！！
mRNA ワクチンは安全性や有効性が不明の第3、第4相臨床試験中の実験薬で
接種者はモルモット(治験)であり、今世界中で深刻な被害が判明しつつある！！

判明した事実

厚生労働省の HP ワクチン分科会(死者数・重篤者数・ワクチンのメーカー成分)参照
https://www.mhlw.go.jp/stf/shingi2/0000208910_00036.html

・ファイザー社 mRNA ワクチンは有効性も安全性も、2023年5月まで不明の『第四相臨床試験薬』
・アストラゼネカ社製 DNA 型は遺伝子組み換え薬で、極めて慎重な対応が必要である。
・武田薬品工業社製「スパイクバックス筋注」も mRNA ワクチンであり、要注意。

ワクチン接種後の短期間死亡者数
1431人(昨年12/24)
厚生労働省ワクチン分科会発表

❶新型コロナ(α～δ株)の本質は血栓症
❷スパイクが血管を障害する血栓毒(ソーク研究所、Circ Res)
❸mRNA ワクチンは全身性血栓症を誘起し、心筋炎はその代表例(Clin Inf Disease)
❹接種後の死因の大半が血栓～血管障害(Circulation &厚労省)
❺副腎や卵巣にも集積(ファイザー社)
❻短寿命の抗体は感染予防も死亡率低下にも無効(ファイザー社&厚労省)
❼日本人には自然感染によるT細胞免疫記憶があり(理化学研究所)、重症化を抑制する事
❽日本人でも感染増強(ADE)抗体が産生され始めたのでワクチン被害がさらに深刻化する事が危惧されている。
❾スパイク構造が激変したオミクロンには現在のワクチンは無効で有害。

●大半の医師がコロナワクチンのリスクの事実を知らず児童や若者に接種！！幼児や妊婦にはもってのほか！！

重篤副反応や死者が激増しているワクチンを
リスク皆無の健常児や生殖世代に接種する事は狂気の沙汰である！

●接種後の辛い副反応(副作用)
異変を感じたら直ぐに肺 CT と血中 D ダイマーを検査して血栓予防治療を依頼し、亡くなられた場合には主治医に『病理解剖』を依頼。

オミクロン株感染者の大半は無症状であり、急速に収束予定であり、ワクチンは逆効果になる。
自分にワクチンを勧めた医師・専門家の名前・打った日付、ワクチンのメーカー、ロット番号を控えておくのが賢明です。

マトモな教育を受けた医師は
「感染免疫学の基本」
を思い出し
いい年の大人は正気に戻り
国民の命を守るために
正しく蜂起しよう！！

メディアに騙され、過剰反応をしない事が賢明！！
PCR 検査の陽性反応＝感染者ではない

政府は人災被害を終わらせよ！！

風邪は万病の源！
口腔ケア・手洗い・うがい・鼻洗い
トイレ消毒で防ぎ、日常の仕事や勉学に励もう。

多くの国で「マスクが無効である事」及び北欧諸国ではアストラゼネカ社ワクチンが「重篤で致命的な副作用がある」と国民に説明して使用停止し、絶大な信頼を得ている。
死亡者や重篤者が出ているワクチン接種を3回目、5歳児以上に接種しようとしている日本政府の狂気！！

井上先生と、原口議員とのディープステートに
どのように立ち向かうかのお話

ワクチンの謀略を明かした原口一博議員と井上正康教授との対談

るのだ。この輩《やから》も国民生活の安泰などは考えていない。頭にあるのは、自分の権力を維持するにはどうしたらよいのかだけであることが明白となった。

ことの詳細は、『コロナワクチン完全無力化オペレーション』（ヒカルランド）に譲るが、ワクチン接種を未だに希望する方は、ウイルス研究50年以上の井上正康大阪市立大学名誉教授が公表している前頁の【国民への緊急メッセージ】をよく読まれたい。

また、立憲民主党の原口一博衆議院議員が、渡米する際、止む無くワクチンを3回接種したことで、免疫が低下、悪性リンパ腫を発症。この治療で抗がん剤治療を受けたため、髪の毛が抜けてしまった。

このことでワクチン接種の問題を前出の井上正康教授と対談したYouTubeがネットに公開され、ＢＡＮされたが、一部内容がブログ（https//ameblo.jp/amiraclehappens/entry-12810455558.html）に公開されているので、ぜひお読みいただきたい。


結論は、ワクチンを打ってはならない！　なぜなら、ｍＲＮＡワクチンの正体は、〝ｍＲＮＡ遺伝子改変試薬〟（井上教授が命名）だからだ。

〝岸田自公統一教会＆ディープ・ステート政権〟は、２０２３年9月20日から「生後6か月から全世代無料ワクチン接種」を推進、開始した。

子供ほど、コロナワクチンへの感受性は強いはずだ。ＤＮＡが誤作動を起こし、下等動物のＤＮＡを持った子供がゾロゾロ出現することになるかもしれない。奇形児の増加も見込まれる事態である。

これでは、２０２４年、２０２５年と日本人の死者が１００万単位で増大してゆくのではないだろうか。

◎mRNAワクチン開発の研究者2名がノーベル賞受賞の暴挙！騙されてはイケナイ！

2023年10月上旬、mRNAワクチンの開発の基礎を築いたペンシルベニア大学の研究者2名がノーベル生理学・医学賞を受賞するという驚くべきニュースが飛び込んできた。

実は、ノーベル賞選考委員会であるカロリンスカ研究所とは、世界で様々な謀略を仕組み、闇の組織とされるロスチャイルド系が絡んでいる。

要するに世界人口を激減させるための毒薬ワクチン〝mRNA遺伝子改変試薬〞を認め、それに賞を与えたという構図なのだ。

このディープ・ステートの最後の咆哮《ほうこう》に同じくノーベル賞を受賞した島津製作所の田中〇一氏は、「素晴らしい研究である」とコメントした。このことで、ワクチン接種に拍車がかかると予想されるのだが、これはまったくトンデモナイことであることは明白だ。

騙されてはイケナイ！

これに対し、ワクチン問題研究会を立ち上げた京都大学名誉教授・福島雅典医師は、「ノーベル賞を取ったからといって被害をなかったことにするわけにはいかない」と公式コメントを発表した。

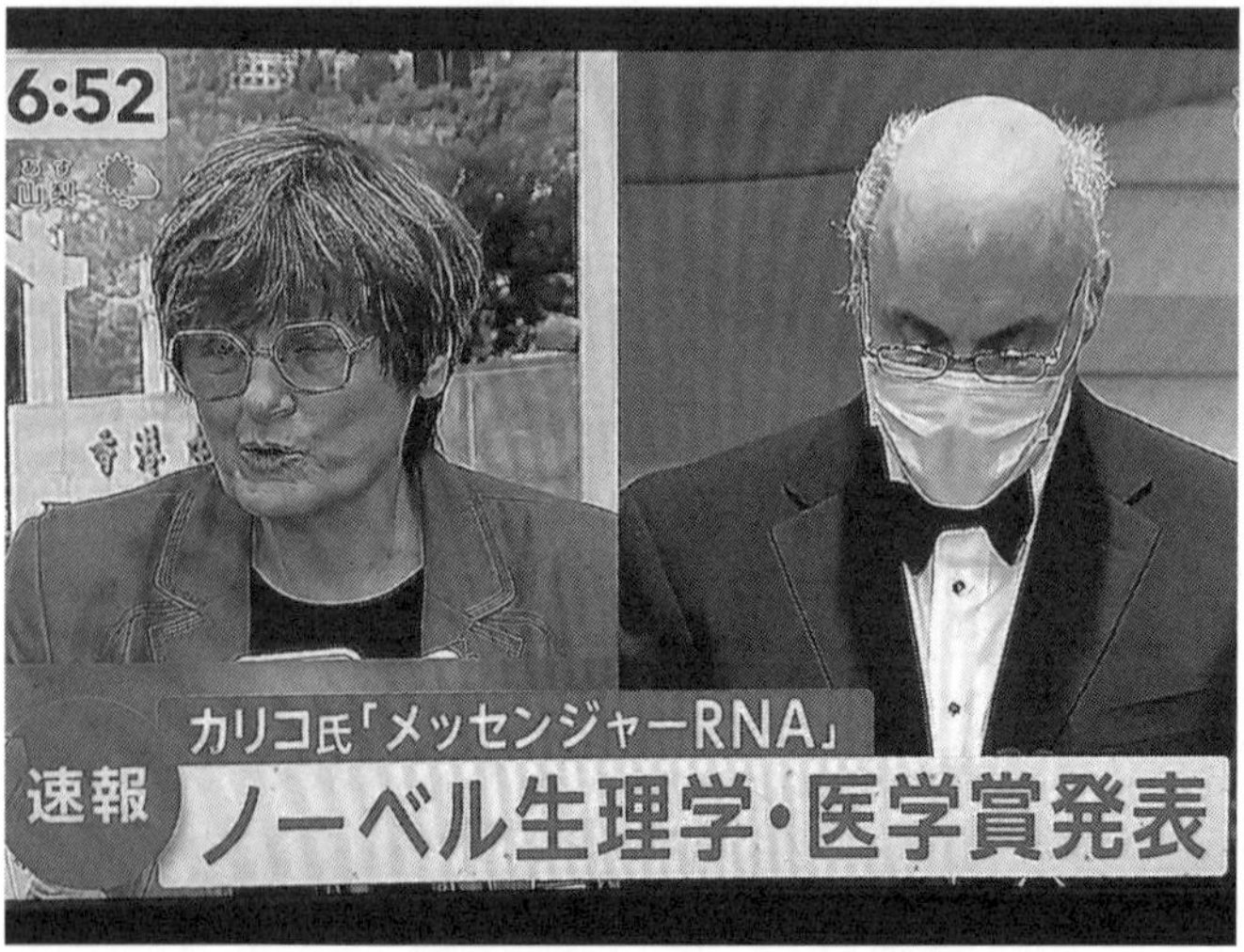

ペンシルベニア大学の研究者２名がノーベル賞を受賞した

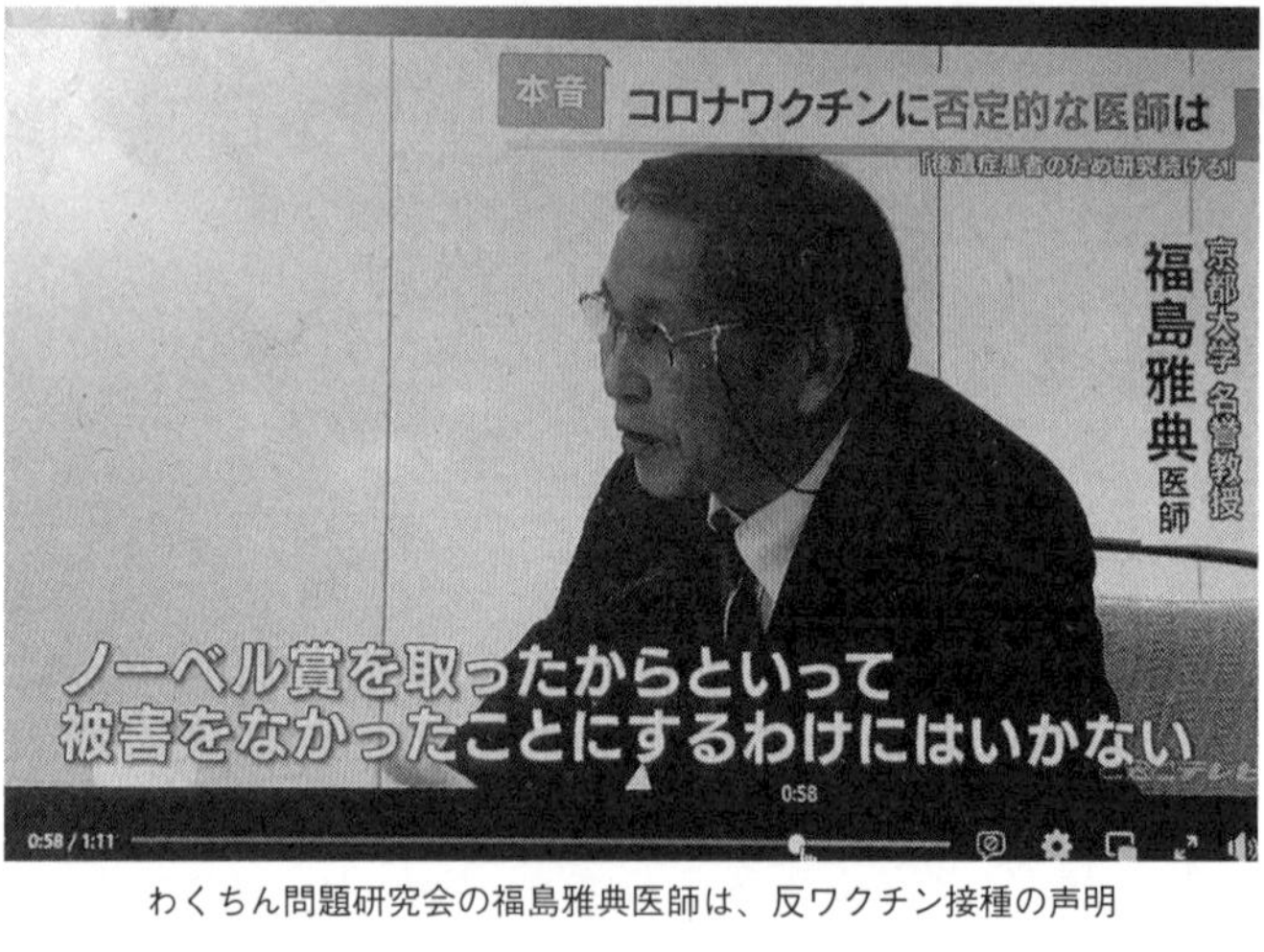

わくちん問題研究会の福島雅典医師は、反ワクチン接種の声明

これが善意あるまともな医師の見解なのだ。

これでコロナ騒動を演出、ワクチン接種を世界に推進したWHO（世界保健機関）、FDAも悪魔のディープ・ステートの仲間ではあることが浮き彫りになった。

ダマスゴミは、この謀略の真相を未だに明らかにしない。

なお、同医師はYouTubeで、2022年7月にワクチン2回目接種後に急性うっ血性心筋炎で突然死した27歳の健康な男性の心臓が溶けていたことを公表、政府がこうした死亡事故1978件に対して評価不能とし、データを公表しないことに怒りをぶつけていた。

◎ワクチン解毒はチャコール療法と日高山脈産の石英斑パウダー水の飲用がおススメ

当然ながら、〝mRNA遺伝子改変試薬〟が体内を循環、神経伝達系や血管系に蓄積されたのでは、ソマチッドはこうした環境を嫌い、シェルターを作って殻に閉じ籠《こも》ってしまうか、体外にテレポーテーションし、離脱してしまうに違いない。

まさしくこのワクチン接種は、人類の健康を害し、突然死、または寝たきり状態や歩行困難などの障害を招く元凶だ。

これを防ぐには、ヨーロッパで100年以上もの歴史がある「チャコール療法」がおススメだ。チャコールとは炭の意で、食用炭をパウダー水で飲用。冷蔵庫内で活性炭に消臭効果があるように臭いや化学物質を吸着、排泄作用が高い。

毒物を服用した場合、医療機関で胃の洗浄とともに活性炭を数回飲ませ、毒物を吸着する処置は古くから行われているので、安全性も高く、最も効果的なわけである。

中でも竹炭は比表面積が大きい。木炭よりも数倍吸着力があるとされ、ベストな解毒法と言える。

また、ソマチッドを高含有する北海道日高山脈から産出した石英斑パウダーや木曽御岳山の石清水や、そこで育った山菜や木の実、豆、山の芋、魚などにもソマチッドが高含有され、これらの地域で生活する人々のがんの発生率が全国の数分の1と低いという。

前出の長寿食・予防医学指導家の松井和義氏によれば、「日高山脈から産出する石英斑にも数億年、数十億年前の地球創成期の時代、宇宙から飛来した隕石内の〝原始ソマチッド〟が大量に含有され、位相差顕微鏡でこれを水に溶かし、分析した結果、高濃度のソマチッドの蠢動が見られ、生命活動をサポートしてくれることが分かりました。

また、標高1500メートル付近の木曽御岳山中で育った木曽檜は通常の植林した檜の寿命は、100年前後ですが、ここで育った檜は1500年と桁違いです。これは深山の分厚い花崗岩に深く根を張り、この岩盤に高含有する原始ソマチッドを大量に吸い上げ育

木曽御岳山に自生する木曽檜と松井和義氏

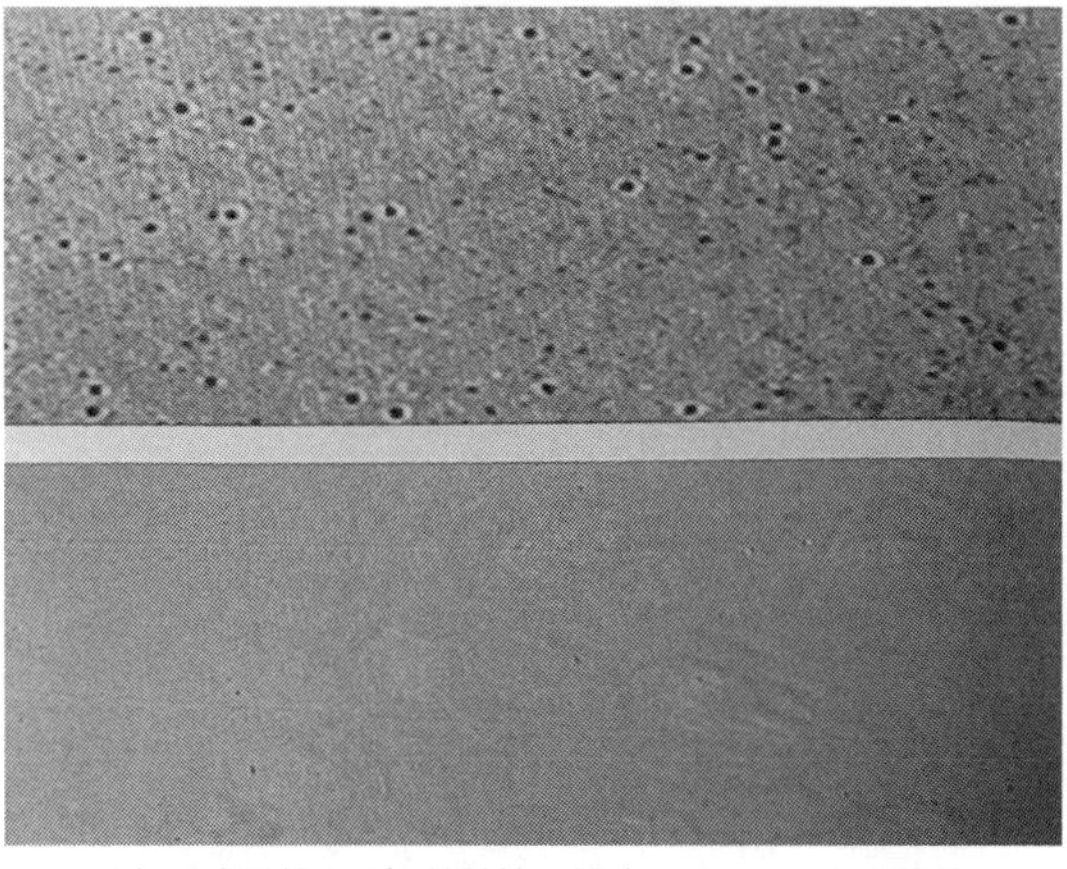

上）国有林檜と下）植林檜の精油のソマチッドの比較

ったのがその理由です。

植林した檜と国有林の檜から採れる精油を位相差顕微鏡で分析しましたが、大量の原始ソマチッドが確認できました」とのことだ。

◎問題の〝シェディング〟による帯状疱疹や湿疹、じんましんを短期間で消失させる

実際、今、問題となっているワクチン接種者からの〝シェディング（伝播）〟で発症し、中高年女性に最も多く見られる帯状疱疹《たいじょうほうしん》とそのピリピリズキズキする痛みも、石英斑パウダーを水に溶かしたものを1日1から2リットルを飲用し、このパウダーを混ぜた湿布を終日貼付すると、10日ほどで回復する症例が見られたという。

このシェディング被害では、体が敏感な乳幼児の場合、感染するのが早く翌日に湿疹やじんましんが出ることが多いとのことだ。

この場合も原始ソマチッドを高含有する石英斑パウダー水と前出の檜精油の臭いを嗅ぐことで、2日ほどで消失するという。

松井和義氏によれば、「大人のシェディング被害が多いケースは、ワクチン接種者が多い職場環境です。5回も6回もワクチン接種し、ワクチン成分である酸化グラフェンやm

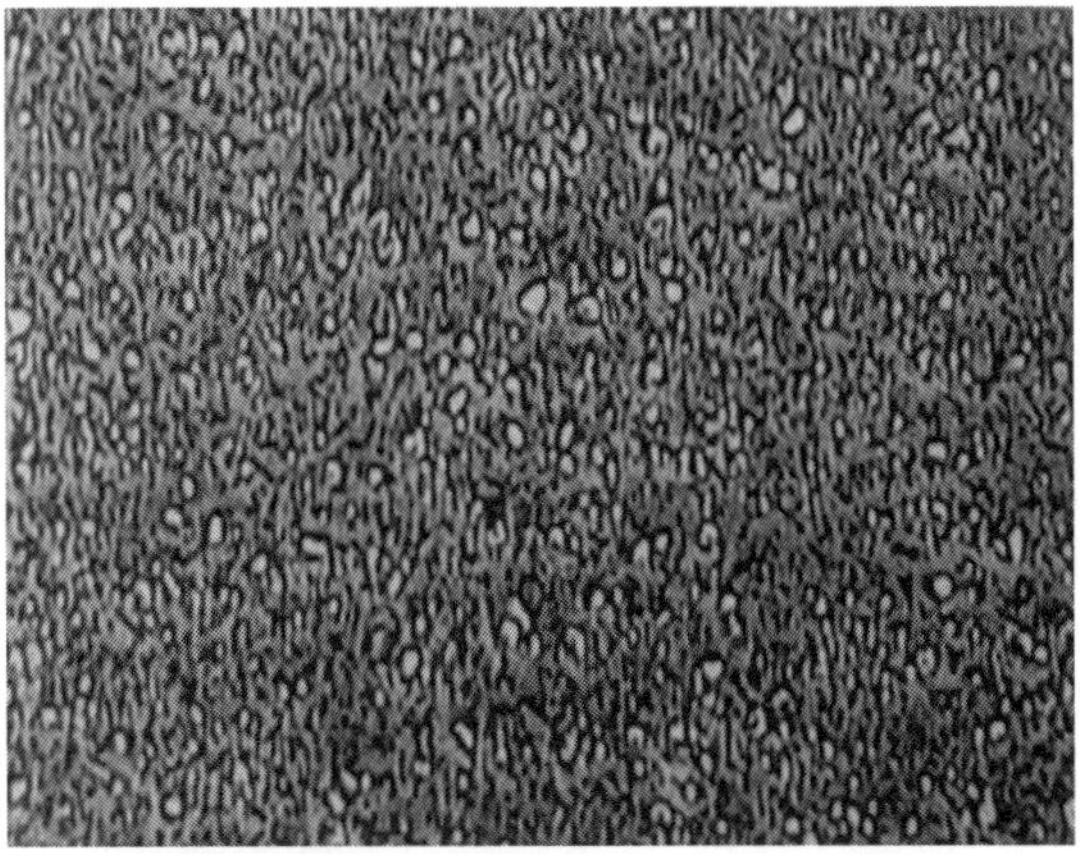

日高山脈産石英斑パウダー水のソマチッドの蠢動
（取材協力／長寿食・予防医学指導家　松井和義）

RNA、ポリエチレングリコール、有機溶媒などを解毒していない人々が加害者となります。免疫力が低下している高齢者や基礎疾患を抱える高齢者のワクチン非接種者にシェディング被害が多く、重症化や死亡に至るケースさえあります。

ワクチン接種者もシェディング被害者も、スパイクタンパクを原始ソマチッドで分解し、ワクチン毒を解毒してしまえば、加害者にも被害者にもなりません」とのことだ。

◎〝あなたは私、私はあなた〟の心情に共感する

近年、UFOの目撃例が増え、世界革命を進めるトランプ元大統領&ロシア・プーチン大統領をサポートしている銀河連盟の実在が

クローズアップされるようになってきた。

彼らは、無償で地球の平和を実現、人類が銀河連盟へと仲間入りするのを見守ってくれている。その根底にあるのは、〝愛〟であろう。

地球の人口を7億から5億まで削減するという、世界の大金持ち、または世界を牛耳《ぎゅうじ》るディープ・ステートらが考えた狂人の計画ニューワールドオーダー（NWO）は、銀河連盟が許さない。中近東で悪辣《あくらつ》な大量殺りくを進める偽ユダヤ白人組織に尾っぽを振る日本政府のトップの所業は、許されるものではない。

こ奴の最大の暴挙は、福島原発汚染水の海洋投棄だ。ドイツの専門機関は、10年経つと世界中の海が汚染されると警告した。後年、〝世界の海を汚染したのは日本人である〟とレッテルを貼られ、世界から蔑まれることになる。こんな事態に陥ってはならない。直ちにワクチン接種同様、中止すべきだ。

今世紀最大の大発見、超微小生命体ソマチッドは、永遠に生存、愛溢《あふ》れる人々にエネルギーを与え、〝あなたは私、私はあなた〟の心情に共感、魂の向上に努めるあなたを見捨てはしない。

2023年12月

永遠不滅生命体ソマチッドと共に

上部一馬

目次

前世のカルマが病をつくっていた⁉

第3章　ソマチッドと赤血球分化説の謎を解く

高血圧症、または心筋梗塞や脳梗塞にもカルシウムが関与する

第6章　原因不明の難病はこうして治せ！

腸内細菌叢がソマチッドを活性化する

低体温・低酸素を改善すれば発ガンは阻止できる

プロローグ　病気はまちがいなく失くなります！

永遠不滅微小生命体ソマチッドが新しい生命科学を切り開く!

◎「ソマチッドはDNAの前駆物質であり、遺伝情報を持っている」

これは永遠不滅微小生命体ソマチッドの研究をライフワークとしているカナダ在住の生物学者ガストン・ネサンが長年の研究の結果、到達した結論だ。

ソマチッドとは1ナノメートル以下の300ピコメートルという、極小の生命体のことだ。5万レムの放射線や殺菌用紫外線を照射しようが、200℃以上の高熱を加えようが、ダイヤモンドの刃を用いようが破壊できないという、実に不可思議な特性を備えているのだ。

したがって、人間が亡くなって火葬されても灰の中に生き続け、もしくは体内環境が悪化した場合には、尿中から体外に逃れ生命維持する智慧を有している、現代医学から逸脱した理解不能な生命体と言える。

この生命体が遺伝子DNAの前駆物質で、遺伝情報を持っているというのだ。

その根拠を本書で明らかにしていくのだが、白い兎と黒い兎のソマチッドを取り出し、相互に入れ替えたところ、1か月後に白い兎も黒い兎も毛が灰色に変色するという実験結果を得たことで推論できたわけだ。

そして、あの有名なアルベルト・シュバイツァー博士も、**「ソマチッドは人間の知識や感情にデリケートに反応し、メンタルな世界やスピリチャルな世界をそのまま反映してくれる鏡でもある」**と考えていたようだ。

◎窓辺に置いた密封容器中のラットの肉片が20数年以上成長をし続けている！

さぁ、これは大変なことだ。というのも現代医学では、細胞の核の中に遺伝子DNAがあって初めて遺伝情報が伝わるというのが定説だからだ。

しかし、前出の兎の実験では明らかにソマチッドが遺伝情報を持っていることの証明であろう。さらにソマチッドを培養し、ウイルスやバクテリア、及び空気が流入しないよう、真空密封した容器の中にラットの肉片を入れ、窓辺に置いて日光に当てておいた。

なんと、この肉片は腐ることもなく、ミイラ化することもなかった。それが20数年以上経った今でも手のひら大に成長しているというのだ。

あたかも生命や意思があるようではないか！

窓辺に降り注いだ太陽エネルギーがマイナス電子を与え、ソマチッドがコンデンサーの働きをし、ラットの肉片に命を吹き込んでいるというのだ。

この容器の肉片をカナダにあるネサンの研究所を訪れた数人の日本人の医師たちが全員確認したというのだから、これは疑いようのない事実と言える。

こうした実験を何度も繰り返し、前述した「ソマチッドはＤＮＡの前駆物質である」という結論が見出されたわけだ。

◎ソマチッドはエーテル体の関与を受け、肉体と魂をつなぐ！

ネサンがカナダの製薬業界の圧力にあい、終身刑という絶対的な危機に瀕していた時、ある著名な医学博士は、**「ソマチッドは生命の基礎であり、物資的身体とエネルギー的身体、肉体と魂をつなぐものである」**と擁護する証言をしてくれた。

実は、こうした微小生命体の存在は、ネサンが登場する以前にも、フランスやドイツの生物学者や動物学者も発見していた。

ネサンは、電子顕微鏡では不可能な生きた標本を3万倍に拡大できるソマトスコープを発明し、この永遠不滅微小生命体を捉えることができたわけだ。

このソマチッド関係の文献や書籍を調べているうちにアカシックレコーダー、飛沢誠一が行う前世リーディングや高次元レイキ療法の施す現場に立ち会うことができた。

アカシックレコードとは、過去の歴史や地球の未来、または個人の過去世から来世までが記録されているという周波数帯のことだ。この周波数帯に意識をアクセスすると、誰でもこの記録を読めるというのだ。

20世紀前半、アメリカの〝眠れるケーシー〟との異名があるエドガー・ケーシーはアカシックレコーダーとして名を馳せた。

ケーシーは写真家だったが、催眠状態になると高度な科学や宗教、哲学、そして政治や経済の動向、さらには夫婦喧嘩や人間関係のトラブル、病気の治し方にいたるまで的確に述べたと言われる。

これを知ったエジソンや、時の大統領まで相談しに来たという話は有名だ。

どうも人間には実に深淵な能力が眠っているらしい。

飛沢が複数名に行った前世リーディングは第2章に記しているが、「エネルギー体と肉体、魂は相互に関与し合っていますので、エネルギー体、または幽体が癒されれば、魂も癒され、肉体の歪みもかなり改善されるのです。

ソマチッドはこのエネルギー体、もしくは魂の影響をかなり受けますので、体の歪みが是正されれば、ソマチッドも正常化し、体調の不調も改善されるのではないでしょうか」（飛沢）という推論が得られた。

この見解は、ネサンの裁判時に証言した医学博士の「ソマチッドは生命の基礎であり、肉体と魂をつなぐもの」とする説と見事に一致する。

◎人間はアストラル体やエーテル体など、エネルギー体の多重構造で成り立つ

この考え方をさらに調べていくうちにチベットの奥地で伝承されている『トランス・ヒマラヤ密教』に辿り着くのだ。この密教の系譜につながるのが、今日、広がりを見せているホリスティック医学に大きな影響を与えたとされる『シュタイナー医学』だ。

シュタイナー医学を簡単に言えば、**「宇宙は物質界のほか、目に見えない物質界であるエーテル体が存在し、その上には物質界ではないアストラル界やメンタル界などの界層がつらなっている。人間もまた、目に見えないエーテル体やアストラル体、メンタル体などのエネルギー体の関与を受けている」**というものだ。

まさしく前述の飛沢のリーディング、または高次元レイキ療法から推論できることは、「人間は過去世のカルマの解消と霊的な進化を目的に、多次元世界と3次元世界を往来している過去世の想いと今世の想い、動物霊や低級霊、高級霊の関与、そして、守護霊や守護神に護られながら、霊的な進化を遂げている」のではないかということだ。

この多次元世界と3次元世界を超光速で往来しているのが素粒子、クォーク、ニュートリノではないだろうか。

たまに事故現場や合戦跡で目撃される幽霊の正体は、このアストラル体やエーテル体の可能性が高い。いや、多分このエネルギー体に違いない。

◎想念は素粒子となって3次元と4次元世界を超光速で移動する！

もし仮にあなたが超ミクロでできた潜水艇に乗って人間の細胞組織に入っていけたとしたら、最初にタンパク質がつらなる大きな分子に出合うはずだ。そしてさらに微小な世界を探査すると、原子核を中心にした陽子、中性子の世界が出現する。

やがて、最後に宇宙空間を超光速で移動しているクォーク、ニュートリノなどの素粒子の世界を旅するということになるだろう。

この素粒子が量子物理学で明らかにされた万物、または宇宙を司る構成物質だ。

言ってみれば、人間を構成する物質と宇宙空間に充満する物質は、同じクォークやニュートリノなどの素粒子とまったく同じということになる。

これを仏教では、「空即是色、色即是空」と表していたわけだ。

想念はまさしくこのクォークなどの素粒子で構成され、時間と距離には無関係なうえ、3次元と4次元世界を移動していることが量子物理学でわかってきた。

また、東大大学院では量子は超光速でテレポーテーションしていることを証明した。

それゆえ、想念を送ることで、肉体に少なからず影響を与えられることが示唆されるわけだ。

◎「赤血球からあらゆる組織細胞は生まれる」（赤血球分化論）

密教秘伝の加持祈禱や、氣功家が行う遠隔ヒーリングは、この素粒子のチカラを結集し、病んだ患部を正常に戻す療法であろう。

しかし、人間とは実に不可思議な生き物だ。ここで述べる永遠不滅生命体ソマチッドこそがこのエネルギー体と魂に感応し、肉体に大きなエネルギーを与え、生命力を喚起する！　というのがこの本の大きな主張だ。

このソマチッドと関係する研究では、有名な『千島・森下学説』も浮かび上がってきた。現代医学から葬り去られたあの『腸管造血説』だ。この千島博士の研究では、もう1つ『赤血球分化論』というのが有名だ。

これは「すべての細胞の大元は赤血球である」とした、これまでの「細胞は細胞分裂によってのみ組織細胞が増殖する」という19世紀に皇帝のごとく君臨した病理学者ルドルフ・ウイルヒョウの定説を覆す学説なのだ。

この赤血球分化論が認められないのは、赤血球中には核がなく、ミトコンドリアも存在しなければ、遺伝子ＤＮＡやＲＮＡも存在しないからだ。そのため、遺伝子ＤＮＡが存在しないところでタンパク質の増殖はあり得ないというのが現代医学の定説だ。

しかし、ネサンが目撃したのは、まさしく赤血球からぞろぞろソマチッドが出てくる様子だったのだ。

ここで**ソマチッドが遺伝子ＤＮＡの前駆物質であり、遺伝情報を持っていると考えれば、千島が主張する赤血球分化論が成立**しないだろうか。

◎ソマチッドはケイ素原子を抱き込み、電子エネルギーを放射する⁉

近年、日本でも、動植物から採取されるソマチッドを位相差というコントラストに変換し、生物観察が可能な光学顕微鏡を使って発見している研究報告が相次いできた。

どうやら、ソマチッドが活性化すると肉体が元気になるのは、**「このソマチッドが抱き込んでいるケイ素原子がマイナス電子を放射し、リンパ球や細胞を活性化しているのではないか」**（東學工学博士）という推論が得られた。

前述した飛沢が行う高次元レイキ療法とともに、第3章で紹介する新潟県長岡の目崎正一が代表を務める羅天清研究会のテラヘルツ波のアプローチは驚異的だ。

会員は、長野、東京、大阪、仙台に分散している。それもあって目崎らが行うのは、ほとんどが末期ガン患者である会員に朝晩5分ほどソマチッドの活性化を目的に、「○○さんの免疫力を高め、自然治癒力を高めたまえー」と祈り続けるだけの遠隔ヒーリングだ。

想念は素粒子であり、超光速で移動していることは前述した。

この遠隔ヒーリングを今年（2015年）1月から20人に実施、5月31日現在、亡くなった方は1名のみだ。しかも、このヒーリングを受けた会員の中からも目崎に近い、または超えたと思われるエネルギーを身に付けた研究会員が誕生している。

このグループでは、位相差顕微鏡によって施術前と施術後のソマチッドを観察しており、その結果、施術後にソマチッドの数が増えその動きが活性化しているのを確認しているのだ。

ソマチッドは人間の知識や感情にデリケートに反応し、前向きな感情に共振するようなのだ。したがって、目崎らは、研究会のメンバーを無差別に募るのではなく、深い信頼関係が得られ、「どうしても助かりたい！」と切望する人のみに遠隔ヒーリングを行うこととした。

報告件数ではまだ少ないが、エネルギー体が魂を癒し、そのことでソマチッドが活性化、自然治癒力が喚起されるメカニズムが存在することが明らかになってきた。

ソマチッドを活性化する赤外線療法や遠隔ヒーリング、またはソマチッドを含む食品を摂取することで、健康増進が得られることは確かなようだ。

人は艱難辛苦し、凌ぎ合って生きるために生まれてきたわけではない。永遠不滅微小生命体ソマチッドはこのことを教えてくれるのかもしれない。

医療費が高騰を続ける中、ソマチッド健康法で自然治癒力を高め、薬に頼らないライフスタイルの構築に本書が貢献できるならば、これほどうれしいことはない。

ジャーナリスト／上部一馬

第1章

ソマチッドは永遠不滅生命体なのか？
人類史上最大の神秘のベールを剥《は》ぐ！

21世紀の大発見／現代医学を超えるソマチッドサイクルとは？

◎ガストン・ネサンが見た生命の極微小世界

永遠不滅生命体とされるソマチッドへの関心が高まってきた。それはこの微小生命体が、人間が持つ免疫力や自然治癒力、恒常性維持機能に大きく関与していることが明らかになってきたからだ。それだけではない。ソマチッドは遺伝子ＤＮＡの情報を持った前駆物質である可能性が非常に高まってきた。

今世紀最大の発見とも言われるこの微小生命体の存在は、クリストファー・バードが著した『完全なる治癒』（徳間書店／上野圭一監訳）が10数年前に日本に紹介されたことで知られるようになった。当時この本を日本に紹介した編集者が本書の編集も担当しているのもあるいは偶然ではないかもしれない。

とにかくこのソマチッドとは、フランス生まれの生物学者ガストン・ネサンが第2次大戦中に3万倍という、0・015マイクロメートルの世界まで分解できる高性能顕微鏡を開発したことで、はじめて血中に観察された微小生命体のことをソマチッドと名付けたのだ。

その大きさは1ナノメートル以下という極小の物質だ。1ミリメートルの1000分の1が1マイクロメートル、さらにこの1マイクロメートルの1000分の1というのがナノメートルの世界なので、ソマチッドがいかに極小であるかがわかろうというものだ。

ちなみに赤血球は5〜7マイクロメートル、バクテリアは1〜5マイクロメートル、ウイルスはこれより細かい20〜300ナノメートルだ。

ソマチッドは、さらに細かい300ピコメートルというので、ほとんど酸素原子に近い大きさだ。

当時、フランスの大学で物理や化学、生物学を学んでいたネサンは、顕微鏡で見る生命の神秘に虜になっていた。好奇心旺盛のネサンは次から次へと教授たちに質問したが、冷酷に一蹴されるだけで、生命の神秘の謎が解けることはなかった。

それで電子顕微鏡では解析できない超顕微鏡を自分で開発してみようと思いたった。

すでに5歳で時計のぜんまいを利用した自動車のような乗り物をつくり、その数年後には手づくりのオートバイや小型飛行機までつくっていたというのだから、モノづくりに天

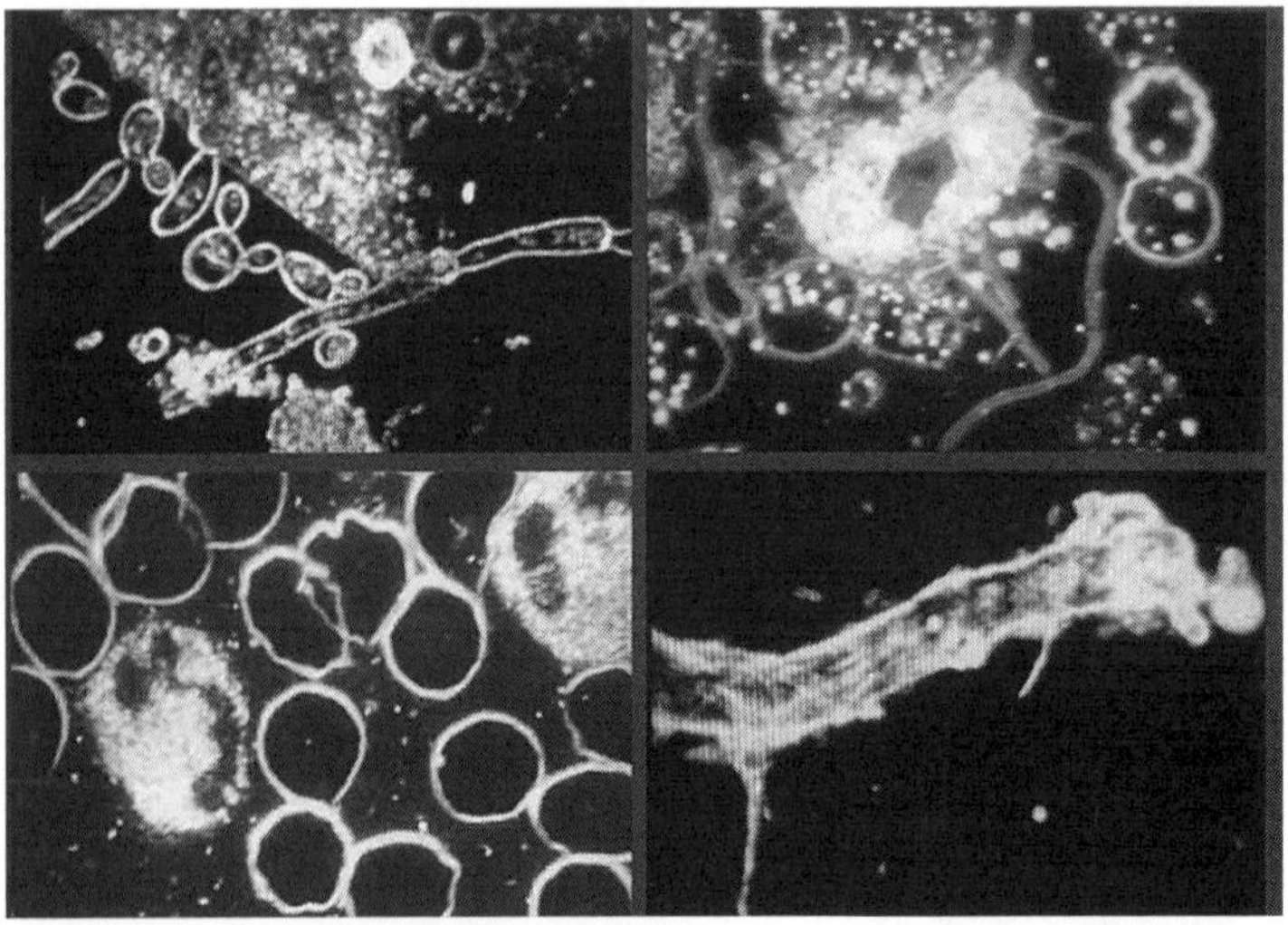

血中で謎のバクテリア形態を見せるソマチッド「隠された造血の秘密」（ECO クリエイティブ）より

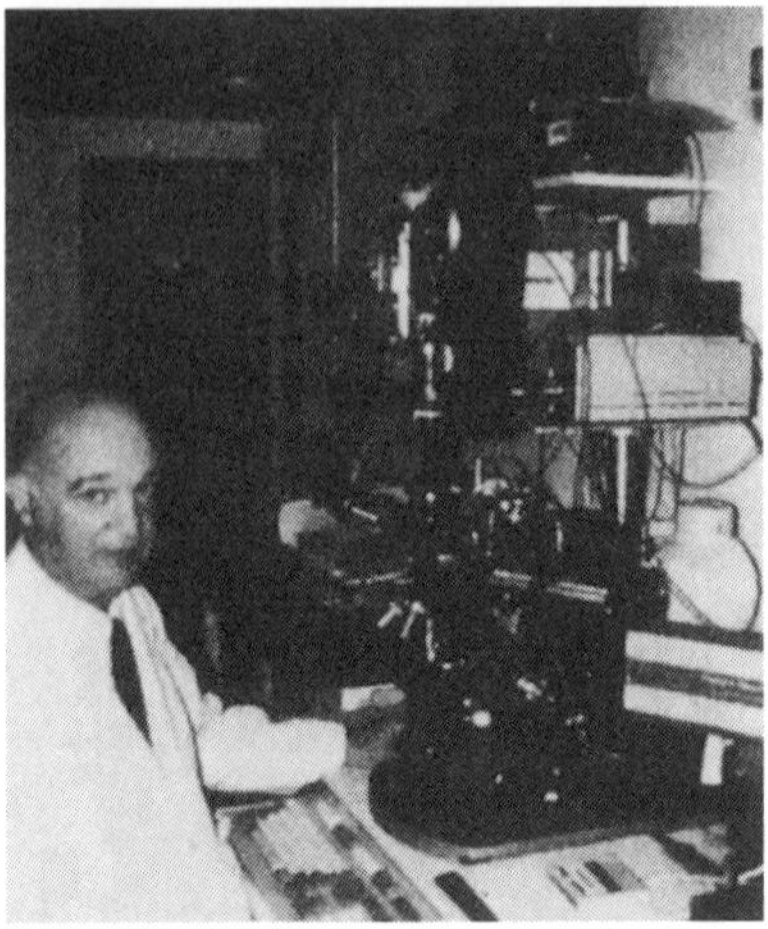

ガストン・ネサン（左）とソマトスコープ（右）

『完全なる治癒』（徳間書店刊）より

才的な才能を秘めていたようだ。

経済的にも恵まれていたこともあって、ドイツの一流の光学機器メーカーの協力を得て、電子顕微鏡よりも生命の神秘が観察できる超顕微鏡をつくり上げてしまった。これを『ソマトスコープ』と名付けたわけだ。

このソマトスコープが、地球上で最も微小な生命体をリアルに生きたまま捉えてしまった。ネサンの研究は、現代科学や生物学の定説を覆してしまう21世紀の大発見！　と称賛する学者も少なくないのだ。

◎ソマトスコープが生きたままの超微小生命体の生態を明らかにした

電子顕微鏡の分解能は約30〜50オングストローム、倍率は40万倍程度あった。

ソマトスコープは3万倍の倍率で、分解能は150オングストロームだった。倍率と分解能では電子顕微鏡に劣っていた。しかし、電子顕微鏡は原子レベルまで観察できたが、標本に電子線を照射、防腐処理した上に、顕微鏡内が真空に保たれる必要があった。

早い話、電子顕微鏡では死んだ細菌やバクテリアは観察できたが、生きた対象物を観察することができなかったのだ。しかし、ネサンが開発したソマトスコープは、微小な生命体を生きたままリアルに観察することができたのだ。これが決定的に違っていた。

ネサンはこの高性能超顕微鏡とも言えるソマトスコープで血中を観察しているうちに、明らかにタンパク質のブラウン運動とは全く違う微小生命体を発見した。

この有機体を植物の樹液にも見いだし、人間や鉱物からも発見した。その後、ネサンは観察物を200℃以上の高熱にさらし、血液中からもソマチッドを採取する方法を考案した。しかもその培養法まで確立することができた。

早速、この微小生命体を培養してみると、勝手にどんどん変化するのが見て取れた。最初はソマチッドから胞子、二重胞子と変化した。

そしてバクテリア形態、二重バクテリア形態、棒状形態、粒状の二重胞子を持つバクテリア形態、酵母形態、子嚢《しのう》形態、菌糸体形態など、90時間かけて16パターンに次々変化することを突きとめたのだ。

最後の菌糸体形態が変化し、これが壊れると、この生命体はふたたびソマチッドに生まれ変わることがわかった。これは長年の歳月をかけて何度追試しても同じパターンが90時間内で見いだされた。明らかにタンパク質のブラウン運動とは異なっていた。

間違いなく、バクテリアのような生命体であることが特定できた。

これが有名な『ソマチッドサイクル』だ。ネサンはこの時20歳半ば、むろんのこと、このソマチッドサイクルの論文を1961年にパリの科学アカデミーに発表した。

ソマトスコープの開発1つでも偉業なのだが、ソマチッドサイクル理論も現代科学のカテゴリーを超えた大発見なのだ。これを20代半ばで成し遂げたというのだから、天才と呼んでもまったく差し支えない。

◎5万レムの放射線や殺菌用紫外線を放射してもソマチッドは死なない

このソマチッドサイクルは、実に不可思議、今日の生命科学の枠を超えた神秘極まる謎の生命現象を見せた。

最初にこのソマチッドを培養器に入れ、その形態を変化させる途上で培養器の中の栄養素を遮断し、酸を注入してみた。また、水を蒸発させてしまうなどを施し、人為的に培養の環境を悪化させてみた。

すると、面白いことにソマチッドはそこでクリスタルのように固まってしまった。あたかも抵抗するように変化することを止めたのだ。そして、オレンジ色した耐性菌糸体形態に変化した。

ネサンの共同研究者でもある夫人の言によれば「石の中に閉じこもったナノバクテリ

ア」のようなものに変わってしまったという。

まるで意思があるようだ。培養器の環境が悪化すると、石のように硬いものの中に閉じこもってしまう。この2マイクロメートルほどの殻はダイヤモンドカッターでも切れないというのだ。

そこで、培養器の環境を元に戻したところ、ソマチッドも本来の16パターンに90時間で変化した。最後の16段階目の菌糸体形態に至ると、また元に戻ったというのだ。

いったいこの硬い殻は地球の生命のものなのだろうか
さらにネサンは、この摩訶不可思議な微小生命体に5万レムの放射線を当ててみた。ところが死ぬどころかさらに元気になった。２００℃以上の高熱を加えても死ない。

また、強烈な酸を加えても、強力な遠心分離機にかけても死ななかった。通常の殺菌に使う紫外線を当てても死なない。

生命体なら抗生物質を加えれば死ぬ筈と思ったが、これもまた何の影響も受けずに変化成長を続けた。まったくどんな方法でも死ぬことはなかった。

まさに永遠不滅生命体とはこのことだ。ネサンは唸った。

ソマチッドが物質なら前述したことが起きるかもしれない。しかし、このソマチッドを培養器に戻すと、16パターンの変化を見せる。そこで、培養器の環境を悪化させると固

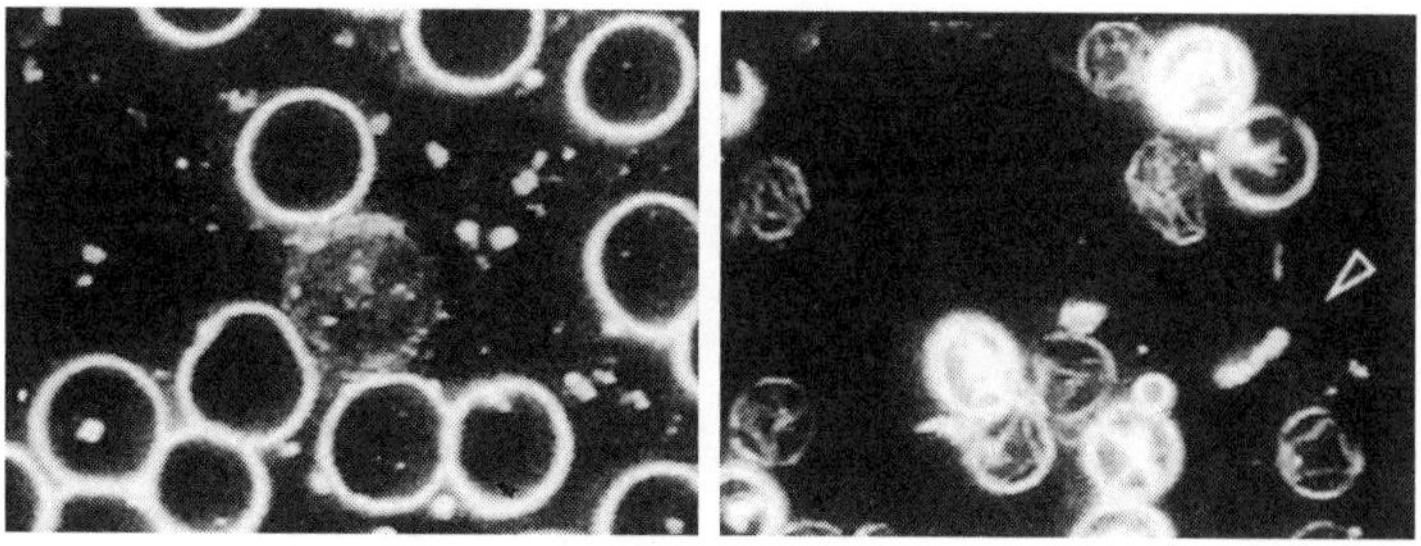

何万年、何十億年も生きる⁉　血中のソマチッド

まってしまい、この悪化した環境を拒んでいるようだ。そして、環境を元に戻すとふたたび変化のサイクルに戻った。

これはまさしく生命の営みに違いない。環境の変化をキャッチする能力を備えているといっていい。しかも、不死身の生命体なのだ。

前出のクリストファー・バードをして、「ネサンの発見になるその新しい**有機体（ソマチッド）は不滅であり、我々人間のような宿主が死んだ後、それは土に戻り、土の中で何千年、何万年と、もしかしたら何十億年も生きる**のかも知れない」と言わしめたわけだ。

果たして、このような生命体が地球上に存在するのだろうか。到底信じ難い話だ。

◎ソマチッドは培養器の中で16パターンに形態を変える

こうして何年もの間、研究を続けた。その結果、ソマチッドは動物や人間の免疫機構が低下、または不安定になると、正常な3段階からさらに13段階の形態に変化することを摑んだ。

つまり、健康な時はソマチッド、胞子、二重胞子に変化する。ところが何らかの原因で不健康に陥り、病気になった場合、突如バクテリア形態に変化するなど、血液中でさまざまな形に変形、次々とソマチッドサイクルを辿ることがわかった。

そして、慢性関節リウマチや多発性硬化症、ガン、エイズなどの変性疾患に苦しむ患者の血液にみられるソマチッドの形態変化と、その症状に関係が深いことを摑んだのだ。

ネサンは、この変化を「免疫機構が弱体化した結果、新たなサイクルに変化する」と考えた。要するにガン患者に異常な形をしたソマチッドが見られるのは、それが原因ではなく、免疫機構が弱体化した結果、ソマチッドがバクテリアなどの形態に変化し、成長してゆくというのだ。

したがって、ソマトスコープで**ソマチッドが異常な形態に変化し、バクテリア形態が見られた場合、免疫機構が弱体化していることが疑われ、「要注意！」と判断できる**というのだ。

こうしてガンなどの難病の発生を18か月前に予測することができるようになった。結論を先に言えば、免疫機能が損なわれた結果、体内でソマチッドが形を変え、突然バクテリ

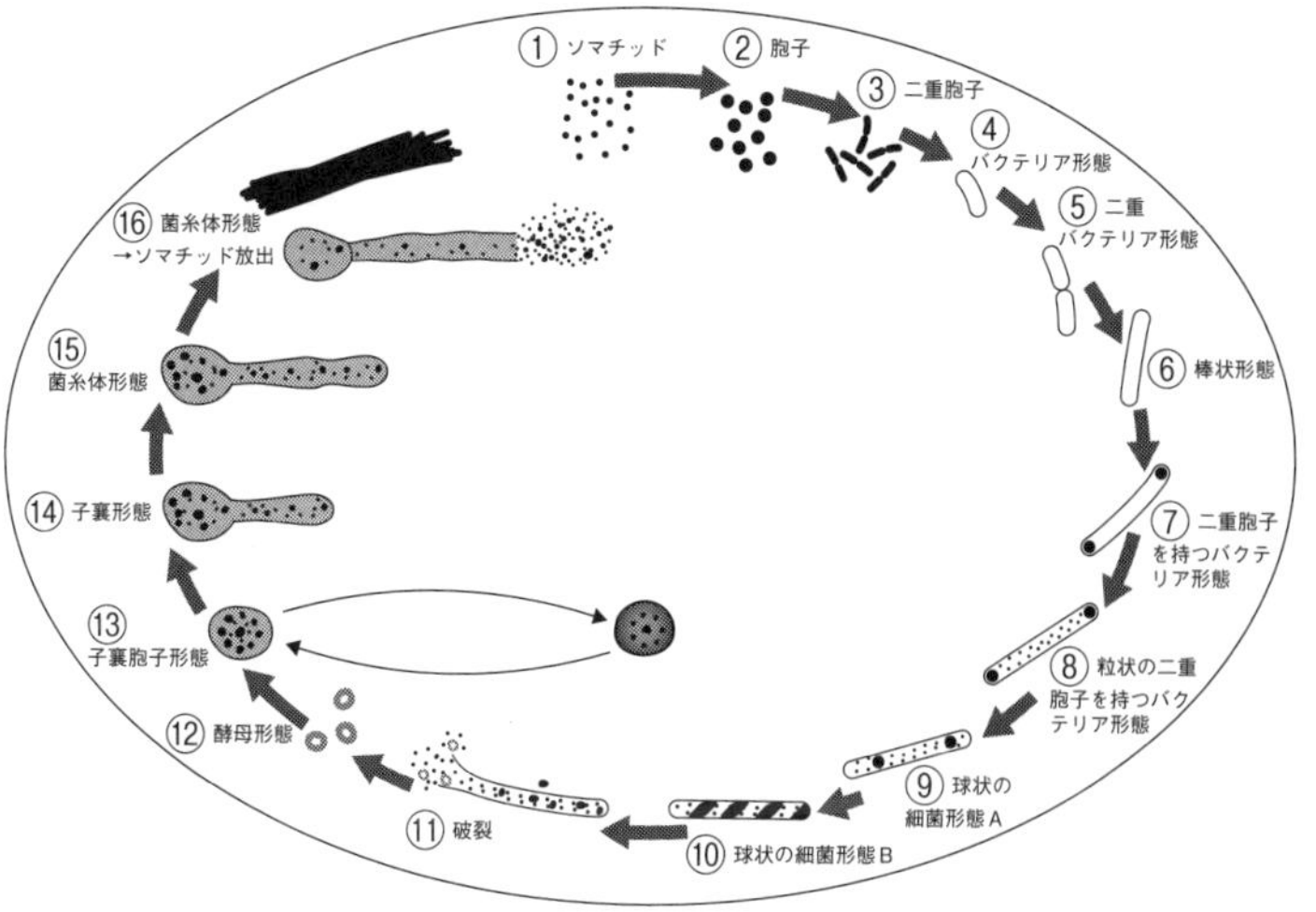

ソマチッドサイクル（変化の16段階）

①ソマチッド
②胞子
③二重胞子
④バクテリア形態
⑤二重バクテリア形態
⑥棒状形態
⑦二重胞子を持つバクテリア形態
⑧粒状の二重胞子を持つバクテリア形態
⑨球状の細菌形態A
⑩球状の細菌形態B
⑪破裂
⑫酵母形態
⑬子嚢胞子形態
⑭子嚢形態
⑮菌糸体形態
⑯菌糸体形態→ソマチッド放出

『ソマチッドと714Xの真実』（ECOクリエイティブ）より

アになった。それによってガンやリウマチなどの難病が発生するという因果律がわかったということだ。

この結論は、ネサンが生体をそのまま観察できるソマトスコープで、生体内でソマチッドの観察を丹念に行い、健康体の時に最初の3段階に変化、そして、免疫機構が損なわれた時に、ソマチッドがバクテリア形態に変化するパターンをしっかり捉えたことで導き出された。

これについては、共同研究者でもあるネサン夫人が、「ガンなどの病気の患者さんには異常なカタチに変形したソマチッドが必ず見られますが、それが病気の原因ではなく、それは〝病気の証人〟なのです。

つまり、免疫機構が弱体化した結果として、ソマチッドが異常に変化、成長していくのです」と稲田芳弘の著書『ソマチッドと714Xの真実』（Eco・クリエティブ）で述べている。

稲田にはソマチッドに関しての別な著作もあり、2008年に数人の日本人医師らとツアーを組んでネサンに初面会した。

そして実際にその現場でソマトスコープで血液を観察してもらい、このソマチッドの存在を確認した。

そこで、知ったことは、血液を観察することで、ソマチッドの4段階以降が見えたら、免疫機構が弱っている証拠と判断できること、これが病気を未然に発見する検診に役立つことである。

ソマチッドは、まぎれもなく赤血球の中にどんどん出現してくるようなのだ。

赤血球からなぜソマチッドが出てくるのかわからなかったが、ネサンは、**「このソマチッドこそはDNAの前駆体物質で意志や知性を持っており、DNAの基質であるタンパクを合成する免疫物質である」**と考えたのだ。

ネサン夫人はさらに突っ込んだ理論を展開した。

その主旨は、

●ソマチッドはエネルギーの具現であり、生命が最初に分化した具体的な形態である。

●ソマチッドは動植物の生きた生体に伝達できる遺伝的特質を持っている。

●ソマチッドは基本的に電気を帯びており、互いに近づくと自動的に反発する。

●ソマチッドは、史上最小の生きた「エネルギーコンデンサー」である。

そして、ネサンはこの微小生命体こそ、すべての動植物、生きとし生けるものすべての生命体に存在し、生命体の自然治癒力を担っているのではないかと考えたのだ。

もちろん、この結論に到達するには、驚愕的な動物試験が後押しした。

この動物実験は、明らかに現代の生命科学に修正を迫っているのだ。

◎米国ライフ博士は末期ガン患者16人中16人を治したが、収監、廃人にされた！

実は、この微小生命体の存在をネサンの発見以前に突き止めていた学者がいた。1930年代に米国で活躍した高倍率顕微鏡研究者だったロイヤル・レイモンド・ライフ博士がその人だ。

ライフ博士もネサン同様、生きた有機体を3万倍以上に拡大し観察できる顕微鏡を独自に開発していた。そして、生体や血液中に微小生命体を発見した。

その結論は、

●細菌は病気を起こす原因ではなく、病気になった結果生じる。
●細菌は体に応じて無害なものから致死性の病原菌に変化する。
●その病原菌は特定の周波数の光で即座に殺すことができる。
●細菌は生命の基礎単位と考えられているが、細胞の中にもっと小さな細胞があり、その小さな細胞の中にさらに小さな細胞がある。この細胞を高倍率の顕微鏡で拡大すると16段階に変化する。

などというものだ。

そこで、ライフ博士は特定の周波数を発生する装置を開発、ガン、結核、腸チフス、ハンセン病など、あらゆる病原体となる細菌を駆除することに成功した。

そして、カリフォルニア大医学部から16人の末期ガン患者を提供してもらい、この周波数を使い、臨床試験を実施したのだ。

その結果、なんと16人中12人をたった2か月半で治してしまった。しかも後の4人は半年かかったが、全員治してしまったというのだ。つまり、16人中16人が完治したことになる。

ライフ博士は、この奇跡的な快挙を医学雑誌に投稿した。この装置も簡単な設備で実用化できるものだったらしい。これが認められれば、ガンで命を落とす人々を簡単に救済することができる。

しかし、ライフ博士はこの研究で生命保険会社や医師会、行政の圧力を受け、妨害されることになってしまった。自宅は放火された上、高倍率顕微鏡までも破壊されてしまった。さらに刑務所に収監されるという最悪な事態に陥った。この後、博士は絶望の中で、廃人になってしまったというのだ。

この研究で血中に赤血球の100分の1という極小の物質がたくさん出てくると病気が

治ってくることを摑んだようなのだ。
残念ながら、これを記録した画像や映像フィルムは跡形もなく、焼却されてしまった。

ガストン・ネサンを襲った悲劇

◎ガンは免疫機構が弱体化した結果、生じる

前項で述べたライフ博士が臨床試験を行う以前にもこの微小生命体に気づいていた学者が存在していた。フランスの生物学者ベシャンプ教授（1816〜1908年）やドイツの動物・昆虫学者エンダーライン博士などがそうだった。

ベシャンプ教授は、発酵している溶液の中に小さな無数の小体が発生するのを発見した。これを『マイクロザイエス』（小発酵体）と名づけ、ウイルスや細菌、真菌はこの小発酵体が変化したものと考えた。

後者のエンダーライン博士は、この研究をさらに深め、小さい草や動植物の中にタンパクコロイド粒子のようなものを発見したようなのだ。この粒子は「死後も、最も小さい粒子は生き残っていて、別な宿主生物を求めているようです」と文献に書き残していた。

さらには、デヴィッド・シュバイツアー博士もこの微小生命体を知っていたようだ。

博士は**「我々人間が肯定的考えや否定的な考えを持つことにより、体内に存在する微小生命体も明らかに変化し、またある検体を観察する際、その検体に対し、肯定的な感情をもって接すると、その中に含まれる微小生命体も明るく輝く」**と文献に書き残していた。

ライフやネサンらは、前述した学者らが気づいていた微小生命体を3万倍の超顕微鏡で拡大することで、この存在を知ることとなったわけだ。

どうやら、この微小生命体は、間違いなく地球上に存在するもののようだ。

シュバイツアー博士やネサンらのこうした先端的な考えは、およそ現代医学、もしくは西洋医学とはかけ離れていた。現代医学の頂点にいる学者にとってはまったく理解不能だ。

ガン発症のメカニズムについても、現代医学とネサンの見解は、大きく異なる。

現代医学では何らかの原因でガンが発症、それが細胞分裂を繰り返し、異常に増殖した結果、転移が全身に起こり、やがて死に至る。

したがって、その治療法としてはこのガン細胞を徹底的に叩くことに力点が置かれる。

その最たるものが抗ガン剤や放射線などの療法だ。

これに対しネサンらは、ガンは全体的な病が局部に発生したもので、ガン細胞は、「免疫機構が弱体化した結果、生じる」と考えていた。

したがって、ガンの治療では、免疫力を高めることにポイントが絞られるわけだ。

今日では、自然療法や栄養療法もしくは代替療法を実践する医師も全国に増加傾向だ。この療法はネサンの考え方とほぼ一致する。今後、ガン治療は、このネサンが説いた免疫力を高めることが大きな潮流となる筈だ。

2014年5月WHOが、抗ガン剤の害毒を認めたようなのだが、今日の現代医療、もしくは保険診療を実践する多くのがんセンターや総合病院では抗ガン剤や放射線療法が主流だ。

実は、日本でガン死が毎年1万人ずつ増加しているのに対し、米国では2000年代からガン死の歯止めに成功、毎年3000人ずつガン死が減少している事実がある。

この背景にはガン細胞を直接、抗ガン剤などで叩くのではなく、食事療法やハーブ・サプリメント栄養療法、運動療法、そして氣功や心理療法などを併用し、免疫力を高めることに1990年代後半から転換したからに他ならない。

この最大の要因となったのは、70年代後半に公表された『マクガバンレポート』だ。これは世界中の食事と病気との関係を調べ、どこの国の食事が一番健康的かを説き、動物タンパクと乳製品の摂取に制限を設けることを提言したレポートなのだ。

これによって精肉業界と乳業業界からの圧力を受け、マクガバン議員は失脚の憂き目にあったが、偉大な功績を遺した。

むろんのこと、ネサンが発見した世紀の大発見とも言えるこのソマチッド理論を発表したころは、まだ、このマクガバンレポートも公表されておらず、西洋医学の独走状態だった。当然ながら、ネサンの研究は医師会や製薬業界から大きな圧力、大弾圧を加えられることとなった。

◎ガン患者1000人中750人に完治、または延命効果が認められた

実は、このソマチッドサイクルの発表後、ネサンはミネラル塩と18種類の微量元素に加え、アジアに生育するクスノキ（樟脳）の樹液を配合し、免疫強化剤「714X」を開発していたのだ。そして、1000人に及ぶガン患者にリンパ注射したのだ。

その結果が素晴らしかった。なんと50%が3週間で完治し、残り25%の人たちに痛みの緩和や延命効果が得られ、有効率75%の数値が得られたのだ。

もちろんのこと、この患者たちに西洋医学が行う抗ガン剤などの通常療法が行われたなら、生還できた人はほとんどいなかっただろう。

しかし、この「714X」は医薬品に認可されず、しかもネサンは医師免許を更新していなかった。そのため、薬事法と医師法に問われる悲劇に見舞われたのだ。

ネサンの理論が正しければ、西洋医学を採用する現代医療の利権が大きく損なわれることになる。ネサンの免疫強化剤は、抗ガン剤と比べたら格安だったからだ。

医師会や製薬業界の既得権益を阻害するものは抹消しなければならない。フランス医師会の決定は、ネサンを国外追放にすることだった。

ネサンは多くの末期ガン患者を救済したにもかかわらず、その処分は国外追放だった。やむなく、フランス語圏であるカナダのケベック州に移住した。ネサン40歳の時だった。

しかし、ここも安住の地ではなかった。カナダの医師会の巧妙な罠にはめられ、診療ができなくなってしまった。そこで、実名を隠し、電気部品の修理工や、地方のキャバレーや劇場での音響機器の修理などで稼ぐなど、数年辛酸を舐めなければならなかった、

やがて、ネサンのピュアな志を支援する財団が現れ、ガン治療の研究を続行することができた。そして、この免疫強化剤を使い、再度ガン患者の治療にあたった。

ところが、ここでも医師会や製薬業界の弾圧を再度受けることになってしまった。

それは、たった1人のガン患者が亡くなったという理由のみで、殺人罪で起訴し、ネサンを葬る計画が立てられたのだ。

医師会だけでなく、カナダの厚生省、マスコミまでもバックアップし、ネサンを詐欺師、偽医師に仕立て上げ、断罪しようと目論んでいた。

そして、1989年5月、ネサンはついに逮捕され、1か月間の独房生活を強いられた。

ところが、ネサンに救われた数百人もの患者や著名な医師や支援者たちがこれを黙って見逃しはしなかった。

◎ネサンに救われたエイズやガンの患者が支援に立ち上がった

『ネサン裁判』が行われた1989年6月、裁判所前にはネサンに救われたエイズやがんにかかった患者や支援者が100名以上駆けつけ、「命を救ってくれてありがとう!」「ネサンに正義を」などと書かれたプラカードを掲げ、出廷するネサンを激励したというのだ。

そして、街中をデモ行進し、直ちに「ガストン・ネサンを守る会」が結成され、記者会見が行われた。

この記者会見で証言したのが、「悪性前立線ガンで余命3か月と宣告された男性」「エイズで肉腫が発生、リンパにも転移し、食べることもできず寝ているだけの男性」「手術で舌と喉頭を摘出、しゃべれないが健康を回復した男性」など、いずれも現代医療から見放された患者たちだった。

ネサンに命を助けられた患者たちがネサンの苦境を知り、「ネサンを救おう！」と立ち上がったわけだ。

2回目の裁判が7月に行われ、これには200あまりの患者たちが全世界から駆けつけた。そして、デモ行進と記者会見が行われ、そこで、「ネサンを葬ることで医療の自由が閉ざされてはならない」とし、医学界の独占に異議が唱えられた。

この『ネサン裁判』は大きなニュースとなり、ネサン支持が裁判所を動かした。ネサンはこの日、拘束から自由の身になった。

判決はこの秋だったが、ベルギーから駆けつけ、7人の末期ガン患者を治癒させた医師の証言や、世界各地から司法大臣あてに届いた「ネサン支持」の嘆願書などが大きな力となった。

この他、今日でも世界的に有名なガン研究で知られるスローン・ケタリング研究所のレイモンド・K・ブラウン博士が、「ネサンは天才である」とし、自ら手の打ちようのない膵臓ガン患者が「714X」で完治した治癒例を証言した。

この博士こそ、ネサンのソマチッド顕微鏡写真を初めて世界に公表した人物で、ネサンの偉業を高評価したのだった。

また、法廷証言では、フランスから駆けつけてくれたミッシェル・ファーブル医学博士は、現代医学とネサンの医学の違いを明らかにし、「現代医学はガン細胞がどんどん分裂増殖し、転移もするからガン細胞を摘出し、殺したりするのがガン治療の基本」とした。

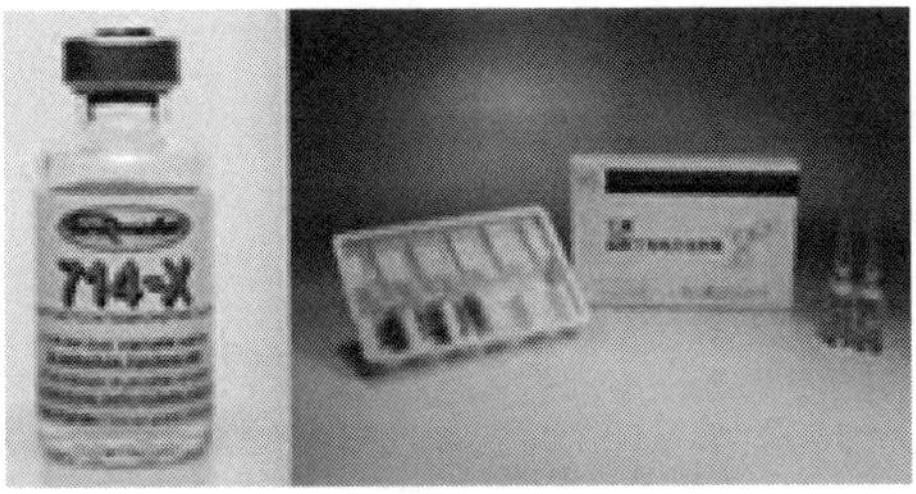

左側は注射用714X、右側はネブライザー用714X。イーハトーヴクリニックHPより

そして、ネサンは「ガン発症は免疫機構が破壊された結果であることから、免疫力を元の健康状態に戻すことが基本」とし、陪審員がよくわかるように説明した。

さらに自らも「714X」を使い、肺ガン患者を完治させ、10年来苦しんできた多発性硬化症などの難病も治せたことを証言した。

こうした熱烈な医師や支援者の証言を得て、この秋の判決でネサンは完全勝訴を勝ち得た。そして終身刑を免れ、晴れて自由の身になった。

しかし、医師会と政府の嫌がらせはこれで終わることはなかった。「714X」にはまったく副作用がないにもかかわらず、これを使用するのは、「手術や抗ガン剤、放射線治療を施し、すでになす術もないガン患者に限って使用を許可する」というものだった。

末期以前に使用すれば、助かる確率が高まるのにこの期間に使用してはならないというのだ。なんという不条理。現在、米国ではこの免疫強化剤「714X」を代替治療薬に認可、自由診療として使われているのが現状のようだ。

ソマチッドは肉体と魂をつなぐ微小生命体だ

◎ソマチッドは「DNAの前駆物質であり、意思や知性を有している!」

ネサンがソマチッドは「DNAの前駆物質であり、意思や知性を有している」と断定したことはすでに述べた。これは、1969年に兎を使った実験をして辿り着いた結論だった。

この実験は以下のように行われた。

最初に白い兎の血液からソマチッドを採取し、黒い兎にその溶液を1日1ccずつ2週間にわたり、毎日投与し続けた。

すると1か月足らずで黒い兎の毛の半分が白い毛に変わり始め、黒かった兎の毛が灰色に変化した。同様に黒い兎のソマチッドを白い兎に注射し続けると、同じように白い兎の毛が45日くらいですっかり灰色に変わってしまった。

これを何回繰り返しても同じ結果が得られたのだ。

毛の色を決めるはDNAの存在だ。しかし、白い兎のソマチッドが黒い兎に遺伝情報を与え、毛の色を変化させてしまったわけだ。

このことは、明らかに「ソマチッドが遺伝情報を持っていた」ということにつながるのではないか。そうでなかったら、黒い兎の毛の色は変わる筈はない。

ソマチッドには核がなく、DNAはなかったが、その前駆物質が毛の色を変えたと思われるのだ。

ソマチッドがDNAの前駆物質だとする証拠はこれだけではない。

今度は、白い兎の皮膚の断片を切り取り、黒い兎からも同じサイズの断片を切り取り、白い兎の断片をその場所に移植してみたのだ。

その結果、ソマチッドを移動した場合に限り、通常起こる拒絶反応が起きないことがわかった。

通常、移植手術では一般に「巨絶反応症候群」が起こり、これに悩まされることになるのだが、ソマチッドの移動を含めると、拒絶反応が起こらないのだ。

これは遺伝子工学上の革命的な発見だった。

この実験と似た臨床試験が、数年前に京大医学部でも行われたことがあった。臓器移植前に提供者（ドナー）の血液をあらかじめ、被験者に注射しておき、その後、移植手術を行ったというのだ。

結果は、この被験者には拒絶反応が起きなかったという。

このことからネサンは、**「ソマチッドはＤＮＡの前駆的なものであり、ソマチッドは遺伝情報を持っている」**との結論に到達できたわけだ。

◎「ネサンのソマチッドは今世紀最大の発見である」

この驚くべき発見がなされたのは、40数年前の、ネサンがまだ40歳代の時だった。

細胞核の中にあるＤＮＡは、フルードリッヒ・ミーシエルが１８６９年に発見した。今日では医学の世界で常識となったDNAだが、1952年まで医学界では異端視され、83年間にもわたって無視され続けてきた歴史があった。

ネサンが発見したソマチッドサイクルが医学界に認識される日は果たしていつになるのだろうか。

こうしたネサンの研究やカナダでの裁判の模様は、『完全なる治癒』（徳間書店）に収められた。この刊行によせギャノング医学博士は、「ソマチッドが生命の起源と謎を解明する鍵の一つであることは間違いない」と述べた。

また、スルドゥエヒター医学博士も「ガストン・ネサンの発見は医学における全く新しい次元を提示した。生命の基本単位であるソマチッドの発見や、そのサイクルが観察できる顕微鏡の発明は、革命以外のなにものでもない」と絶賛。

また、カナダで著名なギレーヌ・ランクロット医学博士は**「ネサンのソマチッドは今世紀最大の発見である」**とし、**「ソマチッドは生命の基盤であり、物資的身体とエネルギー身体、肉体とたましいをつなぐものである」**と評価した。

さらにホメオパシー医療を行うシャルタン医師は、「ネサンは、ワトソンとクリックが発見した二重らせんよりも重要な基礎的事実を明らかにし、ホメオパシーを科学的に説明した」と賛辞を贈った。

◎ソマチッドを注入した肉片は、真空容器の中で成長をし続けた！

もう1つ、ソマチッドが生命の根源であることを証明する実験が行われた。この実験ではまったく現状の生命科学では理解不能な現象が起きた。

それは新鮮なラットの肉を1センチ立法に切り取り、その肉に試験管内で培養したソマチッドを入れてみたのだ。

そしてこれを、肉を腐敗させる可能性がある空気中の物質やバクテリアが混入しないよう、真空状態の容器に入れた。これを日光が降り注ぐ窓辺に置いてみたのだ。

果たして、いったいこの肉片はどうなっただろうか。

通常なら、肉は腐ってしまうか、乾燥し、ミイラ状に変化する筈だ。

しかし、**ソマチッドを入れた肉片はいつまで経っても腐ることはなく、腐るどころか肉片はいつまでも、健康色を保ち、最初の新鮮をそのまま保ち続けていた**という。それだけでなく、生きているように生き物のようにどんどん成長し続けていたというのだ。

ネサンの研究所を医師らと訪問した前出の稲田は、30年たった今でも手のひらサイズに成長している肉片が入った真空容器を確認したというのだから、これは間違いない真実な

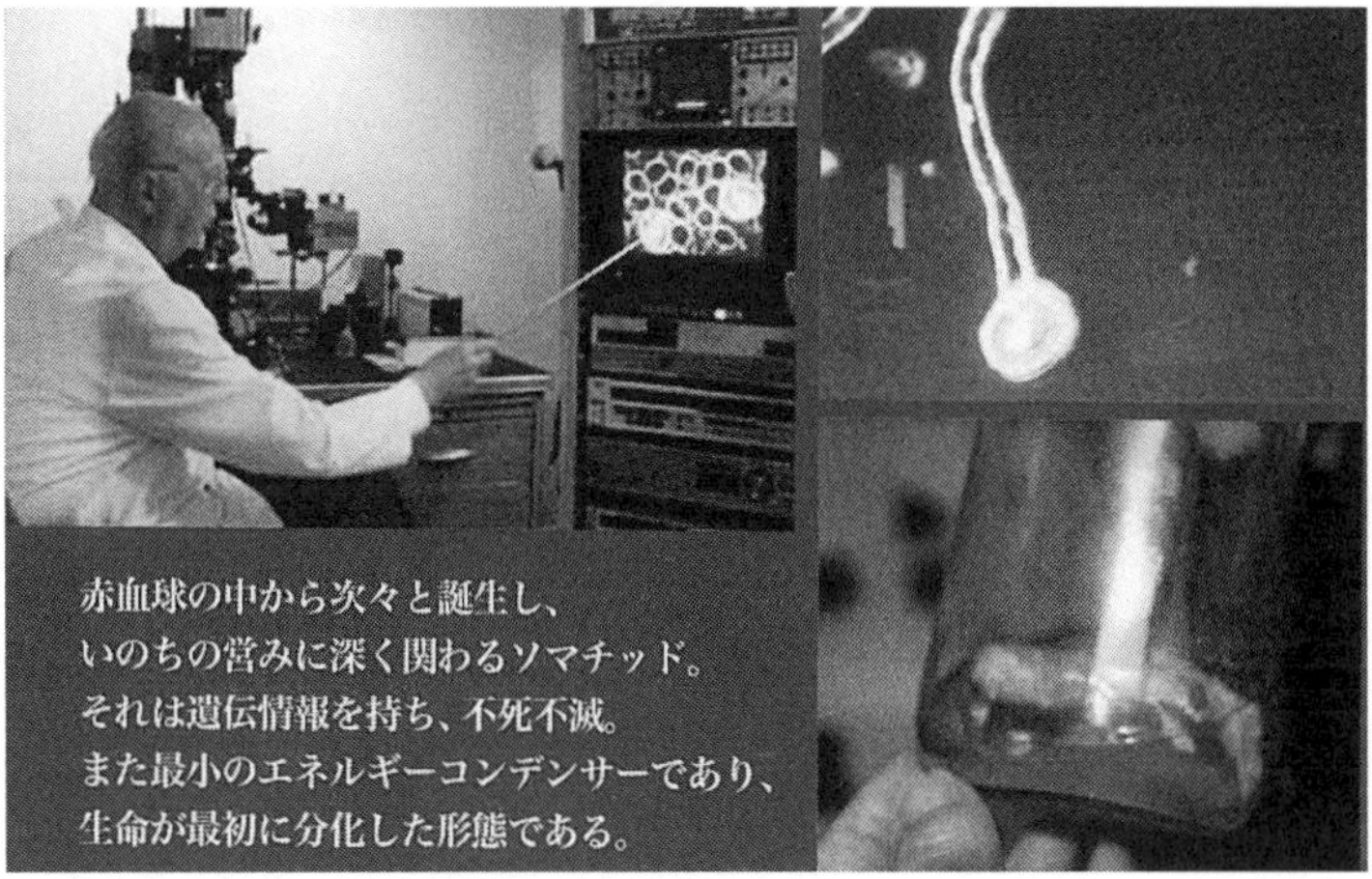
赤血球の中から次々と誕生し、
いのちの営みに深く関わるソマチッド。
それは遺伝情報を持ち、不死不滅。
また最小のエネルギーコンデンサーであり、
生命が最初に分化した形態である。

『ソマチッドと714Xの真実』（Eccクリエイティヴ）より
ソマチッドを入れた肉片は30年経った現在でも生命のように拡大しつづけている

のだろう。

このツアーに同行した、聖マリアンナ医科大で准教授となり、30年以上大学病院に勤務、現在はイーハトーヴクリニック院長の萩原優医師は、「真空の中に入れられたラットの肉片が何十年もかけて大きくなっているのをネサンが手にとって説明してくださった」と同書で述べている。

また、血中のソマチッドを見た感想を、

「日本の顕微鏡で見たソマチッドは肉眼でぼんやり見えている星のようであり、天井まで届く巨大なソマトスコープで見たソマチッドは天体望遠鏡で星が一面に散らばっている映像を見ているかのように思えた」

と記した。

萩原は、血中に無限にうごめくソマチッ

ドの小宇宙を見た感動で目がくらくらした。

「現代科学は何もわかっていない。科学でわかっていることはほとんどないに等しいことを思い知らされるソマチッドとの出会いだった」とその感動を綴った。

◎ソマチッドは太陽光を吸収することで、生体を活性化する

しかし、このような現象があり得るのだろうか。生命体に必要な栄養素もない、空気もない真空状態で、肉片が成長した。与えたのはソマチッドのみ。

まさしくソマチッドが生命エネルギーを吹き込んだ証拠ではないか。

ここで注意したいのは、密閉された真空容器の中に入ったソマチッドを注入した肉片に、太陽光が注がれていたという事実だ。ネサンはソマチッドの発見以来、『新生物学』を提唱している。生命の発生や成長の謎を解く鍵はソマチッドが大きく関与しているというのだ。

ネサンは、あるジャーナリストの質問にこう答えたという。

「私は血液中の小体のライフサイクルを立証しました。そこには生命の基礎についてのまったく新しい見解を打ち出したことを意味します。この『新しい生物学』はまだ理論的に

は完全ではありませんが、この見解に基づいて病気で苦しむ人々に恩恵をもたらす方法を発見できたのです。

ソマチッドはDNAの前駆的なものだと言えます。つまり、生命活動の基本単位と考えられてきたDNAを理解する上で欠落していた『ミッシング・リンク』（失われた環＝生物の進化において未発見の仮想存在の生物）を、ソマチッドが提供できるということです」

今日の分子生物学ではDNAを出発点に考えているようだ。しかし、このDNAは何からどのように誕生したのかがわかっていない。ここにミッシング・リンクがあって、生命と物質の間がつながっていない。

ネサンによれば、このソマチッドがこのミッシング・リンクを埋めるという。

通常、健常人の血中では、「ソマチッド・胞子・二重胞子」が見られ、これが血中にびっしり蠢《うごめ》いている。そして、赤血球から生まれ出たソマチッドは赤血球の膜を簡単に通過し、血中に広がる。

ここで太陽光（電磁波、周波数）からエネルギーを吸収し、すべての器官や細胞組織を活性し、人体を健康に保ってくれる。

まさしく**「ソマチッドはエネルギーの具現」にして、「生命が最初に分化した具体的な**

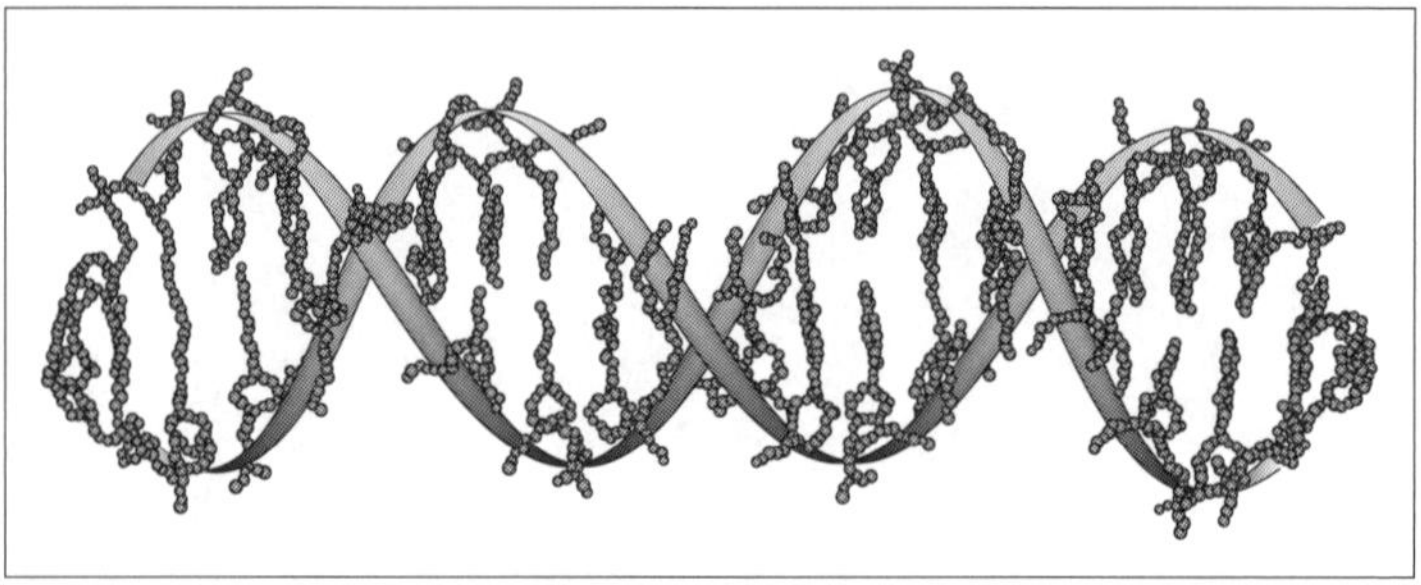

ソマチッドはDNA遺伝情報を持つエネルギーコンデンサー⁉

形態」、さらに「史上最小の生きたエネルギーのコンデンサー」であるとネサンは定義した。

ソマチッドには核がなくＤＮＡがなかったが、明らかに遺伝情報を持っていたことは、白い兎と黒い兎のソマチッドを入れ替え毛が灰色になった実験などでも裏づけられた。

また、窓辺に置いた肉片が大きくなったことは、間違いなく、ソマチッドが太陽エネルギーを吸収し、この肉片に命を与えていたことを物語っていたわけだ。

◎ソマチッドは肉体と魂をつなぐ

また、ネサンは、アルベルト・シュバイツァー博士が述べたように「ソマチッドは人間の知識や感情にデリケートに反応し、メンタルな世界、スピリチュアルな世界をそのまま反映してくれる鏡でもある」と考えていたようだ。

もちろんのこと、ソマトスコープで多くのガン患者の血液を調べ、ガン患者特有の変形したバクテリア形態となったソマチッドを観察していた。ところが、治癒への希望が見いだされた瞬間、健康なソマチッドに変化する事例を確認できていた。

その結果、**ソマチッドによって、その人の心の有り様、意識や感情などのメンタルなものが血液に反映される**という結論に到達できたわけだ。

まさしくモントリオールの裁判でギレーヌ・ランクロット医学博士が証言した「ソマチッドは生命の基礎であり、物資的身体とエネルギー的身体、すなわち肉体と魂をつなぐものである」とした理由がここにあったわけだ。

また、フランスのミッシェル・ファーブル医学博士も、「ネサンが発見したものは、生命の物質・肉体的な基礎となり、形而上学的な言い方をすれば、それはエーテル体として知られるものであり、肉体の中に完全に浸透しているエーテル体がなければ、肉体は不活発な物質にすぎない。つまり、魂が離れれば死に至ると同じなのです」と法廷で証言した。

このエーテル体とは、チベットに伝わる『トランス・ヒマラヤ密教』の系譜につらなる神秘思想家ルドルフ・シュタイナー博士が唱える、**「人体は肉体のほか、エーテル体やアストラル体、メンタル体などのエネルギー体でできた多重構造」とする、その一つのエネ**

ルギー体のことだ。

要するにこのエネルギー体があってはじめて人間の体や組織が機能できるという説だ。言いかえれば、**心臓を動かし、血液を全身に送っている根本のエネルギー、肺を動かし、空気を取り入れ、全身に酸素を送る根本のエネルギーこそ、このエーテル体やアストラル体などのエネルギー体である**というのだ。

このエネルギー体が魂とも密接につながり、生命現象を維持しているわけだ。このエネルギー体については後に明らかにする。

今日、若い女性の間で流行っているヨガ教室で行うさまざまなアーサナ（ポーズ）、東洋医学のツボ刺激や経絡体操とは、まさしくこのエーテル体やアストラル体などのエネルギーの流れを円滑にする体操に他ならない。

5000年の歴史があるアーユルヴェーダ医学や東洋医学では、このエーテル体は、プラーナや氣とも言われ、瞑想や丹田呼吸を修練することでエネルギーを高めることができるわけだ。

気功の達人ともなれば、相手に触ることになしに、瞬時に数メートル、吹っ飛ばすことができる。合気道の達人、植芝盛平に吹っ飛ばされた巨漢のレスラーや武道家は、かなりの数に上るらしい。

筆者が知る日本の武道家は、真上から脳天目がけ振り下ろされる日本刀を、身体で触れずに弾き返すデモンストレーションを年3回米国で演じている。いまだに失敗はしていない。命がけの荒業で、失敗したら命はない。

氣、またはエネルギー体が物理的に作用する好例だ。

◎この世は多次元世界と同時存在している⁉

近年の量子物理学の世界では、3次元世界（この世）である実の世界と、多次元世界（あの世）である虚の世界が同時に存在することを突き止めている。しかも、この多次元世界のエネルギーが3次元世界に大きな影響を及ぼしていることがわかってきた。

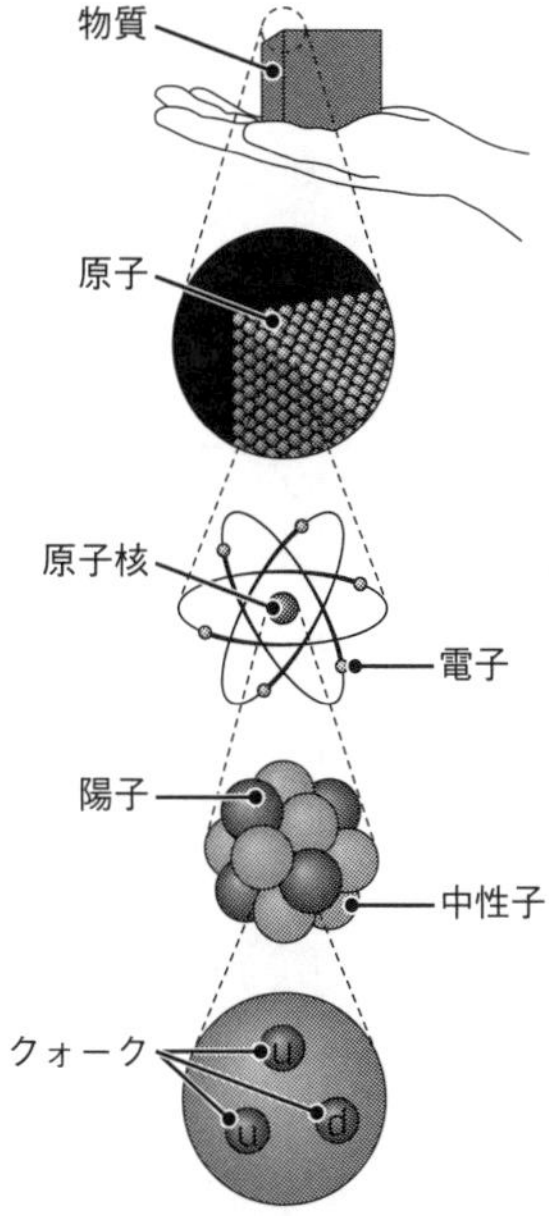

物質の構成系統図

『テラヘルツ波エネルギーの神秘とその応用』（パレード）引用

すべての物質は分子、原子の順に構成されていることは万人の知るところだ。しかし、この原子は電子、中性子、陽子などの微粒子からなる。

しかも、この中性子や陽子は、さらに極小なクォーク、ニュートリノなどの素粒子から構成されていることが近年の量子物理学で明確になった。

1000メートルの地下深くにつくったカミオカンデの中で、ニュートリノを発見、ノーベル賞を受賞した小柴昌俊博士の研究がそれだ。

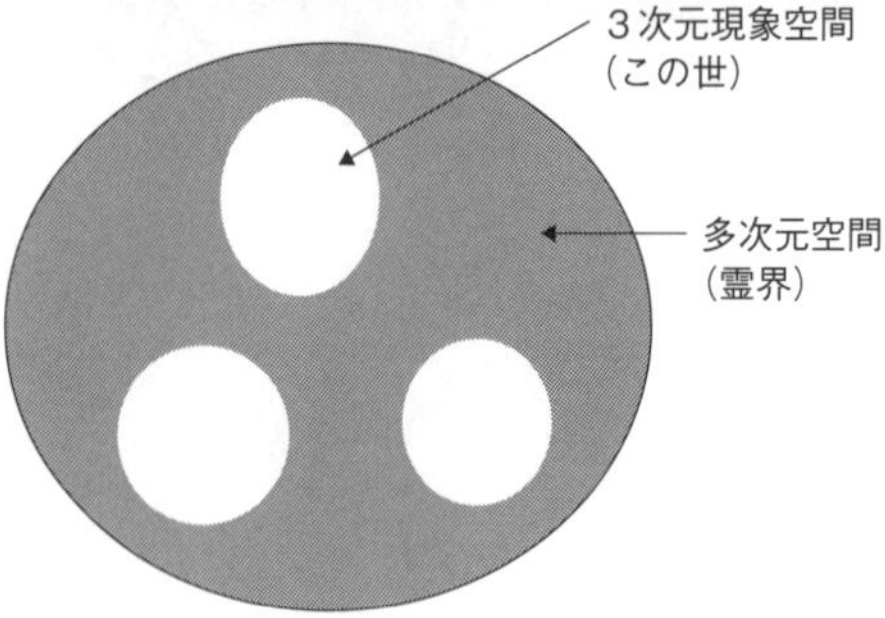

3次元と多次元世界は同時に存在し、テラヘルツ量子波はこの世に大きく影響する

宇宙空間はクォークや、ニュートリノなどの素粒子で満ちている!!

こうして電子顕微鏡や極小のミクロ顕微鏡で物質を拡大すれば、いかなる物質も微粒子や素粒子で構成されるという絶対性が明らかとなった。

このクォークやニュートリノなどの素粒子は分子や原子と違い、実に不思議な性質と働きを持っていることが突き止められてきた。

どうやら、**このクォークやニュートリノなどの素粒子は、3次元と多次元世界を自在に飛び交い、超光速で移動していることもわかってきた。この素粒子が宇宙空間に充満しているよう**だ。

この素粒子が超光速で移動している事実は、2013年8月、東大大学院の工学系研究グループが、1つの量子が遠隔地に超光速でテレポーテーション移動すること証明し、英国科学雑誌『Nature』に掲載されたのだ。

この素粒子やクォークが前述したエネルギー体の構成要素らしい。

『なぜこれほど多くの病いと不調が【テラヘルツ量子波エネルギー】で消えてしまうのか』（ヒカルランド）を著した療術家・佐藤清によれば、「同じ種類の量子は共振現象でお互いに超光速で連絡しあっている。量子は意識を持っていて、人間の心に反応して波と粒子の状態変化をする」というのだ。

佐藤は、このクォークやニュートリノなどの素粒子は毎秒1兆回振動するテラヘルツ量子波に属し、キリストが全盲の人や歩けない人を歩かせたり、密教で護摩焚きし遠く離れた病人を回復させたりした事例などは、この超光速で時空を飛ぶテラヘルツ量子波のエネルギーによるものではないかと考えた。

多少、飛躍するのだが、過去人類の歴史上、霊魂や神霊の存在が文献に記載されるのは、人間を多重構造で包むエーテル体か、アストラル体が肉体から分離し、それが目撃されたのが真実に近いのではないだろうか。

そして、その正体は、クォークであり、ニュートリノに他ならないのではないのか。この時空を飛び交うテラヘルツ量子波が、人の意識や魂を癒し、ソマチッドを活性化することで、病気が快癒するのではないかと佐藤は考えた。

2015年10月7日、ノーベル物理学賞に東大宇宙線研究所の梶田隆章所長が「ニュートリノ振動の発見により、ニュートリノに質量があることを示した」業績で受賞が決定したニュースが飛び込んで来た。

正しく素粒子が質量を持っていることが判明したわけだ。

次章では、このエーテル体やメンタル体を癒し、前世のカルマを解消、過去世を修正するヒーラーの驚異的な実例を明らかにする。

第2章

魂を癒すとソマチッドが活性化、治癒力が増強する！

前世療法で過去世のカルマを解消する!

◎人体はエネルギー体などの多重構造で成り立っている

この永遠不滅微小生命体ソマチッドの発見は、21世紀の大発見と言って間違いなさそうだ。現代医学は肉体を物質としか見ていないので、病の根源を断つことは困難だと考えているのではないか。

診断装置や検査機器が精密化し、肉体の異常個所が特定されるにつれ、体全体をトータルに見るアプローチが廃れてしまったのではないか。

パソコンで数値を判断した後、症状に適用する薬剤を処方、そのことで別な部位に副作用が生じた場合にはその部位に適用する薬剤を再度処方するという、近視眼的な診断治療をするのが現代医学の大きな潮流となっている。

生命の本質は、見える肉体だけではなく、見えないエネルギー体との多重構造で成り立っていることが古来、伝承されてきた。いわゆるチベット密教や、インド4000年のアーユルヴェーダ伝承医学や、易経がベースの中医学などがそうだ。チベット密教は、正確には『トランス・ヒマラヤ密教』（以下秘教）と呼ばれる。起源は、〝人類を超えた神に近い覚者から導かれた教え〟と言われる。

この教えは、**宇宙の全体像から人間の意識や霊性、死後の世界にまで踏み込んだ壮大な体系とされ、人間の構造に関しては肉体の他、エーテル体やアストラル体、メンタル体などの何層もの多重構造から成り立っている**ことが説かれている。

およそ200年ほどの歴史しかない現代医療はこの秘教を学び、病の根源となる根本治療を目指す必要がないだろうか。

この3次元世界では概ね原因があって結果が生じる。因果応報の世界、または作用反作用の世界が原則だ。

結果として現れた肉体的な症状に対症療法をいくら施しても原因治癒には至らない。対症療法から根本療法、原因療法への転換が慢性病や難病治療の解決にはならないだろうか。

これまで綴ってきたソマチッドや、人間を包むエネルギー体の多重性や魂、または精神性が身体に大きく関与し、免疫力や自然治癒力を動かしているという事実こそ、今後究明すべき課題であろう。

前出の秘教は、ロシアのＨ・Ｐ・ブラヴァツキー夫人が１００年ほど前に復興し、天才科学者アインシュタインやエジソン、ガンジー、ネール元首相などの偉人らの支えになっていたという。ブラヴァツキー夫人は、幽体離脱することで宇宙の真相や人間の神秘について、啓示を受けたらしい。

19世紀のエマヌエル・スウェーデンボルグが自在に幽体離脱することでまとめた『霊界日記』は、大英博物館に所蔵されていることで有名だ。

天上界、または神界はこのように節目節目にメッセンジャーを送り込んでくるようだ。古くはモーゼ、イエス・キリスト、マホメッド、ブッダらがそうだった。近年では、インドのサイババやクリシュナムルティーがそうであろうか。

日本では出口王仁三郎が霊界からメッセージを受けたようだが、教祖様になってしまい、時の政府に弾圧されてしまった。新興宗教の巨人と称された高橋信次は、宗教界に大きな影響を及ぼし、自分の死を予言した日に亡くなった。

したがって、もはや人間の左脳レベルでつくり上げた生命科学は、こうした神界からのメッセージには到底及ばず、限界があることを推して知るべきではないだろうか。

前述したオーストリアの神秘思想家ルドルフ・シュタイナー博士らも神智学を広げるきっかけとなったが、出所はこの秘教で説かれてきた系譜につらなるようだ。

簡単に言えば、**「宇宙には物質界の他、目に見えない物質界であるエーテル界が存在し、その上には物質界ではないアストラル界やメンタル界などの界層がつらなっている。人間もまた、目に見えないエーテル体やアストラル体、メンタル体などのエネルギー体の関与を受けている」**という事実だ。

近年では、その個人が持っている過去に起きた事象が記憶されているという〝アカシックレコード〟を読むことで、今世に修正を加えるリーディング、または〝前世療法〟を施すことで、現在の心身のバランスを調整できる人々も少なからず登場してきた。

このアカシックレコードを読んだ人物として、20世紀前半登場した米国のエドガー・ケーシーが有名だ。ケーシーは写真家だったが、〝眠れるケーシー〟と称され、睡眠状態でリーディングをしていたらしい。

エドガー・ケーシー

相談内容は宗教から科学、哲学、政治、経済にまで及び、時には健康相談から夫婦間のトラブルに至るまで回答を示したという。その的中率は90％を超えたと言われる。

難病の克服法としてハーブなどを交えた養生法をリーディングしているのだが、これは今でもケーシー伝承療法として継承されている。

このアカシックレコードは、エーテル体にその情報が記憶されているとする説もあるが、アカシック次元という周波数帯に宇宙の起源から人類誕生及び進化過程、地球の未来までもが記録されているらしい。

いずれにせよ、このエネルギー体の周波数、またはバイブレーションに意識をアクセスすることで、そこに刻まれた個人情報が読めるというのだ。

いや、過去だけでなく、未来も読める（見える）らしい。

どうも我々が暮らしている3次元レベルから4次元、5次元に意識を転換することで、多次元世界が見えてくるようなのだ。

こうした神秘思想の中でも前出のシュタイナー医学は群を抜き、今日、600か所を超える世界各国で実践され、医学や農業、建築などにも影響を与えてきた。

身体と心、精神の3つからアプローチするホリスティック医療は、古くはブラヴァツキー夫人、近年ではシュタイナーが唱えた説が応用されているわけだ。

この肉体を包む見えないエネルギー体が、体内に具現化したもの、それがネサンが発見した永遠不滅微小生命体ソマチッドである可能性が大いに強まってきた。

◎幽体と魂を癒せば、ソマチッドは活性化する⁉

このエネルギー体が肉体に大いに関与しているなら、このエネルギー体の歪みや痛みを癒せば、肉体の歪みを調整できるはずではないか。

東京・八王子で体調リセットステーションを開業、高次元レイキ氣功療法を行う飛沢誠一のアプローチもこうしたシュタイナーやネサンが説いたエネルギー療法や永遠不滅微小生命体を活性化する療法とも言える。

すでに20年ほど前から、飛沢にはエネルギー体が見え、「あなたには人を癒す役目がある！」と上から啓示を受けていたが、そのまま大企業で働いていた。

この「上」とは、神意識や霊界を超えた神界以上と思われる。

しかし、一昨年、とうとう強烈なバイブレーションを伴った啓示を受け、本業に転身したという。言いかえれば、天命の道に入ったとも言えるのではないか。

自宅2階をサロンにリニューアルした他、中型キャンピングカーと小型車も配備した。緊急の場合、東京や神奈川をはじめとする首都圏の他、大阪などの関西、山陰などの遠方にまで出かけることもある。キャンピングカー内で高次元レイキ氣功やリーディングしなければならないケースもあるからだ。

依頼人が重度の統合失調症や、多重人格症の場合は、東京八王子まで訪れることが不可能な場合が多いのだ。

桜が開花した4月のある日、筆者は八王子のリセットステーションを取材に訪れた。飛沢は長いこと大企業に勤務していたというのだが、その物腰は柔らかく、高圧的な態度は一切ない。

ちょうど室内では、50代後半の女性がカウセンリングを受けている最中だった。

この女性の相談内容は、30歳を過ぎた実の娘と長年仲が悪く、最近、バトルをくり広げ、体調が芳しくないとのこと。その表情には苦悶の色が漂っている。

そこで、飛沢は相談内容をカルテに記載した後、この女性の周りに手の平をかざし、エネルギー状態を感知しだした。時間は数分、肩の後ろから首根、腰のあたりにかなりの違和感があり、飛沢の手が痺れたようだ。

「かなり、首と腰のあたりがビリビリしますね」

「そのあたりが張っているのです」と女性は飛沢に訴えた。

筆者はこうした氣功家や療術師の治療現場をすでに30年近く取材しているのだが、ヒーラーのほとんどは、自然に手がセンサーのような働きをし、患部に違和感や黒い影のようなものを感じるようだ。これができないようでは、そのヒーラーは大方インキチだ。

次に治療用ベッドに俯せになってもらい、下肢から腰部に飛沢は両手を当てた。

「腰のあたりに人間の姿をしていますが、人間ではない、頭が爬虫類っぽいエネルギー体を感じますね」

なるほど、これは数十万年前、人類創造にあたった知的地球外生命体の一種かもしれない。自分たちの惑星を脱出し、地球を発見、ここに降り立ったようなのだ。

そして、自分たちの遺伝子と爬虫類の遺伝子を掛け合わせ、二重らせんの遺伝子を持つ人類を創造したらしい。この飛来した宇宙人を古代人は神々として捉えたようだ。

エジプトやメキシコ、アフリカなどの古代遺跡には、宇宙人や宇宙船としか思えない壁画が描かれているのが少なくない。

中世に描かれた宗教画の空には明らかに宇宙船としか思えない物体が描かれているのは、なぜなのか。

飛沢のレイキ、高次元氣功ヒーリングを受け、この地球外知的生命体のエネルギー体が腰部から上部に動き出したようだ。

「何かお腹のほうがグルグルし出してきました」と女性。

その後、飛沢は上半身のほうに両手を移し、氣エネルギー、またはレイキを入れる作業を60分ほど丹念に行った。

確かにこの女性の顔色が上気し、体が軽快になったようだ。

「このエネルギー体と肉体、魂は相互に関与し合っていますので、エネルギー体、または幽体が癒されるのです。幽体が癒されれば魂も癒され、肉体の歪みもかなり改善されるのです。

ソマチッドはこのエネルギー体、もしくは魂の影響をかなり受けますので、体の歪みが是正されれば、ソマチッドも正常化し、体の不調も改善されるのではないでしょうか」

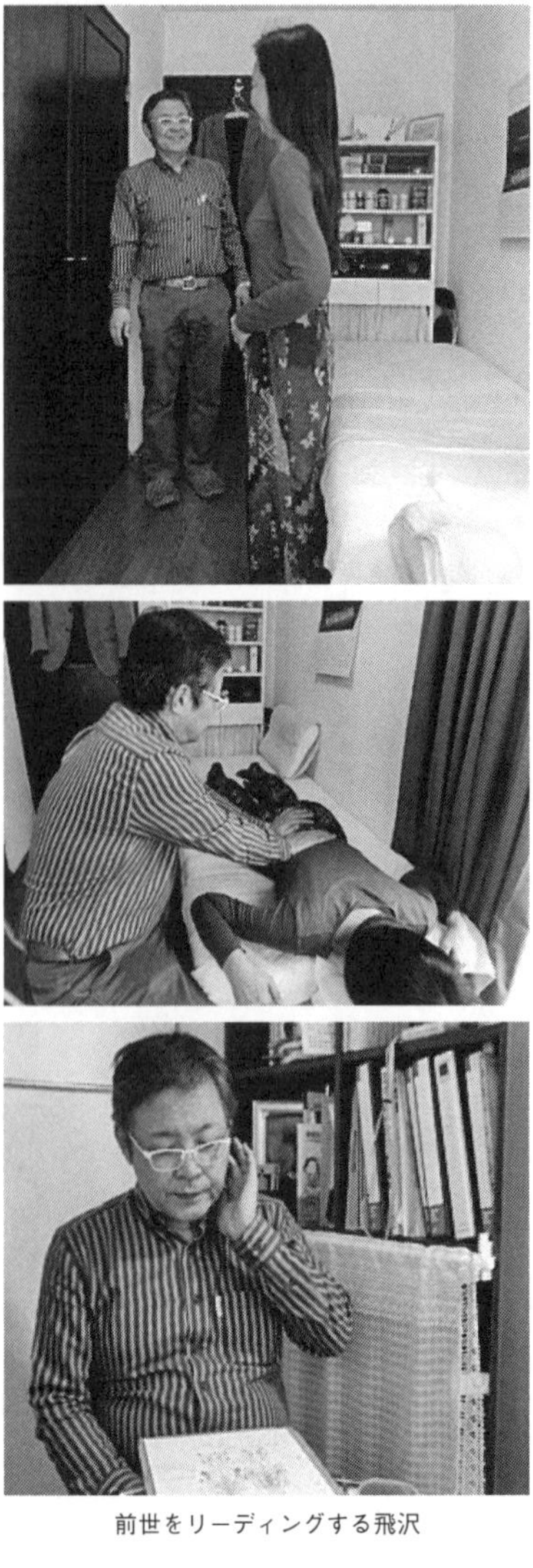
前世をリーディングする飛沢

飛沢は、すでに開業し、2年もたつ。こうした施術カルテは5センチを超えるファイルケースに収納され、改善例は無数だ。

◎今世で母と娘でバトルを展開する原因は、中世で騎士時代に親子で反目し合っていたから!

次にアカシックレコードのリーディングに入った。少し目を瞑《つむ》れば、この女性の過去世の映像が見えてくるのだろう。

「15、16世紀ごろのスペイン時代が見えます。槍を持った父親の姿が見えます。娘さんはこの時、男としてこの父親の子として生まれたようです。

この息子は、騎士にはなりたくなかったようで、父親に逆らっていたようです。しかし、当時、世襲制だったので、この息子は父親から〝情けない息子〟の烙印を押され、亡くなったようです。この息子は父親に絶対的な命令を聞かなければならず、それが嫌で嫌で仕方がなかったようです。この時の感情が今でも強烈に尾を引いているのでしょう」

こうしてスペイン時代に父と息子で反目し合っていた関係が、その反目の修復を、今世に母と娘の関係となって、この課題をクリアするために再度生まれ変わったようだ。

「娘は小さい時から言うことを聞かず、小学校も中学校も自宅近くの学校に行かず、自分で勝手に学校を選んだのです。そこで、うまくゆかないと、必ず私のせいにするのです。〝いつも何でもかんでも絶対的に命令する！〟という言葉を私に口癖のように浴びせるのです」

これで絶対的に服従しなければならない娘の屈折した感情の根源が明らかとなった。

次に飛沢はこの娘の前世にアクセスしてみた。

「第1次世界大戦時、両親が死んでしまい、孤児としてしばらく過ごした後に死んでしまったようです。この時、孤独感と寂寥感が強かったようです」

この女性はこれを裏づける証言をした。

「実は小さい時から娘は2階にいて、私たちは下の部屋で仕事をしていたのでそんなひとりぼっちではない筈なのです。どうして孤独感を抱いているのか、それがわからないのです」

確かに両親は下の階で仕事をしていたが、この娘は2階で1人おかれ、寂しい思いをしていたのだろう。この娘の孤独感、寂寥感はただならぬものがあったようだ。

実は、その後、この娘は高校も行かず、子どもをつくってしまった。

早い話、「自分が子どもをつくれば、自分はひとりぼっちでなくなる」と考えたのかもしれない。

当時16歳の少女が考えた思いつきなので、当然、子どもを育てる生活力があるわけではなかった。現実は子どもをつくってもこの寂寥感から逃れることができなかった。

この解決法として、飛沢は、この娘の前世の、第1次大戦の時、孤児となってしまった過去を少し修正することを提案した。

「過去世をあんまりいじることは許されていませんが、少し修正することは可能なのです。この娘さんが孤児になった後、養子に貰われ、そこの犬と仲良くなったシチュエーションに修正してみました」

飛沢によれば、**過去、現在、未来は一直線上の時系列にあるのではなく、多次元世界では同時並行的に過去、現在、未来がある**という。

したがって、過去を修正すれば、現在も未来も同時に変化してゆくという。

当然ながら、多次元世界が3次元世界に大きく影響を及ぼしているので、多次元世界を少し修正することで、今世を変えることが可能だというのだ。

◎鼻腔ガンから脳腫瘍を発症した甥っ子を助けてほしい

4月下旬になって、飛沢のサロンに建築関係の事業を行う上原亜沙子（仮名）という40

代の女性が訪れた。

上原には10歳になる甥っ子がいた。この甥っ子が鼻腔ガンになってさらに脳腫瘍を併発、この男の子をなんとか助けてもらえないかという相談内容だった。

昨年、鼻腔を手術したが、脳の腫瘍が大きくなった場合は、再度手術する予定になっていた。また、学校に通っていない男の子の唯一の友達が犬のケン太だった。その犬も男の子と同じ場所にガンができて、上原はこの犬も助けたかった。

このことを想うあまり、上原自身も体調が狂い、1か月ほど前から膝や足首が痛みだし、昨夜は立っていられないほどの痛みに襲われたという。

飛沢は、相談内容をカルテに記入した後、いつものように上原の全身を包むエネルギー体を手で2、3分感知しながら、「なるほどね」と頷いた。

どうやら、上原の過去世が指や膝の痛みに関係していたらしい。

「落ち込むことで胸のハートチャクラが閉じ、エネルギー体のパワーが低下すると、憑依している過去世が顕在化し、リウマチのような痛みを生じるのですね。

憑依された場合も膠原病や筋委縮症などを発症したり、中でも焼死した人の霊が取りついた場合、リウマチのように関節、全身に痛みを生じるケースもあります」

犬の場合は、人間と2万年暮らした歴史があるので、次に人間として昇格、輪廻転生し

エネルギー体のゆがみをキャッチし瞬時に前世が見える

て生まれるケースもあるのだという。

また、犬がガンを発症したのは、この子どもの身代わりとなって発症、痛みを軽減する役目を担っているという。

上原は、近所で虐待されている子犬や捨て犬を見ると、つい放っておけず、拾ってきてしまう。こうした犬は20匹を超えた。

だから、この男の子に懐《なつ》いている子犬もなんとか生かしてあげたかった。小学校にも通っていないので、唯一の友達はこのケン太だったからだ。この子と犬の魂はつながっているようだ。

「犬の場合、飼い主に貢献することを使命に生まれてきているケースが多いので、命が短くても次に人間に転生しますので、長生きできることが最良とも限らないのです」

なるほど、生命誕生に至る神秘はかなり深淵だ。

◎日露戦争後、貴族から職業軍人となったが、虚しさを感じていた

次に飛沢は、しばらく目を瞑って上原の過去世のリーディングを試みた。

「どうも、日露戦争のころ、ロシアに生まれた軍人だったようです。元貴族ですがこれを嫌い、職業軍人を選んだのですが、やっぱり虚しさを感じていたようです。

この軍人はナルシストで画家にもなりたかったようですが、髭を生やした自分の肖像画を描かせています。この時のカルマは少なかったようです。

また、1850年頃、フランスの普通の女性として生まれたのですが、25、26歳で肺炎にかかって亡くなっています。また、1200年ごろには中東でジプシー占いをやっていたようです。

今世でスピリチュアルの世界に関心が高いのは、この時の影響です。全体的には男性性が強く出ています」

確かに上原は女性でありながら、建築畑の事業を営み、設計図に基づいたビルのミニチュアモデルを製作している。夫は日本画専門の画家だという。もしかすると、この夫はロシア時代に上原の自画像を描いた画家だった可能性も捨てきれない。

上原はどこか脆弱な雰囲気があり、気品が漂っているのは、病死した過去世とロシア時代に貴族だった過去世が影響を与えているのかもしれない。

「自分でもいつも男性的な感じを受けています。人の未来が見える時があり、悲しい結末が見えてしまうとやり切れなくなってしまうのです。そんな時、指が痛んだり、膝が硬直したりし、体調を崩してしまうことがよくあったのです」

このリーディングもほぼ一致しているようだ。上原の容貌は上気したように顔色が良くなり、指の痛さや膝痛がかなり消失した。

「過去世のカルマが解消しただけで、体調が改善するケースも多く、先日、若年性筋委縮症で、椅子に座れない人がここのサロンに来ただけで、座れるようになったこともあります。

上原さんは今世で犬を助けることで徳を積んでいますので、来世はアジアに生まれ、仏教徒として生まれるようです」

それにしても、人間とは実に複雑怪奇な生き物ではないか。**前世のカルマを背負い、今世での過去の自分の想念や先祖霊、そして多次元世界からの不浄霊や動物霊、低級霊などの憑依を受け、体調を崩す**こともある。

逆に高級霊や神界からのメッセージや守護を受け、社会的に名声を得、出世してゆくケ

中央下に龍神が写った!!

ースもままある。こうした見えないエネルギーの関与を受けながら、現実を生きているのが人間の真相に近いのではないのか。

その目的は、カルマの解消と霊性、魂の向上ではないだろうか。

信じられないような話だが、これが、飛沢が行っている高次元レイキ療法から考えられる人間の有り様だ。

前世のカルマが病をつくっていた⁉

◎全米で著名な外科医が体外臨死体験を証明した！

この世界には、〝この世もあれば、あの世も存在する！〟。このテーマは、人類誕生以来、永遠の課題ではないだろうか。これを証明する事例として、近年、全米の脳神経外科の権威、エベン・アレクサンダー医師の衝撃的な証言がネットで話題になった。

無数の手術に立ち会った結果、患者は口を揃えるように、肉体を離れた世界で亡くなった身内や先祖と出逢ったと言う。そして、「お前はここに来るのが早い」などと言われ、生還するケースが多かった。

そこで、人間の生死に立ち会ってきたエベン医師の結論は、「臨死体験は患者の脳内記憶に基づくもので、脳内麻薬の分泌で幻想を見るのではないか」というものだった。

ところが、この外科医は髄膜炎を起こし、自分が6日間も生死をさまようことになった。

後に奇跡的に一命を取り留め、リハビリ後、再度外科医に復帰できた。

実は、この時、このエベン医師は臨死体験をし、幽体離脱していたのだ。そこに綺麗な若い女性がありありと現れ、「あなたは皆から愛されているので、お帰り戴いた方がいいでしょう!!」と告げられていたのだ。

果たして、この綺麗な女性は誰だったのだろうか。天使だったのだろうか。

エベン医師は不思議に思った。

この病を発症したことで、自分が養子であったことを里親から知らされた。

実の両親はあまりにも若く子どもをつくってしまったため、州条例によって里子に出されたことがわかった。

その後、この若い実の両親は成人し、女の子を授かった。エベン医師からすれば、実の妹ということになる。しかし、この妹が若くして事故死してしまっていた。

このことを実の両親から告げられ、数日してこの実の妹の写真が届けられたのだ。

この写真に写っていた妹こそ、エベン医師が生死をさまよっていた時、脳裡に現れ、「あなたは皆から愛されているので、お帰り戴いた方がいいでしょう!!」と告げた女性だったのだ。

無論のこと、エベン医師は妹が存在することなどそれまで知らなかった。また、逢ったこともない。したがって、この事実は、臨死体験が過去の脳内記憶の幻視・幻聴でないことを証明しているのだ。日本で〝知の巨人〟と称されるある評論家は、NHKに出演、この臨死体験は脳内記憶による幻視と断定した。また、生理学研究所の教授はこの現象は脳内物質の所為であるとした。

筆者は、**臨死体験を経験した著名人を何人も取材しているのだが、明らかに病院のベッドに横たわっている自分を天井から見ており、医師や家族がどこにいて、何をしているかを見ている**のだ。

この時、事故や病の痛みは感じていない。そして、光や亡くなった親族らに誘われるように別な世界に飛んで行く。ここで、まだ使命を果たしていなかったり、天命を全うしていない場合、「ここに来るのはまだ早い！　戻りなさい」と言われる。そして、意識を持った幽体が肉体に再度戻って意識を取り戻すケースが多い。

現在、エベン医師は現代医学の頂点に君臨しながら、この手記はベストセラーとなり、まさに〝あの世は実在する〟ことを証明したのだ。

日本では、東大医学部の矢作直樹教授が、数冊の著作で「あの世は存在する」ことを言明、ベストセラーだ。日米で同時に西洋医学のトップに君臨する医師が相次いで、あの世の実在を証明している。これはまさしくシンクロ現象と言える。

◎3体の修験者が守護霊のふりをし、憑依していた⁉

5月のゴールデンウィークが終わった翌週の5月10日、大田区の東雪谷を訪れた。飛沢の氣功講座を受け、20代から続いていた頭痛と膝痛を改善できたという坂田利彦（仮名）の体験談を取材するためだ。占星術や四柱推命をマスターし、占い師として大企業のコンサルティングのほか、個人セッションを生業とするのぐちこうしんを伴った。坂田も霊能力があり、リーディングを行えるというので、のぐちに審神者《さにわ》となってもらうためだ。筆者はこうした超能力者の取材は何度もこなしてきた。大半は低級霊や動物霊に憑依された人物が多い。どこか、異常を来した霊能者が多い。

そうなると、大抵、法外な金額を要求するようになる。

飛沢のリーディングにはのぐちも一目置いており、「超能力や霊能者では、珍しくまともでリーディング能力も素晴らしい」との評価だ。

池上線の石川台駅で下車、南に向かって坂道を下った。閑静な住宅街を数分過ぎた。時間が止まっているような静けさだ。雪谷八幡神社の脇を過ぎ、富士山の雪が見えるという雪見坂を上った。

のぐちは坂田に行者のイメージを感じた

そこから数分のところに坂田邸はあった。

「一昨年、人のために生きているつもりなのに何もかもうまくゆかず、勤めていた会社も倒産し、人生に行き詰まっていたのです。そこで、飛沢先生にカウンセリングを求めたわけです。しかし、私を出迎えた飛沢先生は、私を見て、〝なんだ、この男は〟という、大変嫌な顔をしたのです」

実は、この時、飛沢は坂田の背後に無数の憑依霊を見ていた。何もかもうまくいかなかったのは、この無数の憑依霊のせいでもあったようだ。

飛沢は2階のサロンに案内した後、例によって坂田の周りのエネルギー体を調べた。

「先生からは〝修験者が3体憑依し、守護霊のふりしているのがいる〟と言われたのです」

坂田も瞑想中に、眼前をスタスタと歩いて、ドカッと座るなり、〝我は役の行者である〟と言ったビジョンを観ていた。飛沢が見破った憑依霊はこの偽の修験者らしかった。

「坂田さんは行者のイメージがありますね。山伏系の、人の言い分を聞かず、治療する業者の魂を感じます。中国でも僧侶をやっていたイメージがあり、ヒーラーの適正があります。自分から発する陽のパワーが強く、即効力がありますね」

のぐちは坂田のエネルギーを感じ取ったようだ。確かに坂田は現在、港湾関係の会社に勤めているのだが、どう見てもサラリーマンには見えない。療術師か、自営業者のように見える。かなり個性的だ。

「私は小さい時から、ヒーリングパワーが強く、氣を入れることで体調不良をよく治していたので、こんなのは誰でもできると思っていたのです。後年になり、この能力は誰にでもあるわけではなく、特異な能力であることがわかったのです」

◎ローマ時代に将軍だった過去世があり、合戦で戦車から落ちて膝に怪我を負った

次に坂田は、脳の奥にある松果体あたりに脳腫瘍があるような、丸い玉のような違和感を持っていた。たびたび激痛が走る持病があることを飛沢に訴えた。

これは坂田が前世で奴隷時代に頭に鎖のようなものを巻かれていた時のしこりのようだった。飛沢は、後頭部からこの丸い玉のようなしこりをスポイトで吸い込むように一気に抜き取った。

「この時、丸いしこりがスポッと抜けたように違和感が消え、これ以来、この激痛で苦しむことがなくなったのです」

また、坂田は小学校時代に足首をねん挫、中学校ではサッカーをやって膝を痛めたことがあった。これ以来、膝痛で悩むことが多かった。40代の今になっても真冬になると、サポーターをつけたり使い捨てカイロを当てたり、温泉に入ってみたりしたが、改善できなかった。

そこで、飛沢は高次元レイキ療法を膝や全身に1時間半ほど施術した。

「この膝痛では、3、4回施術を受けたのですが、長いこと悩んでいた膝痛が80～90％ほど改善したのです。少しぶり返すときは自分で氣を入れることで治るようになったのです。再度リーディングしてもらったところ、この痛みは、私が前世でローマの時代に将軍だったようで、合戦中に戦車から落ち、引きずられ、岩に膝をぶつけたのが原因だったことがわかったのです。

そこで、先生は、将軍の立場から農民にシチュエーションを変えようと思い立ったのですが、そうするとローマの将軍が1人減ることになり、この過去世の修正を実行すると歴史が変わるので、これは駄目だと言われたのです。そして、合戦中に戦車から落ちたけれど、岩には膝をぶつけなかったシチュエーションに修正を施してくれたのです」

長年悩んでいた頭痛も膝痛も過去世の記憶が災いしていたわけだ。この時のカルマが解消され、この痛みは消失した。飛沢の高次元レイキ療法には即効性もあることがわかった。

◎飛沢と坂田の前世は、川中島で武田信玄と戦った上杉軍の家来だった

坂田は、自分自身の前世が戦士や僧侶、宗教家だったり、たまに農民として生まれ、一揆や反乱軍を組織したりする過去世を観ていた。

また、20代の時、馬に乗って川を挟んで敵と対峙するビジョンを観たこともあった。これを飛沢に話したところ、「あれ、それは川中島じゃない？　私は、上杉軍で謙信を護る直属の近衛兵だったけど、君は特攻隊でした。坂を一気に下って行ったビジョンが観えますね」

なんということか。この2人は同じ上杉軍で、武田信玄と川中島で戦った同門だったことがわかった。2人とも同時代に意識をアクセスすることで、同じ過去世を観たわけだ。

のぐちは坂田の生年月日を聞き、占星術に入った。

「人にパワーを与えるタイプで、不動明王的なエネルギーが守護し、海王星（ポセイドン）の影響を大きく受ける星回りです。自分ひとりで生きるタイプで、繊細さがないので組織には向いていないですね。

再来年あたりから人のサポートがあるので今年後半からその準備し、再来年に備えるとうまくゆく運気があります。ヒーラーとして不動明王の力を借りると良いかもしれません」

「不動明王が守護していることは飛沢先生からも言われています。海運・船会社の仕事をずーっと続けてきたのは、海王星の星回りだったからなのですね。

ちょうど、今も組織で働くことに嫌気がさしており、海運管理は24時間拘束され、土日も出張することがあり、今やっているリーディングも自由が利かず、メールで相談している状況で好きな仕事ができないでいたところです」

のぐちの占星術も飛沢同様、その個人しか持っていない固有の情報を開示するのが大きな特徴だ。坂田は名前と生年月日をメールで知れば、相談者のビジョンが観えてくるという。坂田には、氣功パワーとリーディング能力を活かせる適正があったようだ。

のぐちの占星術だけで、これほど個人的な情報をヒットさせることは不可能だ。おそらく、守護霊から得られる情報と、超潜在意識内にあるハイヤーセルフからの情報を引き出しているのかもしれない。

この取材で、人間が持っている多重構造と、狐や龍神、蛇、高級霊などが存在するパラレルワールドの存在がますます明らかとなった。

この多次元世界に存在する狐や龍神、天狗などは高級霊の使いとして〝眷属〟と呼ばれるのだが、ある女性大学教授の夫君は、30年以上もこの十三丸と名付けた狐霊の〝眷属〟と暮らした手記を発表している。

無論、この女性は今でも現役大学教授なのだが、時折、憑依霊が乗り移り、言動が豹変することがたびたび起こる。海外でも同様、その場で成仏できず、霊界に行けなかった地縛霊が訴えてくるわけだ。

この時、「もうあなたは亡くなっているのだから、この世にいる場所はないのです。あなたがいなければならない世界に帰りなさい」と告げると、大抵、穏やかな顔になり、消えてゆくという。

こうした世界を知らず、精神科で診断を受けたら、「統合失調症、また多重人格症」と診断され、閉鎖病棟に閉じ込められる可能性もある。この大学教授の夫は、それを30年以上も観察し、明らかに多次元世界の存在を知り、彼女を統合失調症扱いにはしなかった。

この大学教授夫妻と暮らす狐霊〝十三丸〟は、30年前の当初、まだ幼児だったが、今では少年ほどの大きさに成長、この夫妻にアドバイスを送ってよこすという。

夫はこの手記で、この十三丸からのメッセージも綴った。

しかし、人間とはなんと深淵な生き物であり、宇宙は不思議な空間に満ちているのだろうか。

◎イヌイットに転生、人を殺した過去世を負って、氷の狭間に落ちて圧死・凍死した

溝口ひろみ（仮名）は、ここ10年来、坐骨神経痛と腰痛に悩んでいた。酷い時は歩けなくなったり、ギックリ腰になったこともしばしばあった。

対人関係でストレスが蓄積した時ほど、体が歪んだ。2014年5月になって、飛沢の講演会に参加した。

溝口もレイキを習い、レベル3まで達していたので、「霊の浄化はどのようにすればできますか？」と尋ねてみた。

「溝口さんのは、う〜ん、エネルギーがちょっと違うのですよね……」。飛沢は、異質なものを感じ取っていた。

溝口は、特に右半身の坐骨神経痛が酷く、整体や鍼灸にも数えられないくらい通ったが、多少、緩和する程度で時間がたてば、ぶり返していた。

そこで、2014年10月になって飛沢の「高次元レイキ氣功講座」を受講した。

その講座では、氣功の呼吸法などの基礎から、氣の流入経路であるチャクラを開けてもらった。さらにアカシックレコードにアクセスしてもらい、先祖の未浄化霊を浄化してもらった。

早速、自宅に帰り、習った氣功を家で実行してみた。腰の痛みは多少緩和されたが、右半身の坐骨神経痛のほうは全然よくならなかった。それはなぜか。

そこで、12月7日になって本格的に高次元レイキ氣功の習得を思い立った。

「飛沢先生は、なかなか治らない疾患や問題は過去世に原因があることが多く、右半身の坐骨神経痛もその影響でしょうと言われ、私の問題点をずばりと言い当てられたのです」

溝口は何の衒《てら》いもなかった。開けぴっろげな性格は、パナマで女性として生まれた時のものだという。

果たして、溝口の過去世で、坐骨神経痛と腰痛のカルマはいつ形成されたものなのか。

「中世の時代、私は修道女だったというのです。当時のことはよくわかりませんが、ローマ法王から直接洗礼を授ける栄誉をいただいたようです。

そして、布教するために海を渡って世界に派遣されていくことになったというのです。

その航海の途中、海賊に捕まり、つながれて性奴隷にされたというのです。

その影響でしょう、私は現世での性生活はまったくの苦手で、生理はいつも不順です。

右半身の坐骨神経痛は、その時の暴行が原因とのことでした」

実は、飛沢には溝口が鎖につながれたビジョンが観えていた。そこで、飛沢は、海賊に捕まらなかったシチュエーションに過去世を書き換えた。

イヌイット時代、海中で凍死した

しかし、完全に痛みが取れたわけではなく、今度は、右腰周辺の別のところが痛みだした。
「今まで腰だけでなく、いつも右半身に不調が現れます。本腰を入れて治療をしていただくために、後日再診療に伺ったのです。やはりその痛みも過去世が原因とのことでした」
ここで、飛沢は5つの過去世をリーディングした。
「5つ前は、パナマに生まれた明るい女性だったが、4つ前は、インディアンの長老だったというのです。日常の6割〜7割がスピリチュアルな生活で、雨が降っても感謝の祈りを捧げる生活をしていたようです。まとめ役として、みんなを導いていましたが、反発する者を殺してしまったというのです。

3つ前は、イヌイット（エスキモー）で、くじらやアザラシを獲る猟師のまとめ役でした。

しかし、インディアン時代のカルマ解消のため、漁の最中に氷と氷の間に落ちて挟まり、圧死と凍死という最期を迎えたらしいのです」

なんということか。このインディアンの長老の時、殺人を犯したことが、その後、イヌイット時代に氷の合間に落ちて、圧死・凍死という死を背負い、カルマの解消を負ったというのだ。

このように輪廻転生が繰り返され、過去のカルマが解消されるわけだ。

◎過去世の修正で、10年来の右半身と不調と腰痛が消えた！

溝口は結婚しているのだが、その夫婦間は、過去世で性奴隷となったことがあったので性生活が苦手だったためか、ギクシャクしていた。また、夫婦間でも金銭についてはシビアなものだった。

「それは2つ前の前世に起因し、フロリダに住む女性の時、夫が資産家で裕福な暮らしをしており、海岸線の別荘地の大きなお屋敷に住んでいたらしいのです。

夫に先立たれ、1人ぽつんと一日中座って何をするでもなしに過ごしているビジョンが飛沢先生には観えていたのです。

私には人を寄せ付けない排他的なところがあり、遺産の問題で夫の妹を遠ざけてしまったというのです。この時のカルマを解消するため、かつての妹が現世の私の夫で、夫婦間で金銭関係がシビアらしいのです」

飛沢は、このリーディングでは魂が傷ついていることを感じ取り、魂に膜のようなシールドでコーティングする施術を行った。

溝口はこれまで嫌なことに局面した場合、嫌なことは嫌と言う硬直した対人関係を営んでいたが、これ以来、構えることがなくなり、誰とでも気楽につき合えるようになったという。

さて、問題の溝口を酷く悩ましている腰痛の原因は、どこにあったのか。

「これは1つ前のアメリカの海軍兵士の時、受けたカルマだったようです。フロリダ時代の金持ちの夫人としての前世の時は、霊レベルで怠けていたようで、厳しい人生設定をして、転生したようなのです。

海軍兵士として、戦地に赴任しますが、戦争が大嫌いだったのです。戦闘で早々に致命的な怪我を負ってしまったというのです。

そこで、洞窟に逃げ込んで救援を待ったようなのですが、味方がやってきたときには動くこともできず、そこで亡くなってしまったらしいのです。

転生ルートのパターンがいくつかあるそうですが、私の場合は、フィヨルド→南米インカ→北米→アジアのルートだそうです」

溝口は10年来の神経痛が解消した

確かに溝口には大らかなインディアンのような雰囲気を感じる。日本人によくある律義で、生真面目な印象は受けない。

飛沢の見立てでは、溝口の腰周辺の痛みはこの1つ前のアメリカの海軍兵士の時の怪我が原因だったようなのだ。右半身の不調は、3つ前のエスキモー時代に氷の狭間での圧死、凍死したのが原因だったという。

飛沢はこの両方の過去世に、病気が発生しない程度に少し修正をはかった。この2回だけでの高次元レイキ療法とリーディングで、溝口が10年ほど悩んだ坐骨神経痛と腰痛の痛みはすっかりとれた。
飛沢によれば、**病気の起因には打撲、疲労、毒物の蓄積による肉体起因、さまざまなストレスや対人関係による精神起因、低級霊や生霊などの憑依と過去世のカルマなどの幽体起因がある**という。

過去世はアカシックレコードに刻まれている。このアカシックレコードに意識をフォーカスすれば、飛沢でなくともその記録を見ることができる。

人間という生き物は、このようにインドのヨーガ経典や、ヒマラヤに伝わった秘教が説くように、エーテル体やアストラル体、メンタル体などのエネルギー体と、動物霊や低級霊、高級霊の関与、過去世などのカルマを引きずって生きているようだ。

生きる最大の目的は、過去世の清算、そして、神レベルの意識、魂と精神性の向上ではないだろうか。

まさしく、飛沢が行っている前世リーディングや高次元レイキ療法が見事に証明しているではないか。

むろんのこと、現代医学や西洋医学を護る立場にあり、その権威を極めた大学教授らにはこのような真相は理解できようもない。

◎人間は輪廻転生を繰り返しながら、霊的進化を目指す

こうした〝あの世〟の存在、多次元世界の存在は、量子物理学の世界でも証明されてきた。

あの世は実在する！

この死生観は、人生に大きな価値観の変革を迫るだろう。人間は病に伏せたり、ガンを発症したりすると、死の恐怖に怯えだす。

それは肉体が滅べば、何もかも無となることを潜在的に刷り込まれているからだろう。

しかし、肉体が滅んでも魂は生き延び、もう一度輪廻転生し、生まれ変わることができる。

否、一度だけの転生するのではなく、何度でも転生する。

この事実は世界の大宗教となっている一神教を信仰する数十億人の方々に理解されることは難しいかもしれない。

イエス・キリストは〝人間はみな平等である〟と告げた。しかし、人生が今世だけであるなら、不平等な中で、苦しい生活を余儀なくされている人は相当数に上り、それは納得できない。飛沢が示したように何度でもカルマ解消のために、転生を繰り返すというので

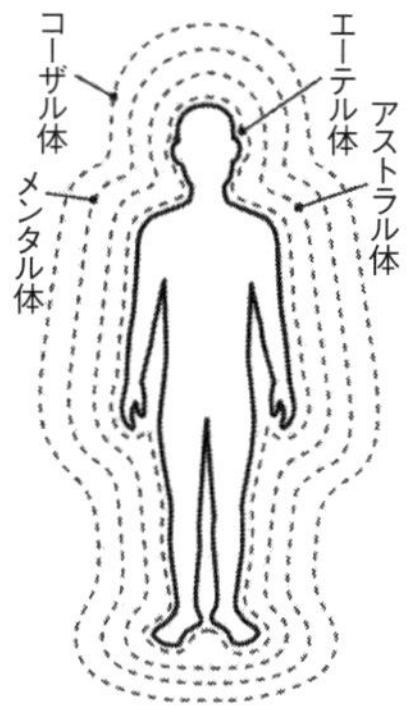

「インド医学」が説く人間の構造

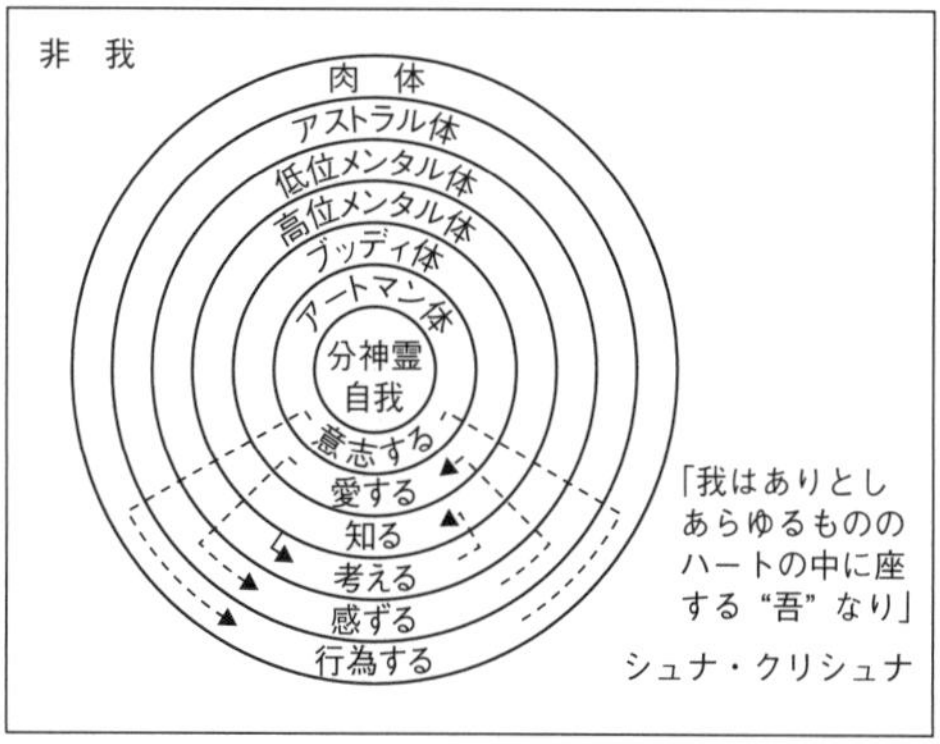

『秘教から科学へ』（出帆新社）より

あれば、この至言は理解できるだろう。

これが真実とわかれば、死はさほど恐怖ではなくなるのではないのか。

こうした思考は人間を包むエネルギー体を健全にし、魂に癒しを与えて、ソマチッドを活性することにはつながらないだろうか。そして、**ソマチッドが活性、遺伝子DNAをスイッチオンし、人間の心身に好影響を与えはしないだろうか。**

ソマチッドは、ネガティブな感情、例えば、畏れ、恐怖、不安、拒否など否定的な感情を酷く嫌う。

それは、人間の使命が、『愛』『進化』『創造』の3つをテーマに与えられているからに違いない。言ってみれば、肉体は死をもって何もかも終わるという、唯物論的なものではない。魂は永遠に生き、何度も輪廻転生を繰り返し、肉体はその時の乗り船に過ぎないのではないだろうか。

この遠大な秘教についてまとめ上げた神智学に詳しい神尾学《かみおまなぶ》は、「秘教では輪廻転生が実際に存在し、個人に関する最大スケールの時間枠とは、1人の人間の誕生から死ではなく、〝魂の進化〟という現象です。通常、私たちが自己だと思っているものは、〝パーソナリティ〟と呼ばれ、1回の転生で魂が使用する器であり、永続性のないものです。それに対して魂こそが、輪廻転生を繰り返し、とてつもない時間をかけて進化してゆくのです」と、その著書『秘教から科学へ』(出帆新社)で述べている。

もういい加減、一神教どうしの争いはやめ、〝命の源は1つ〟の下にお互い助け合い、分かち合って成り立つ社会となっても良いのではないのか。

秘教が説くところの人間の内奥の神性、どのような人間であろうとも、この神性が宿っていることに想いを馳せねばならない。

第3章　ソマチッドと赤血球分化説の謎を解く

ソマチッド内のケイ素原子が電子エネルギーを放射する!?

◎鉱石、植物、動物内にはケイ素原子が豊富に含有

個人が持つパーソナリティは前世のカルマや低級霊や高級霊の関与を受け、エーテル体、やアストラル体、メンタル体などのエネルギー体が魂と密接に関係し、永遠不滅生命体ソマチッドを活性する可能性が高いことがわかってきた。

人間の深奥には魂が内在、前向きな発想こそがソマチッドが活性化する環境であることが浮き彫りになってきた。

では果たして、ソマチッドはどのように肉体にエネルギーを与え、細胞組織を活性化しているのだろうか。

自動車の部品会社でケイ素鋼板や電装品のエレクトロニクス化などの研究開発に長いこと取り組んできた東學は、こうした疑問を常に感じていた。そこで、茨城大学で工学博士

号を取得し、ケイ素とソマチッドについて研究を重ねた。

その過程で、〝七輪で焼くサンマは美味しい〟という考えの大元が石川県の能登半島であることを知った。

ここでつくられる七輪は、珪藻土でできていることがわかった。

そこで、この土壌を分析したら、ケイ素を約60％ほど含有し、珪藻土は六角形結晶体を持っていることを摑んだ。

この珪素は、宇宙および太陽、月などが発する電磁波の中で、赤外線を吸収し、そして輻射する性質を持っていた。

近年の物理学では、このケイ素原子は鉱物や無機物でもなく、まったく中性の元素であり、宇宙や地球上の赤外線領域である電磁波エネルギーを吸収し熱に換えることを明らかにしている。そして、その熱エネルギーは外に向け輻射される特殊な元素でもあった。

東はこうしたケイ素の特性を調べ、七輪の内部を赤熱炭火で励起すると、ケイ素原子から赤外線が放射され、これがサンマの内部に浸透、サンマを美味しく食べられるのではないかという結論を得た。

そこで、東は、長い間、自然鉱石や火山性岩石及び動植物などの固体化をX線顕微鏡で分析してみた。

その結果、まさしくケイ素が突出している成分分析データを得た。

その矢先、関西日本サイ科学会で「日本ソマチット学会」の講演を聞くこととなった。

驚くことにこの学会報告はこれまでの東の研究内容とほぼ一致していた。

そして、２０１４年５月に開催された日本珪素医科学学会で、「珪素点滴でわかった生命エネルギーの起源」を聴講した。

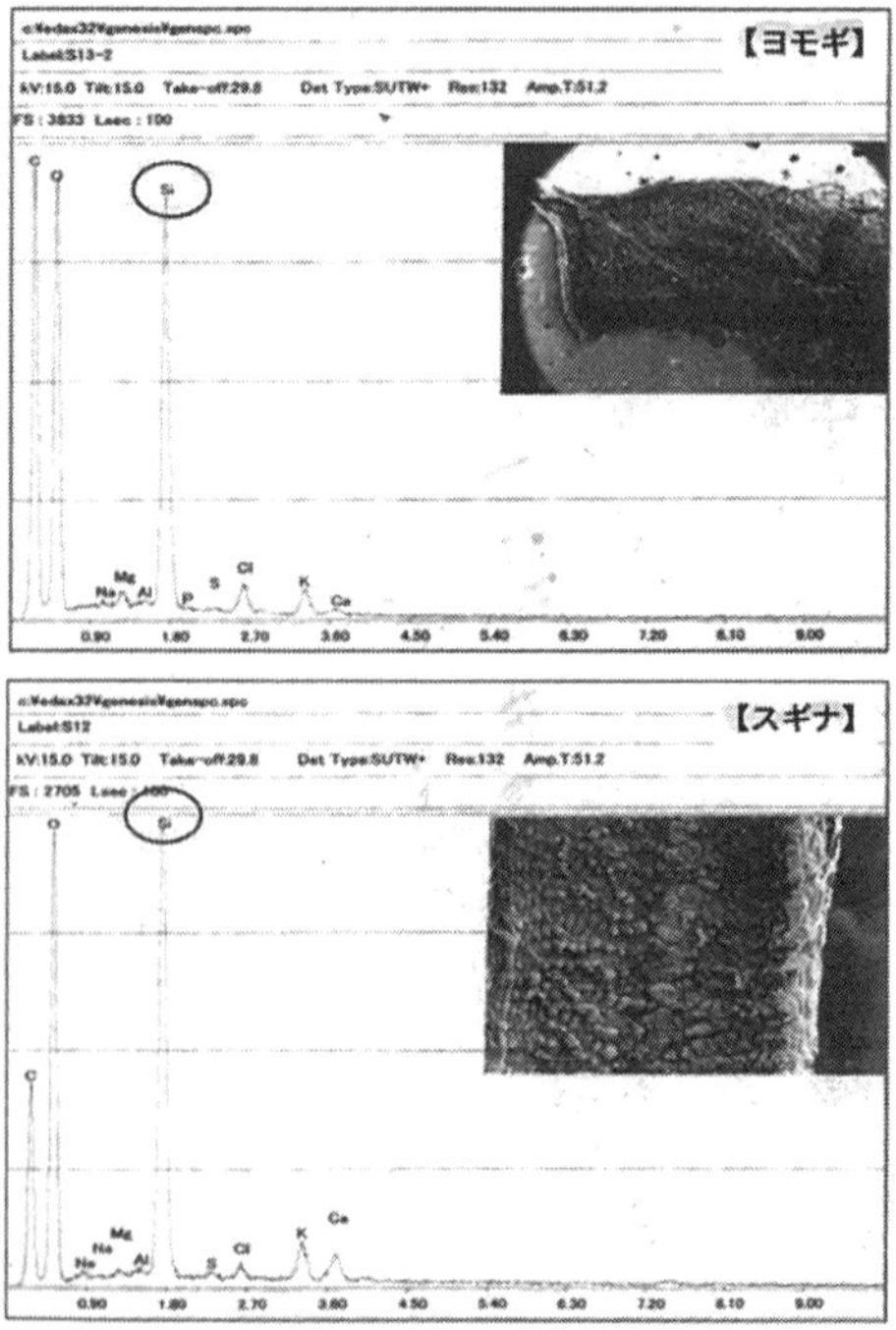

動植物、鉱石にはケイ素が突出する

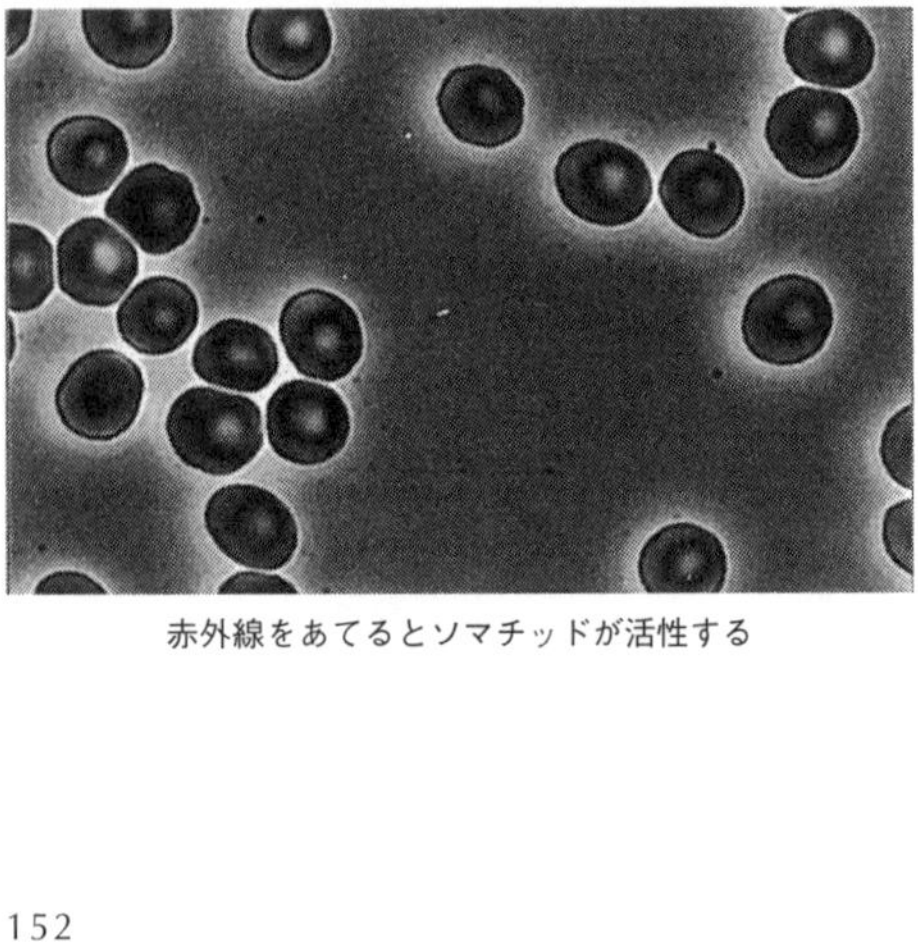
赤外線をあてるとソマチッドが活性する

さらに東の血液自体を位相差顕微鏡で観察してもらったところ、確かに永遠不滅微小生命体ソマチッドが盛んに蠢いていた。

これまで元素レベルのケイ素粒子は、赤外線領域の電磁波を受けると、活性化することを確認していた。

そこで、長崎県諫早市にある赤外線放を射炉するドーム式ケイ素サウナに入って、入室前後の血中のソマチッドの挙動を観察した。

その結果、予想通り、明らかにソマチッドの動きが活発化することを確認できた。

「この**微小有機体ソマチッドは、微小の宇宙エネルギーを持つケイ素素粒子を抱き込んでいる**に違いない。このソマチッドは自身の体内に取り込んでいる極小のケイ素原子を周囲の赤外線エネルギーで働かせ、マイナス電子をつくる。

そして、**このマイナス電子が細胞内の各成分に働き元気づけ、体内免疫を高め活発化させる。体液中のソマチッドを活性化させる**ことこそ、健康増進につながるのではないか。

この電子エネルギーが赤血球や白血球などのリンパ球などを活性し、異常な部位を抑制、細胞再生を活発化するのではないだろうか」という結論に達した。

このソマチッドとは、海や水系の動植物や、陸上動植物の体内に代々受け継がれ、30数億年の時を経て今日に至っているのではないだろうか。

◎魂の力を発動するとソマチッドが活性化する!!

束は次にヨモギやスギナなどの旬の植物を葉っぱや茎の絞り液を位相差顕微鏡で観察してみた。やはり、植物性のソマチッドが多量に蠢いていた。

寒い冬の間、地中の根や土壌にケイ素の殻を被って眠っていたソマチッドが春の目覚めと、子孫を継承するために活動を開始し、一気に若々しく芽生えてきた。

この若々しい、ケイ素含有「植物性ソマチッド」こそ、人間の細胞を活発化し、健康増進に導いているのではないか。

温故知新。春に芽吹く山野草を有効活用してきた多くの先人の智慧に束は感嘆したものだった。

また、束は半死状の樹木を伐採し、しばらく放置し、キノコを発生させた。そして、このキノコ状の菌糸体を乾燥させ、成分分析を加えた。

このほか、代表的な食物や植物らもチェックしたところ、いずれもソマチッドが発生していることを摑んだ。

このことから束は、「すべての人間や動植物の体内を運営しているソマチッドは、その共棲中の体に何か異変を感じると緊急態勢を取り始める。それが病気の前兆と考えられるのです。即刻、体内に宿る『魂』がそれに気づき異変解除に相互努力すればよいわけです。

何も異変を気づかずかなり進行していても、その時点で強力に『魂』の力を発動し、ソマチッドのケイ素に祈願し、対処すれば、体内異変部の解消につながると考えられるのです」と結論づけた。

要するにソマチッドが宿主の異変を感じ、ソマチッド自身が次の世代に生き残るためケイ素で身を包んで変身し、次の宿主への伝承準備を起こしたのがこのキノコ状菌糸体ではないかと考えた。

伐採後の樹木に発生するキノコにもソマチッドが観察された

これは、第1章で述べたネサンが突き止めたソマチッドが「石の中に閉じこもったナノバクテリア」のようなものであり、16パターンに変化することと一致する。

または飛沢が行うエネルギー療法、高次元レイキ療法で見られる魂の力の発動ともまさしく一致する。

したがって、体内に異変や異常を感じたら、宇宙エネルギーを持つケイ素原子を抱き込んだソマチッドを取り込む。そして、腸内細菌叢を善玉菌優位の環境に戻し、血液を浄化する。新鮮な血液の栄養成分こそが細胞を活性、または細胞を再生する大きな力となるからだ。

◎水溶性ケイ素のガン転移抑制作用を摑んだ

果たして、ケイ素原子を取り込んだソマチッドは、マイナス電子をつくり、この電子エネギーが血中内の赤血球や白血球、リンパ球などを活性化し、体内の異常個所を抑制し、細胞再生、アンチエイジング効果を発揮できるだろうか。

束は、この推論を証明するために専門の研究機関に委託し、数匹のマウスを使った動物実験を行った。

最初にマウスの皮膚に大腸ガン細胞を植え込み、ソマチッドを含有する0・5％ケイ素水を飲ませ、移植部にケイ素水を塗布してみた。

その結果、1週間後に大腸ガンを植え込んだ部位が明らかに縮小することが確認できた。

続いて、ラットの腸内に大腸ガンを植え込み、ケイ素水添加系とケイ素水無添加系を比較した。1週間後このラットを開腹し、ガンの転移の有無を判定したところ、ケイ素水無添加の対照群では明らかに転移が認められたが、ケイ素水添加系では、他の臓器に転移が認められないことが判明した。

また、白内障から緑内障と動物病院で診断された柴犬に点眼薬を2か月投与しても改善できなかったが、この点眼をやめ、ケイ素水を3か月間投与した。

その結果、なんと、飛び出した左の目玉が元に戻り、眼圧もかなり改善し、病院から「左目はこれ以上悪化することはない」と驚かれた。さらに夏場に酷くなり、掻き毟っていたアトピーの症状も改善できた。

この柴犬の飼い主だった増田博美は、前出の東が提唱する「鹿児島産の薬石やヨモギやスギナなどの野草にはケイ素が豊富に含まれ、〝地産地消〟型のビジネスで地方を再生できる」とする論文に感銘を受けていた。

東とは同郷でもあったので、東が考えるビジネスの構築を進めていたのだ。

そこで、水溶性ケイ素を知り、前述したラットの臨床試験に協力したのだった。

増田には右手の甲に〝いぼ〟のようなデキモノができていた。赤く腫れていたので、2

014年10月4日からこのケイ素水を1日1回、5〜6滴塗るようにしてみた。

3か月ほどたった2015年1月7日、完全にこの腫れと周りの黒いシミも消え、痒みも消えたことを確認した。

こうしたことから、東と増田はケイ素水に含まれる永遠不滅微小生命体ソマチッドの抗ガン作用と、細胞の再生作用に確信を抱くことができた。

野草とソマチッドの関係、水溶性ケイ素などの研究から東は、「ガンの代替療法として、ソマチッドが多く含まれる土壌で育った、特に旬の農産物にはソマチッドが豊富なのでこの無農薬野菜を摂る。

さらに自然治癒力を向上、病を治すヒートショックプロテイン（HSP）がつくられる赤外線を輻射するドーム式サウナに、ケイ素水も補給し、ソマチッドはネガティブな感情を嫌うので、前向きな感情に変換できれば、3、4期などの重篤のガンと言えども改善が可能なのではないか」との結論に達した。

◎ドーム式ケイ素サウナでガンの改善例が増加中！

この東の推論は、前述した長崎県諫早市にあるドーム式ケイ素サウナでの改善例が見事に実証していた。

このドームの内壁は、ケイ素を大量に含む麦飯石や鹿児島産のシラス、珪藻土を練り込み、積み上げてつくられていた。床にもケイ素が豊富な素材を敷き詰めた。

そして、炉内の中央で松などの高エネルギー木材を赤々と燃やす。

この炉から放出される赤外線エネルギーを内壁に含有するケイ素原子で受け止め、さらに炉内に赤外線エネルギーを輻射し、万病を癒すタンパク質とされるＨＳＰを生成、そして、体内のソマチッドを活性するという仕組みだ。

室温は常時80〜90℃の低温に設定、この中に麻袋を被って10分入っては外に出て、汗を拭きとる。クールダウンさせ、水溶性ケイ素水や酵素水で水分を補給。

これを3回繰り返し、1回90〜120分行うものだ。

すでに数百人以上がリピーターになっており、肺ガンや乳ガン、肝臓ガン、子宮ガンなどの各種ガン、C型肝炎、潰瘍性大腸炎、神経痛、糖尿病、冷え症などが改善した感謝の手紙は無数だ。

改善期間は入る回数と症状によってまちまちなのだが、「毎日入って6か月で肺ガンが改善した」や「月3回入って半年で乳ガンが改善した」、「週3回入って肝臓ガンが改善した」、「毎日入って1か月でC型肝炎が改善した」などのほか、「週4回入って1か月で不妊症が改善」、「週5回入って潰瘍性大腸炎が1か月で改善」など多岐にわたる。

概ね、滞在型で毎日入った場合、効果が出るのは短期間のようだ。

むろんのこと、ここで提供される新鮮な野菜や魚介類を使った料理、スタッフの心温まる応対などが、患者の孤立感を和らげてくれたことも大きな力になった。

「手だてがない」と宣告された東彼杵郡《ひがしそのぎ》に住むある女性は、「〝大丈夫！ 大丈夫！ ワッハッハ〟と満面笑みの社長、体調を気遣ってくれる女将さん、いつも美味しい焼き魚をつくってくれる板長さん、笑顔で話し相手になってくださるスタッフの皆さんに励まされ、くじけずに通えました。

多い時に週4回通って、一緒に入った方どうしで励まし合い、腫瘍マーカーが正常値になりました。諫早《いさはや》市（長崎県）は、いつしか私の第二の故郷になりました。私を支えてくださった皆様に感謝いたします」と綴った。

夫と子どもとの生活を諦め、魂で側にいてあげたいと覚悟を決めていた女性だっただけに、死の淵から生還した想いはひとしおであったようだ。

実は、ガンなどの末期と宣告された場合、ほとんど患者は孤立感を深め、うつ状態に陥ってしまう。こうなると、生きる希望は萎え、自然治癒力と免疫力は一気に低下する。

そこで、患者が孤立感を深めないようサポートし、「これで生還できる」と確信できた

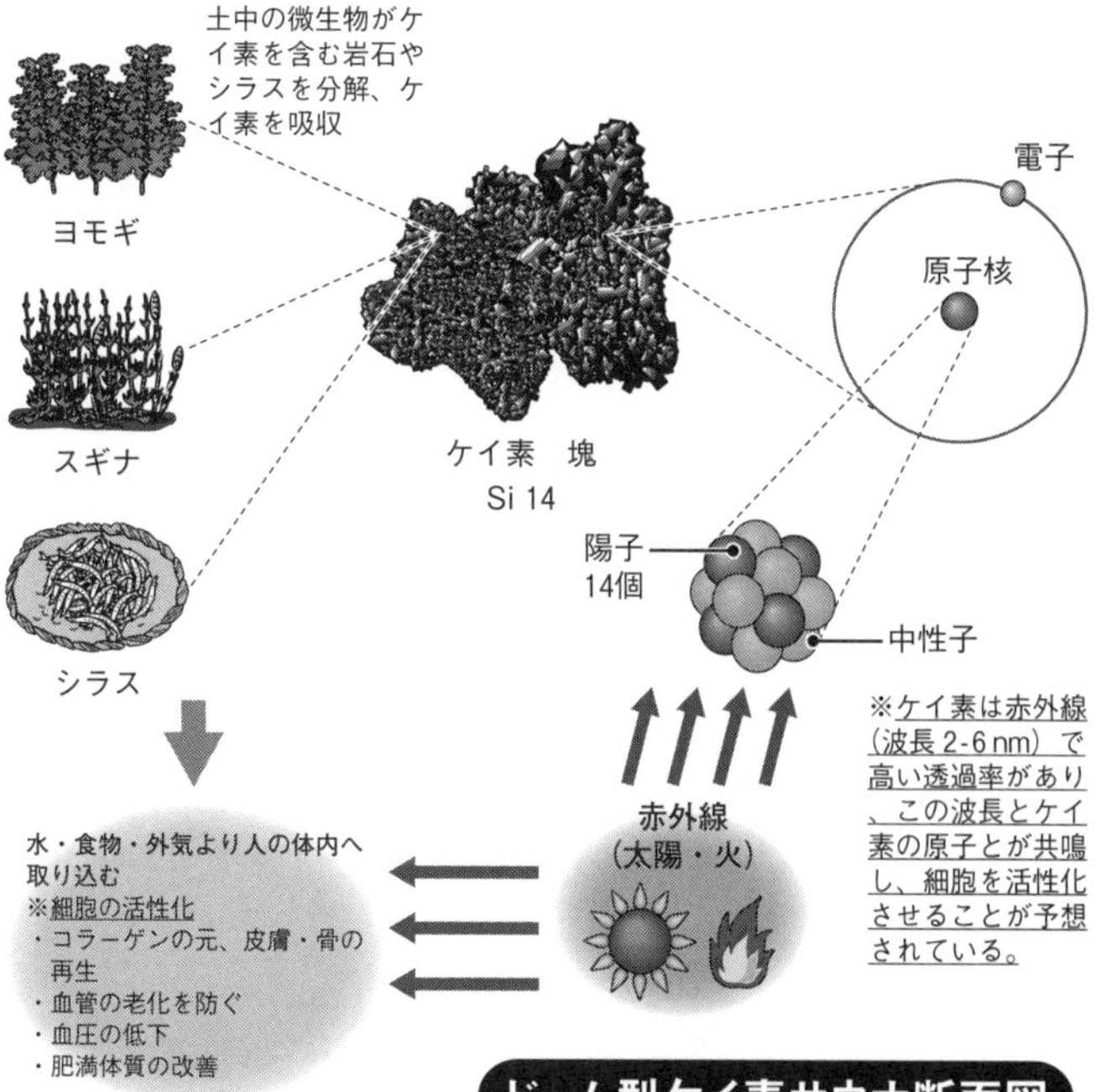

土中の微生物がケイ素を含む岩石やシラスを分解、ケイ素を吸収
ヨモギ
スギナ
シラス
ケイ素　塊
Si 14
電子
原子核
陽子
14個
中性子
※ケイ素は赤外線（波長 2-6 nm）で高い透過率があり、この波長とケイ素の原子とが共鳴し、細胞を活性化させることが予想されている。
赤外線
（太陽・火）
水・食物・外気より人の体内へ取り込む
※細胞の活性化
・コラーゲンの元、皮膚・骨の再生
・血管の老化を防ぐ
・血圧の低下
・肥満体質の改善

	入れ替わりの早い細胞	遅い細胞
脳	1ヶ月で約40%	約1年
胃の粘膜	3日	
腸の腸絨毛	1日	
肝臓	1ヶ月で約96%	約1年
腎臓	1ヶ月で約90%	約1年
筋肉	1ヶ月で約60%	約200日
皮膚	1ヶ月	
血液	4.5～5ℓの血液は100～120日間で全て入れ替わる。	
骨	幼児期では1年半、成長期2年未満、成人2年半、70歳以上は約3年	

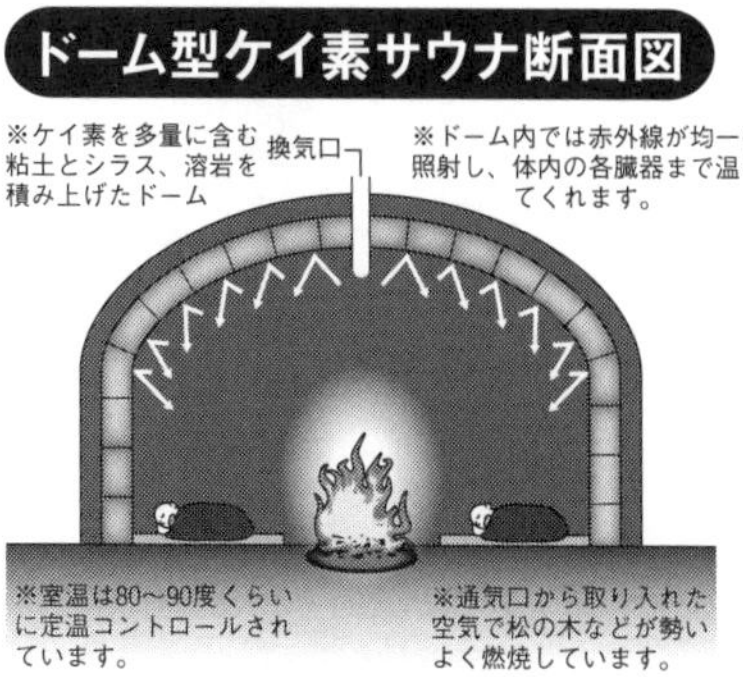

ドーム型ケイ素サウナ断面図
※ケイ素を多量に含む粘土とシラス、溶岩を積み上げたドーム
換気口
※ドーム内では赤外線が均一に照射し、体内の各臓器まで温めてくれます。
※室温は80～90度くらいに定温コントロールされています。
※通気口から取り入れた空気で松の木などが勢いよく燃焼しています。

この表は佐藤和子先生の「健康を支える栄養学」を参考にさせて頂きました。

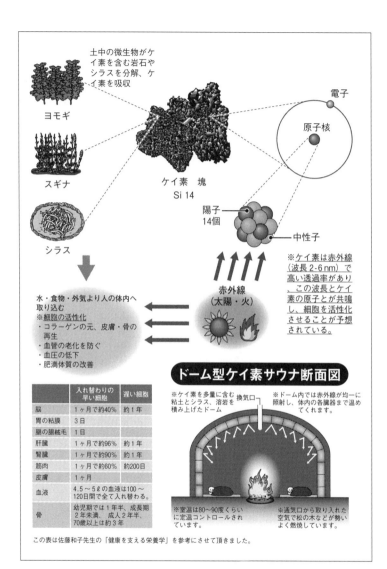

場合、ソマチッドが活性化し、自然治癒力が一気に発動する。

ネガティブな感情を抱かず、孤立感を深めないよう、患者を支援するケアスタッフの存在がガン治療には必要なわけだ。

前出の増田は、この赤外線療法と水溶性ケイ素水、酵素水でソマチッドを活性できる三要素を備え、医療費削減の切り札と地方再生を目的に、地産地消型の「パーソナルケイ素酵素サウナ」（本社／東京・銀座）を完成、すでに宮崎、鹿児島、神奈川、群馬などに復康・健康コンビニランドのＦＣ店を設置、全国展開を開始した。

赤血球こそ組織細胞の根源とした日本人天才学者の慧眼

◎１９６２年、故・牛山篤夫博士が血中から抗ガン剤を開発していた！

実は、この永遠不滅微小生命体が血中に存在することを突き止めていた学者はライフ博士やネサンだけでなく、なんと過去に日本にも存在していたことがわかった。

長野県の茅野市立茅野町病院院長だった牛山篤夫医学博士がその人だ。

1962年4月、牛山は国会の特別委員会で、人間の血液中で特殊な菌が種々の病状に抵抗力を持っていることを発見、この菌が特異的にガン細胞を破壊することを証言していたのだ。しかも、牛山は血中から精製した抗ガン剤も開発していた。

この時の国会議事録によれば、この菌をガン微小体と呼び、電子顕微鏡で拡大すると、その大きさは濾過性もので0・05ミクロン、大きなものでは3・3ミクロンあったらしい。

ちょうどネサンが発見したソマチッドと同じ大きさだ。

牛山は、この菌を5、6日かけて点状の菌になるまで培養、さらに5、6日すると球状菌になり、固有運動し、やがて桿菌になり、芽胞を形成することを摑んだ。

そこでガン患者の静脈血を採取し、タンク培養し、その工程から一種の薬剤を精製した。これが1969年に『SIC』という低酸性無酸性胃炎への薬効で薬剤に認可されたのだ。

これをガン患者に皮下注射することで、ガン患者の血液中で減少、あるいは弱体化したこの抵抗菌を賦活増強することができた。そして、ガン細胞やガン組織を破壊し、ガンが治癒するというメカニズムを摑んだ。

認可された慢性胃炎の有効率は実に97・7％、胃かいようは85・5％となり、胃ガンを予防することもできる。ガンの症例では80例15・7％を治癒、軽快が１０７例で21・2％の有効率、不変が80例で15％、死亡が２４２例47・4％の数値となった。

その後、１２０９人に行った臨床試験では治癒例は13・2％、軽快が17・1％、合わせて有効率は30・3％と報告された。これが再発の重症患者が対象だったというのだから、今日の抗ガン剤よりもはるかに素晴らしい実績ではないか。

この薬剤を1日1回、1ミリリットル。静脈注射は2ミリリットル。これを20回か30回、腹膜や腫瘤に直接注射しても良かったようだ。

しかし、『ＳＩＣ』は構造式や有効成分が何なのかわからなかったらしい。

このガン微小体は、培養中に大きさが変化し、まさしくソマチッドと酷似していたようだ。この培養途上で変化する様が西洋医学から否定され、理解が得られなかった。

牛山博士は、それでもこの培養濾過液を乾燥させ、抗ガン剤をつくったというのだ。

ネサンがソマチッドを発見した同時期に、日本でもソマチッドと似たような永遠不滅微小生命体を発見した医師が存在していたわけだ。

◎2人の天才学者が『腸管造血説』を裏づけた

この牛山が発見した血中の永遠不滅微小生命体の研究を語るには、欠かしてはならない大御所が存在する。言わずと知れた『腸管造血説』を唱えた千島喜久男医学博士だ。

細胞の増殖は細胞分裂によるのが定説だったが、千島は１９４０年、多くの細胞が赤血球から分化するという『赤血球分化説』を唱えた。

千島博士　新生命医学会HPより

これは戦前と戦後を通してニワトリの赤血球を観察した結果、**赤血球からリンパ球、脂肪細胞、結合組織の母細胞、白血球などがつくられることを観察した**ことで得られた。

また、１９５３年には血液は骨髄細胞でつくられるとする『骨髄造血説』に対し、血液は腸管でつくられるとする『腸管造血説』を唱えた。

無論のこと、この千島学説は、現代医学の定説とはまったく異なることなので、この論文は無視され、大いに医学界から叩かれることとなった。

しかし、医学界の定説になっている『骨髄造血説』にしても、実際、骨髄で造血されている事実を捉えたものはほとんどないとされ、その根拠は曖昧だ。

今でもこの『腸管造血説』は食養の愛好者、または代替療法を実践する医師の間では熱烈な支持を得ているのだが、現代医学からは異端扱いを受けているのが現状だ。

しかし、この千島学説に対し、強力な援軍が現れた。今日、『森下自然医学』を立ち上げた森下敬一博士だ。

骨髄造血説に不信感を抱いていた森下は、ある日、池で泳ぐオタマジャクシを見ていた。

「手足のないオタマジャクシは、いったいどこで血液をつくるのか」

ふと、この天才肌は直感した。

また、インターン時代に戦争で手足を失った兵士の患者を多く診たが、いずれも造血臓器である骨髄を失いながら、貧血にもならず皆元気だった。

これはどういうことなのか。

そこで、研究の虫であった森下は、東京歯科大学の研究室に寝泊まりしながら、兎の骨髄に出入りしている血管を止め、兎の血液がどうなるのかを調べた。

兎の四肢を止めると、全身の約90％の造血機能がなくなると試算された。

結果は、当初、4～5日目に赤血球が40％に減ったが、14日目で元の70～80％に戻った。

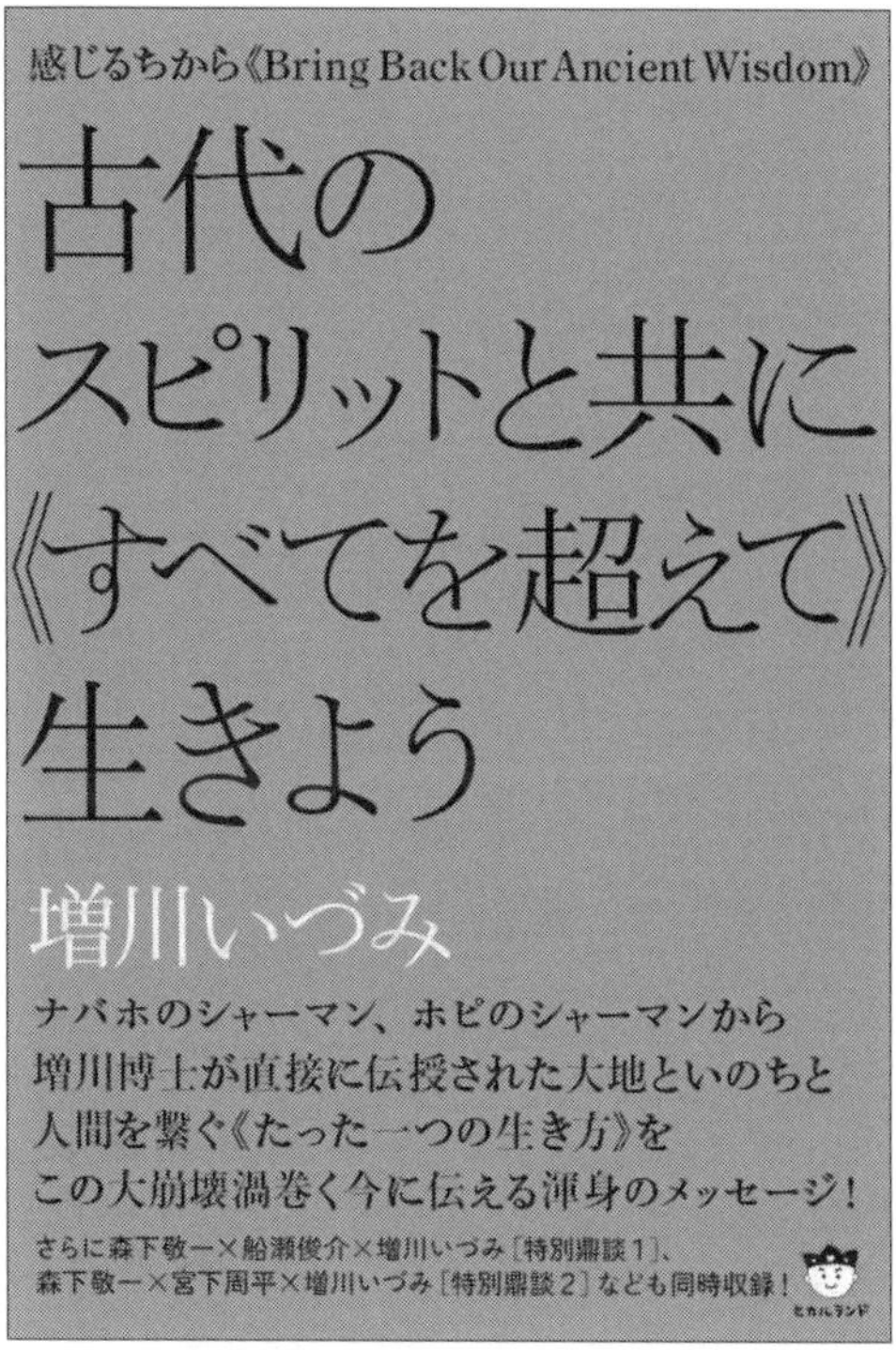
感じるちから《Bring Back Our Ancient Wisdom》
古代のスピリットと共に《すべてを超えて》生きよう
増川いづみ
ナバホのシャーマン、ホピのシャーマンから
増川博士が直接に伝授された大地といのちと
人間を繋ぐ《たった一つの生き方》を
この大崩壊渦巻く今に伝える渾身のメッセージ！
さらに森下敬一×船瀬俊介×増川いづみ［特別鼎談1］、
森下敬一×宮下周平×増川いづみ［特別鼎談2］なども同時収録！

『森下自然医学』から生まれた単行本。もちろん森下敬一博士も登場します。増川いづみ博士もソマチッドを研究している。その見解は故福村一郎氏との共著『超微小生命体ソマチッドと周波数』（仮題、2016年刊行予定）などで明らかにする予定だ

また、白血球は6～10日で約2倍に増え、12日くらいで元の状態に回復した。

赤血球が減ったのは骨髄機能の停止と考えられるが、白血球の増加は骨髄機能が停止したとする理論から考えられない現象ではないか。

そこで、これを確認するために兎の四肢骨髄を検査してみると、脂肪組織が増加し、造血亢進は見られなかった。

一方、血管を止めなかった肋骨や胸骨の骨髄は、理論的に造血亢進している筈だったが、これが見られなかった。

骨髄血管を止めたことで、赤血球数が減少したが、白血球数の増加が見られたのだ。

これは何を意味しているのか。当初、赤血球数が減少したのは、一般的な術後のストレスのせいであることがわかった。

この動物実験の意味することは明らかに赤血球も白血球の増減も骨髄の働きではないことを意味しているのではないか。

◎赤血球はすべての組織細胞の根源だった!?

当時、否、今でも医学界では、「赤血球や白血球は高度に分化した終末細胞であり、増殖能はおろか他の細胞に転化したり、分化したりすることはあり得ない」とするのが定説だ。

要するに19世紀皇帝のごとく君臨したドイツの病理学者ルドルフ・ウイルヒョウが唱えた、「細胞は細胞分裂によってのみ組織細胞が増殖する」という細胞分裂万能説が医学界に浸透、これが医学の強固な常識となっていたのだ。

したがって、赤血球や白血球、血小板などの血液も骨髄でつくられるという見解が大勢を占めていた。

これに対し、1957年、森下が学会誌の中で、千島氏の**「赤血球は非常に広範囲なそして驚く潜在能力を持っており、生体のあらゆる組織細胞に分化してゆくのである。また、生体のあらゆる組織細胞が血球の分化によってつくられた」**とする見解を支持した。

さらに動物の生物学的実験によって白血球が骨髄細胞を介さずに増加する現象を証明し、骨髄造血説の矛盾を鋭く指摘した。

さらにこれを裏づける赤血球から白血球が生まれるヒキガエルの動画画像まで学会誌で発表した。

やがて、この『骨髄造血説』と『腸内造血説』は、マスコミで大きな話題となって、1966年4月、国会喚問にまで発展する事態となった。

Intestinal Hematopoiesis (1960, K.Morishita)

腸造血（1960、森下敬一）

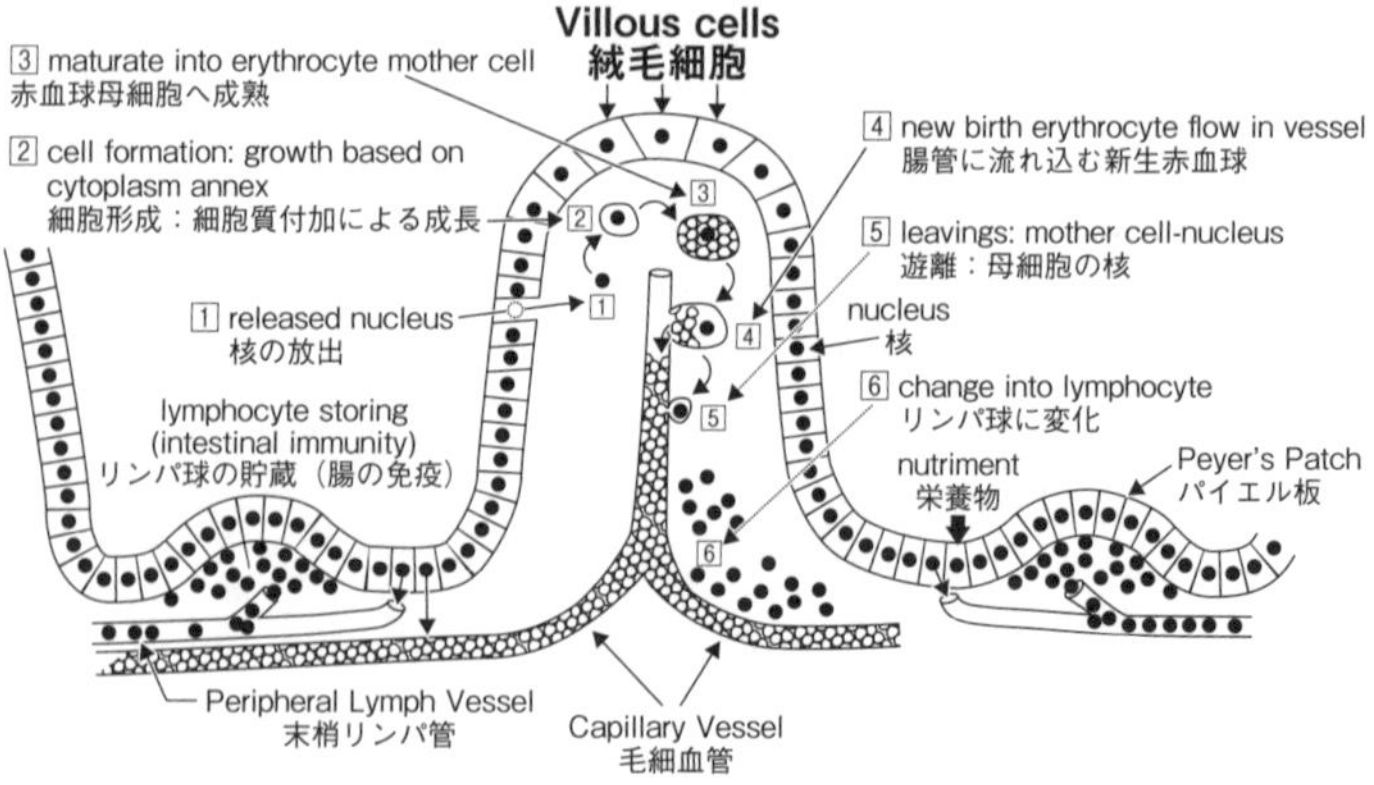

『隠された造血の神秘』（Eco クリエイティブ）より

この時の森下の見解を要約すると、こうだ。

「我々の体を流れている赤血球は腸でつくられ、この赤血球が体中を循環し、そして体中のすべての組織細胞に変わってゆく。皮下脂肪細胞も肝臓や骨髄細胞も全部赤血球からつくられています。この腸でつくられる赤血球の素材は食べ物であり、『食は血になり、血は肉になる』ということです」

こう述べた森下は、ガンは血液の質が悪くなったため起こる全身病であることを説いたのだ。したがって、食べ物を植物性に替える必要があるとした。

千島は、「消化とは、腸内で咀嚼と消化液でドロドロ状となった『食物モネラ』と

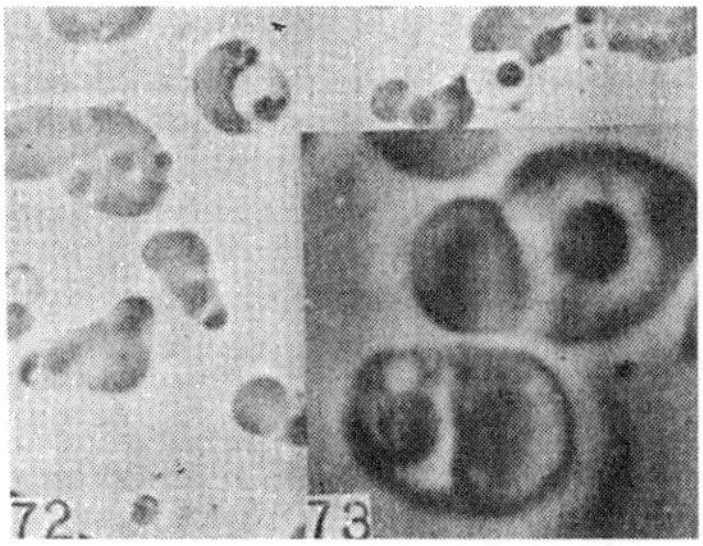

73：２個の細胞の右半分が赤血球左半分が白血球化

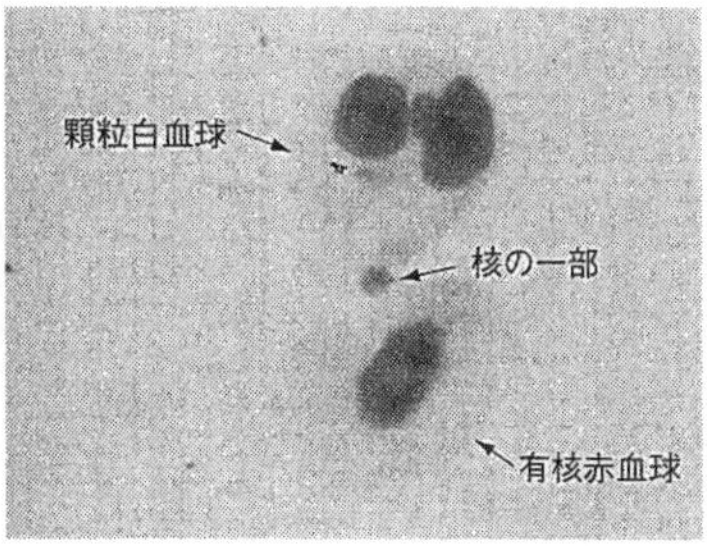

赤血球から白血球が放出された。森下敬一博士「血球の起源」より

名づけた食物栄養素が細胞新生を生み、絨毛上皮細胞が形成される現象である」と結論づけた。

そして、この絨毛上皮細胞は食物モネラによって成長するとしたので、食は血となるとした森下説とかなり酷似する。

ここで千島も森下も、この上皮細胞が成長し赤血球母細胞が形成され、やがて毛細血管に赤血球が放出されると説いた。

ところが、この国会証言の後、千島と森下の学説は、医学界からはじき出されてしまった。この騒動は新学説に対する批判というものではなく、トンデモ学説や疑似科学、オカルトと酷評され、学会から締め出されてしまうという異常事態となった。

すでに医学界は派閥で成り立っており、巨大な利権が骨髄造血説の背後には広がっていたのだ。千島、森下はこうした勢力を牛耳る製薬業界から圧力を受け、駆逐されたとも言える。

これは今日でも同様だ。マクロビオティックや穀物菜食のリーダー、そして一部の代替医療を推進する医師たちによって千島学説や森下理論が支持、理解されてはいるが、医学界が東大や京大の派閥で占められている今日、これを覆すのは容易なことではない。

iPS細胞の発見で細胞新生説が脚光を浴びてきた

◎すべての細胞に造血機能がある

しかし、2007年、京大の山中伸哉教授が人工多能性幹細胞（iPS細胞）を開発し、ノーベル賞を受賞してから、千島学説が見直される機運が芽生えてきたようだ。

これまであらゆる細胞に分化する能力を持つのがES細胞とされてきた。しかし、このiPS細胞の技術は、最終的に分化が終了した皮膚の繊維芽細胞に3つの遺伝子を導入操作する技術によって、繊維芽細胞を初期化することに成功した。

つまり、ES細胞のように万能に分化する細胞をつくることができたのだ。

このiPS細胞の登場によって、分化が終了したと思われていた繊維芽細胞が初期化し、分化能があることが見いだされたわけだ。

千島・森下学説を支持し、混迷する現代医療に一石を投じた『隠された造血の秘密』(Eco・クリエイティブ)を著した酒向猛医学博士によれば、「皮膚の繊維芽細胞に、あらゆる種類の細胞に分化する能力、すなわち多分化能が備わっているとすると、体の全ての細胞に分化能が備わっている可能性があることになる。研究が進めば、やがて体中のすべての細胞から遺伝子操作でiPS細胞を作り出すことが可能になる」というのだ。

これは千島が唱えた『すべての組織細胞は可逆的分化能力を持つ』という学説を証明することになる。

可逆的分化能力とは、簡単に言えば、今ある組織が元の状態に戻る能力のことだ。

近年、すべての細胞は幹細胞からつくられているとする説が有力となってきたが、これも千島が述べた「すべての細胞組織の大元は赤血球である」とする説の範疇に入らないだろうか。

酒向は続ける。「〝すべての細胞が周囲の環境によって変化して、全ての細胞に変化する〟ということになれば、体の中は幹細胞で満ちているという結論になる。

ならば、造血機能ですら、骨髄の専売特許ではなく、〝すべての細胞に造血機能がある〟ということになる」

早い話が、骨髄造血はただ単に人間の臓器の中で、観察しやすい組織の造血現象を見たに過ぎないというのだ。

こうして千島が唱えた『腸管造血説』と『赤血球分化説』は必ずしも的外れでないことが明確になってきた。

◎現状の生命科学を覆す赤血球から飛び出すソマチッドの謎

この赤血球がすべての組織細胞の大元であることになれば、赤血球からぞろぞろ出てくるという、永遠不滅微小生命体ソマチッドは、組織細胞をつくる大きな鍵を握っているのではないだろうか。

過去50年ほど、ＤＮＡの二重らせん構造が発見されて以来、ＤＮＡこそ生命の源、生命の神秘はＤＮＡが握っているとするのが生命科学の大きな潮流となってきた。

そして、タンパク質の増殖は、核酸（ＤＮＡ、ＲＮＡ）があってはじめて成り立ち、遺伝情報はDNAによってもたらされるというのが生命科学の定説だったのだ。

赤血球にはDNAやRNAの核酸もなく、ミトコンドリアも存在しない。このような赤血球からタンパク質が生まれようがないというのが、千島が唱えた『赤血球分化論』が認められない理由の1つだ。

つまり、生命現象の基本である形態や機能などを決定するのはタンパク質であり、このタンパク質の合成は、遺伝情報を持つDNAが決定しているというのが今日の生命科学の定説となっているのだ。

前出の酒向によれば、「したがって、DNAなきところにはタンパク質の合成はなく、タンパク質の合成なき所には細胞増殖もなく、生命現象は成立しない。現代生物学はDNA中心主義であると言える」ということになる。

生物と無生物の狭間と考えられるウイルスですら、DNAとRNAを保持しているからだ。

しかし、ガストン・ネサンの白い兎と黒い兎のソマチッドを移しかえる動物試験では、この両方の兎の毛が見事に1か月ほどで灰色になったではないか。

まさしくこの動物試験ではソマチッドは遺伝情報を伝えていたことが確認されたわけだ。

こう考えると、**赤血球にはDNAあるいはRNAの核酸が存在しなくとも、永遠不滅微**

小生命体ソマチッドが遺伝情報を伝え、赤血球からタンパク質を生み出す原動力として働いたことが推論できないだろうか。

ガストン・ネサンの研究、または日本のソマチッド研究家の間でも、赤血球からソマチッドが意思を有しているようにぞろぞろ出現する動画が、位相差顕微鏡や暗視野顕微鏡などで無数に撮影されている。

このソマチッドが血中に少なかったり、または動きが不活発な場合、不健康が醸成されるケースが多いと研究家は見ているようだ。

このソマチッドは、療術師やヒーラーらが氣を照射した際にも活性化されるというのだ。果たしてこれは事実なのだろうか。

◎遠隔ヒーリングでソマチッドを活性、体の不調を癒す

このソマチッドの活性を促す遠隔ヒーリングやテラヘルツ波療法で、体の不調に癒しを与えているのが、新潟長岡で活躍する羅天清研究会を主宰する目崎正一のグループだ。

目崎は、数年前にテラヘルツ波並びに量子物理学を学び、遠隔ヒーリングやテラヘルツ波照射装置などを使って、ガンをはじめとする難治性疾患の指導にあたってきた。

この2年間だけでも10数人の末期ガン患者を指導、亡くなった人は3人という、大変な成績を挙げていた。しかもこの3人は不幸にして、この民間療法に家族からの猛反対を受け、抗ガン剤が主体の現代医療を受けた人たちだった。

2015年5月13日、筆者は東京から湯沢峠のトンネルを抜け、新潟の長岡を訪れた。遠くに山々のつらなりが望めるコミュニティーセンターにちょうど20数人が集まって勉強会が開催されていた。会員は50～60歳以上の男女が多い。

元製薬メーカーに勤務していたという、波多野昇がソマチッドと健康の関係について話した。その後、目崎らはフーチセンサーでの評価法と、遠隔ヒーリングについて説明、その可能性を示した。

遠隔ヒーリングは、2015年1月15日から20人ほどに朝晩5分ほど実施した。

この中でなんと17名が、肺から乳房、前立腺などの原発から大腸や肝臓、リンパ節に転移したステージ4、いわゆる〝末期ガン〟だ。2名だけが病院での診断を拒否した。したがって、2名を除く18名が病院で発ガン、または各部位に転移、もしくは全身に転移したことを確認できているわけだ。

その結果、フーチセンサーで消失した反応が出たのがなんと17例で、継続中が3人だったというのだ。この中には、東京で活躍する有名舞台俳優も含まれていた。

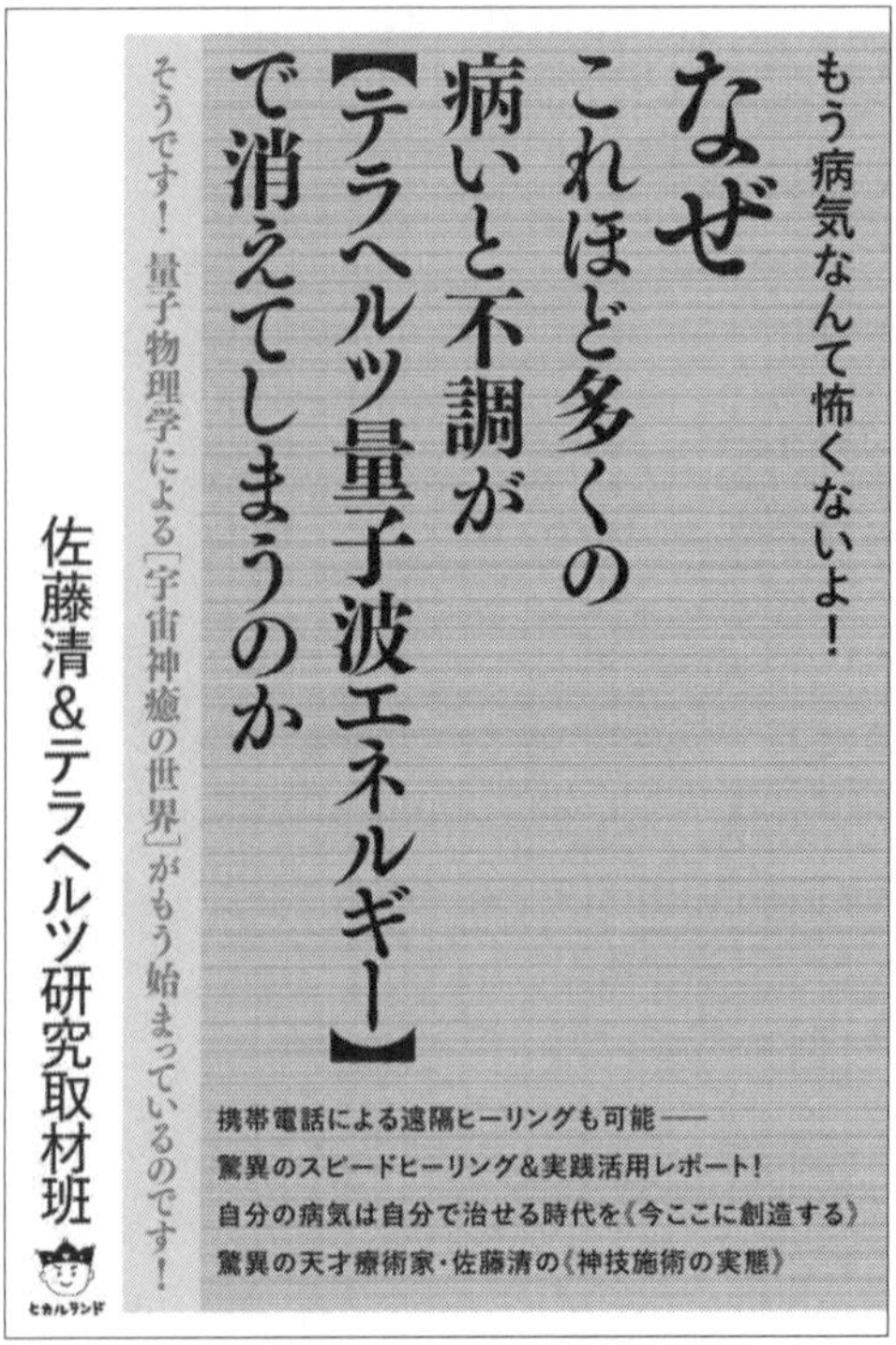
もう病気なんて怖くないよ！
なぜ
これほど多くの
病いと不調が
【テラヘルツ量子波エネルギー】
で消えてしまうのか
そうです！ 量子物理学による［宇宙神癒の世界］がもう始まっているのです！
携帯電話による遠隔ヒーリングも可能――
驚異のスピードヒーリング＆実践活用レポート！
自分の病気は自分で治せる時代を《今ここに創造する》
驚異の天才療術家・佐藤清の《神技施術の実態》
佐藤清＆テラヘルツ研究取材班
ヒカルランド

筆者（上部）もプロデュースにかかわった本。テラヘルツとソマチッドの関連を考案するための材料には事欠かない本だ！

消失との判定が出たのが早い人で7日目、遅い人で42日だった。被験者は、仙台、大阪、東京、長野など全国に在住、目崎が行うのはほとんど遠隔ヒーリングのみだ。

眉唾と思われるかもしれないが、5月20日現在、事実、誰も死んではいないのだ。この結果をあなたはどう理解できるだろうか。眉唾であるなら、これを書いた筆者は、詐欺師ということになる。

無論のこと、被験者は治癒が目的なので、玄米菜食や免疫力を高めるサプリなども併用した結果と思われる。

理解していただきたいのが、フーチセンサーによる評価と、「体調の改善が見られ、延命率が高く、誰もほとんど死んではいない」という事実だ。

フーチセンサーとは、おそらく人の意識の奥底に眠る潜在意識、またはハイヤーセルフからの回答を顕在化する優れた技法だろう。この応用では、今でも水道局はダウジングという手法で水源を探査する。上級者になれば、素粒子やクォークレベルの速度、または宇宙に存在する知的生命体の数も予測することができる。

秘教では、当然、人間の内奥には『モナド』と呼ばれる創造神と同等の神性が宿っていると説く。この神意識を使えば、何でもわからないことはないわけだ。

◎遠隔ヒーリングでガン細胞が正常細胞に戻った⁉

このガン患者20人の中には、看護師で肺からリンパ節に全身転移し、ステージ4の末期だと宣告された相模百合子（仮名、50歳）もいた。相模は2月6日に病院でのPET－CT検査で肺ガン、腺ガン、リンパ節転移などの説明を受け、「末期ガンでもう死ぬしかない」と覚悟を決めていた。

しかし、知人から目崎を紹介され相談したところ、フーチセンサーでは「治る」と出た。そこで2月8日から遠隔ヒーリングを受けた。

その13日後の2月21日になって、目崎からフーチセンサーでガンが消失したことを告げられた。

2月23日行った病院でのCT検査でも肺ガンの縮小を確認、病院からも驚かれたという。この間、相模は抗ガン剤を2度飲んだが、これをやめ、半身浴とびわ葉温灸などの東洋医学を実践、3、4キロメートルの早朝ウオーキングも実行した。目崎の遠隔ヒーリングとあいまってこれが奏功したのかもしれない。

驚くべきことに相模は、3月ごろから目崎の真似をし、肝硬変やパーキンソン病、寝たきりの患者などに遠隔ヒーリングを行ってみた。

その結果、容態が改善し、寝たきりの老人は起きだし、歩けるようになった事例などが相次ぎ、自分にも遠隔ヒーリングの素質があることを知った。

また、目崎が行うフーチセンサーもマスターし、そこで4月から本格的に遠隔ヒーリングを40人ほどに行うようになり、出先では重病の改善例が相次いでいるという。

相模の詳細は後にじっくり長岡で聞くことにし、取材を終えたが、とても末期ガンを患った女性とは思えない口ぶりで、耳にガンガン伝わってきた。

フーチセンサーでは目崎の遠隔パワーを超えたことを確認したというのだが、納得できた取材だった。

目崎は述べる。「フーチセンサーでは、3人で評価を確認し合い、患者さんからもフーチセンサーをマスターしてもらい、お互いに評価を確認し合っています。

病院でのレントゲン検査やCTなどの画像でもガン細胞は写っているケースがありますが、代替医療の専門家の説明では、画像にガン細胞が残っても休息し活性化していなかったり、石灰化していれば、ガン細胞との共存は可能でガン細胞が正常細胞に戻っている可能性が高いというのです」

これが『ドーマンシーセラピー』、いわゆる休眠療法だ。西洋医学はガン細胞を敵視す

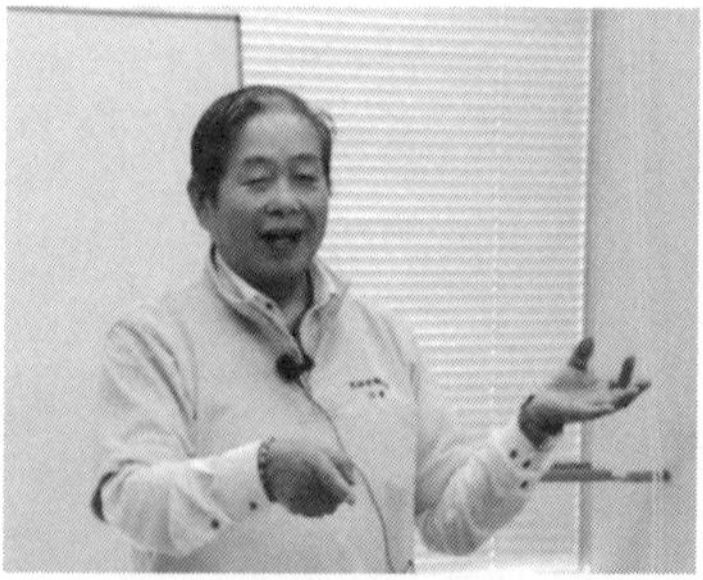
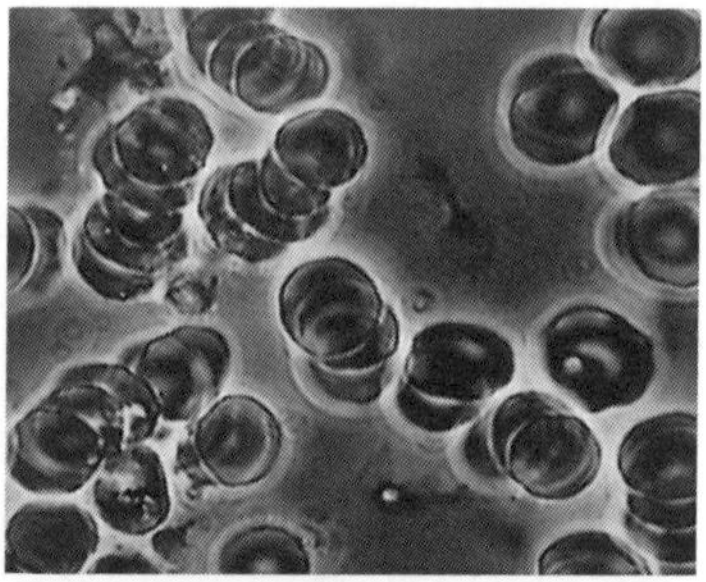

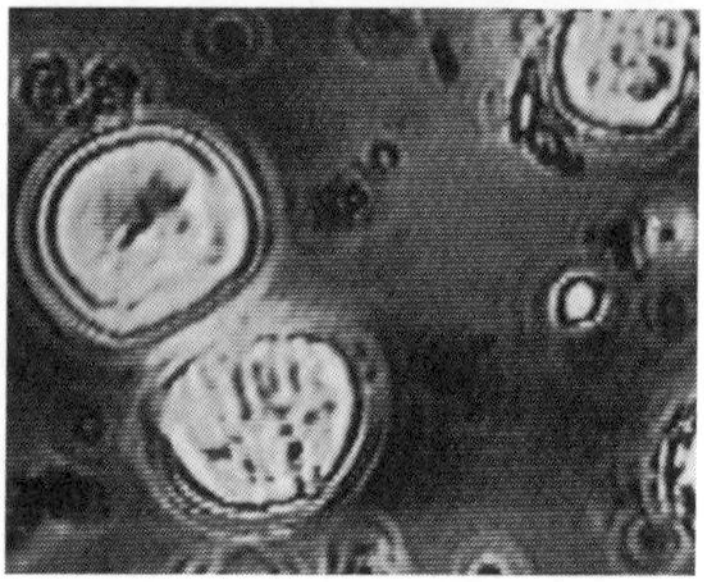
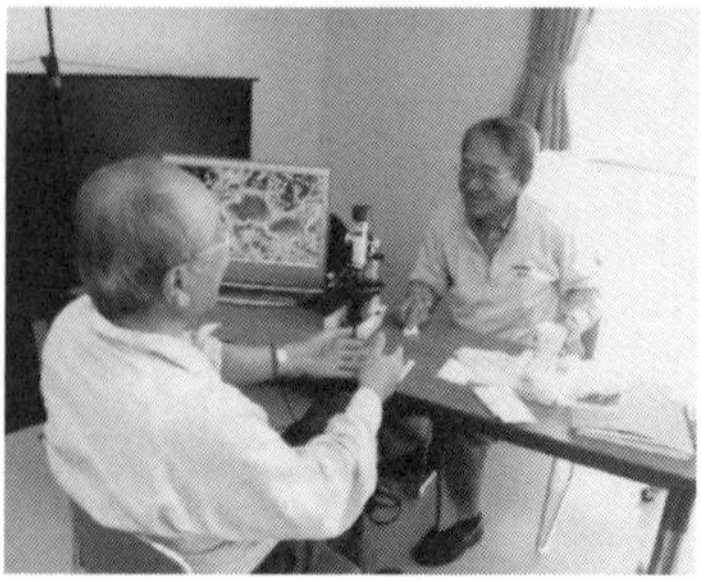

左）目崎はフーチセンサーで症状の進展を評価し一切会員の身体に触れることなく、遠隔ヒーリングのみ行う
右）位相差顕微鏡で捉えられた血中の様子
丸く大きいのが赤血球で、その50分の１ほど小さいのがソマチッドだという

るあまり、ガン細胞の殲滅を狙う。その結果、宿主の正常細胞自体も滅ぼしてしまっている。これが現状の医療だろう。

目崎の遠隔ヒーリングは、昨年までは「〇〇さんのソマチッドよ、どうか元気になってください。ガン細胞よ、消えてください」と祈っていた。

しかし、今年になって、ソマチッドに元気になってくださいと祈った後、「〇〇さんの免疫を高め、自然治癒力を高め、ガン細胞よ、正常に戻りたまえ～」と祈るようになった。

◎イエス・キリストを超えても不思議ではない！

5月21日現在で20人中20人とも生存していたが、残念ながら、有名舞台俳優への遠隔ヒーリングは5月下旬になってできない状況となって中止。この方は5月28日に亡くなってしまったという。そのほか、元気に延命、闘病中だ。

現在、目崎は朝晩50人ほどに3～4時間ほどかけて遠隔ヒーリングを行う。しかも、1か月の会費も格安だ。

むろんのこと、目崎と患者との信頼が確立され、羅天清研究会に入会した場合のみ、遠隔ヒーリングを開始する。その取り組みには、巷で増加中のワンクール〇百万円もする活性〇〇〇球療法などが行う免疫療法とはまったく無縁だ。

このグループの研究会の最大の目的は、難病で悩んでいる人や、心底困窮し果てている人々への癒しの提供でもあるようだ。

目下、目崎のフーチセンサーのパワー評価は、計測数値を超え、守護霊は8000人にも及ぶという。命を救われた人が増えるにつれ、目崎にはより強力な守護霊、守護神が後押ししてくれるのかもしれない。

目崎の遠隔ヒーリングのイメージは、両手をあげ、一心不乱に患者に集中する。

「私たちはグループ一丸となって患者さんをサポートし、遠隔ヒーリングは誰でも行え、フーチセンサーでも私以外のスタッフも同じように評価できるようになっています。もうかなりの勉強と経験、確信を積んできていますので、イエス・キリストを超えた実績を出しても不思議ではないと思います」

遠隔ヒーリングでは、目崎だけでなく、熊本で療術院を開業し、現代医療がほぼ施術不可能な逆子を瞬間的に正常に戻したり、脊椎側弯症、恥骨離開、脊柱管狭窄症などの難病を数回の施術で改善している高浜はま子院長など、複数取材してきた。

共通するのは、高額な医療費を請求するわけでもなく、治療費が払えない人には格安な療法、または出世払いでも応じるという姿勢だ。

◎DNAの超光速テレポーテーションが証明された

2000年ほど前、イエス・キリストが、全盲の人には〝目を開けなさい〟、歩けない人には〝自分で歩きなさい〟などと告げ、直ちに病んだ人を治したことが聖書に記載されている。

量子物理学の研究が進んだ今日では、毎秒1兆回以上という振動数を伴ったテラヘルツ波がこれらの現象を起こした正体ではないかと考えられるのだ。

テラヘルツ波研究の第一人者によれば、「テラヘルツ波および量子波は3次元だけでなく、パラレルワールド、いわゆる多次元世界を飛び交い、人間の意思と共振現象を起こす」ことを明らかにしている。

また、**「同じ種類の量子は共振現象で連絡し合っている」「量子は意思を持っていて、人間の心に反応して波を粒子に状態変化させる」**特性を持っているらしいのだ。

この遠隔ヒーリングは、時間、距離は関係ない。想いの物質はクォークやニュートリノなどの素粒子ではないだろうか。この素粒子は、その地球の裏側にいる人でも瞬時に共振現象を起こし、超光速で移動が可能なようだ。

この証拠として、東大大学院工学系グループが、量子1つに載った情報が遠隔地に超光速でテレポーテーションすることを証明したことは前述した。

実は数年前にも、ノーベル賞受賞のリュック・モンタニエ博士が、最も複雑な分子構造であるDNAをEMS（電磁波信号）処理し、これをデジタル化しPCに記録、遠隔地のPCに送信し、その情報からまったく同じDNAを作製し、テレポーテーション現象が起きたことを発表していたのだ。

テレポーテーションとは、簡単に言えば、今ここにあった物質や情報が瞬時に遠隔地に移動することだ。

まさしく量子波は、時間、距離に関係なく、瞬時に共振現象を起こしたことにならない。もしかすると、**永遠不滅生命体ソマチッドは、人の魂に共振し、このテレポーテーション現象を起こし、地球の裏側であろうとも瞬時に超光速で移動している**可能性が高い。

集合意識を説く〝101匹目の猿〟が話題になったことがあったが、この集合意識にもソマチッドが大いに関係している可能性が高いと思われるのだ。

まさしく生命科学のパラダイムシフトが始まっているようだ。医学的、科学的に無視を決め込むのは難しい、かなりの状況証拠が出揃ってきた。

第4章

日本人の体内環境を悪化させる化学物質の脅威！

薬漬け医療が日本を破壊する！

◎日本の薬剤市場は世界の12％、10兆円が消費される！

永遠不滅微小生命体ソマチッドが遺伝子ＤＮＡをスイッチオンし、自然治癒力をパワーアップする！　となれば、ソマチッドが嫌う環境をいち早く浄化、改善する必要がある。その有害な環境の1つとは薬漬けであろう。

現代医療は、周知の通り、〝検査漬けと薬漬け〟の2本柱で成り立っている。世界の薬剤市場は80兆円、この中で日本の薬剤消費は12％ほどの約10兆円だ。抗インフルエンザ薬『タミフル』に至っては世界の70％も購入させられた。

巨大利権が渦巻く抗ガン剤の使用も世界一だ。薬剤開発費は米国の7倍使用しているとされる。

厚労省が悪性腫瘍と位置づけているのはガンのことなのだが、２０１４年では37万人以上が亡くなっており、年間88万人ほどが新たにガンにかかっていることがわかった。

米国は1995年ごろからガン死の歯止めに成功、2000年代になって年間3000人ずつガン死が減り始めた。**現在では、年間57・5万人ほどがガンで亡くなっているのだが、人口10万人当たりのガン死では日本は米国の1・6倍にも達する。**

米国でガン死が減りだしたのは、1970年代に公表された5000頁に及ぶ〝マクガバンレポート〟の影響が大きかった。米国議会のマクガバン議員が自分たちの摂ってきた動物タンパク質と乳製品の過剰摂取がガンや肥満を招く元凶としたレポートだ。

さらには世界各地の伝統料理を調べ上げ、魚介類や野菜中心の日本の伝統食が理想的であるという結論に達していた。

このレポートをもとに米国食品医薬品局（FDA）や国立がんセンター（NCI）は、国民にガンにならないための食品群を啓蒙、国を挙げてサプリメント摂取の推奨策を採った。

ニンニクやキャベツ、大豆、白菜、ナスなどを抗ガン食品のトップに挙げ、2000年にスタートした『デザイナーフーズ計画』の策定や、10数年前に可決した『健康食品教育法』がそれだ。

では、日本はどうしてガン死が減らないのか？

研究
欧米ではどんどん減っているのに
なぜ、日本人ばかりが「がん」で死ぬのか
30年で2倍に増えた
産学癒着 根深い病
教授15万円、准教授10万円…講演格付け
高血圧学会員が「疑念は払拭」と援護
ノバルティス社事件
クスリは飲んではいけない!?
船瀬俊介
推薦 安保徹
全ての人がクスリ信仰から解放されるために!
ついに週刊現代らがガン死の問題にメスを入れてきた

大学医学部教授らによれば、「平均寿命が世界のトップレベルになったことで、高齢者のガンにかかる率が増えたからだ」とするもっともらしい見解がある。

確かに高齢者ほど発ガン率が高くなるのは事実だ。しかし、これは詭弁だ。日本では65歳以上の人口比率が24・4％と世界最高だ。しかし、21・1％のドイツ、20・8％のイタリア、17・5％のフランスなど、高齢化社会となった欧州ではガンの死亡率が増えてはいないのだ。

先進国の中で、日本のガン死亡率だけが突出しているのはなぜなのか。

◎30年ほど前、米国NCIの所長が『抗ガン剤を打っても効かない』と証言

抗ガン剤の問題では米国NCIの所長が30年ほど前、「抗ガン剤を打ってもガン細胞は耐性を身につけるので効かなくなる」と議会で証言していた。

それだけでなく、抗ガン剤を使用するとさらに発ガンを促し、5~7倍にリスクが高くなることが、NCIによって報告されていた。

このNCIの報告を厚労省は隠蔽していたという疑惑がある。むろんのこと、大マスコミもこうしたニュースを報じることはなかった。スポンサーが抗ガン剤を主力とする大手製薬メーカーだからだ。

大マスコミは、いわゆる〝ガンマフィア〟の顔色を窺ったわけだ。

高騰を続ける薬剤費の中で、抗がん剤市場は7、8兆円にも及ぶとする説がある。高いもので1ccあたり3億円もするのがあるらしい。

この**巨大利権に群がるのは製薬メーカー及び化学薬品メーカーなどの製薬業界、そして医師会に他ならない。これに利便を図るのが厚労省という構図**だ。

ここで支払われる薬剤購入費は、ロックフェラー系製薬メーカーに流れ、やがて国際金

融資本に行き着く構図ができて久しい。

この流れに逆らおうものなら、抹殺される運命にあるようだ。

しかし、この構図にメスを入れたのが、元慶応病院の近藤誠講師や元新潟大学の安保徹教授であり、環境問題評論家の船瀬俊介らだ。

中でもベストセラー『抗がん剤は効かない』(文藝春秋)、『がんの放置療法のすすめ』(文春新書)などを著した近藤誠は、昨年退官したが、教授にもなれず講師の肩書で終わった。

国内でガンにかかったら、まずは手術、抗ガン剤、放射線の通常療法が行われるケースがほとんどだろう。

ガン死の歯止めに成功した米国では、第1に放射線療法を受け、次に適量の抗ガン剤、そして栄養療法やハーブ療法、心理療法などの代替療法なども視野に入れながら、患者の

3期・4期肺ガンの抗ガン剤治療開始後の生存期間

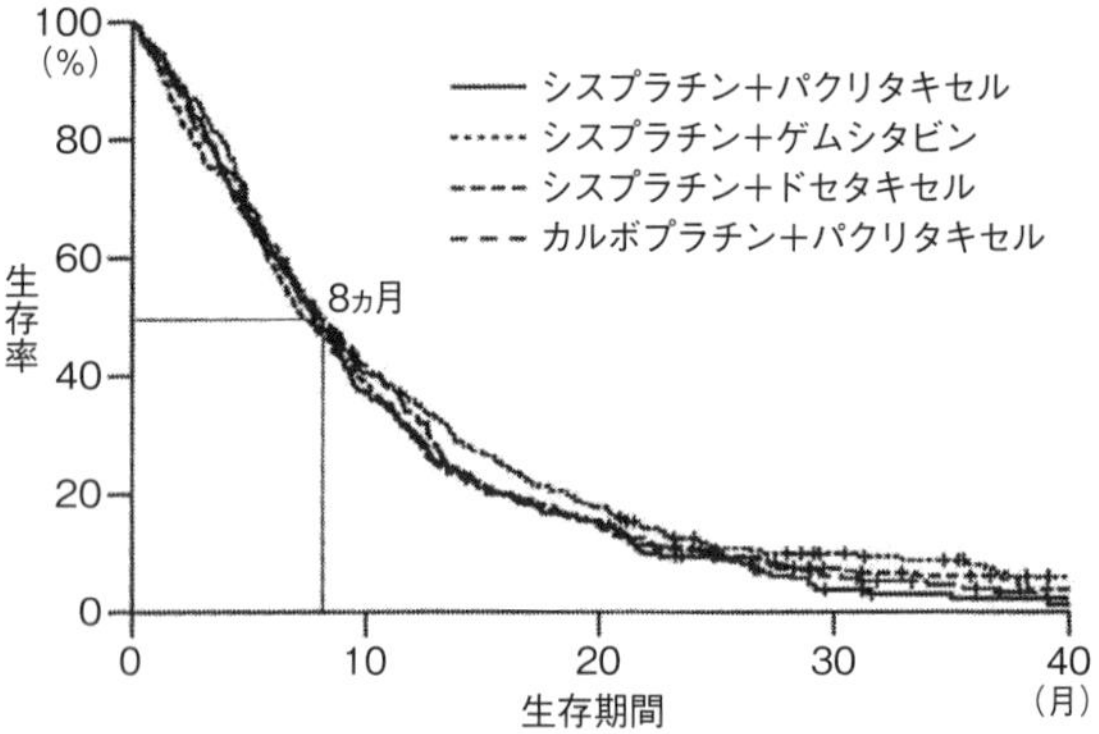

末期ガンで抗ガン剤を使った場合、50%生存率は8カ月しかない
「がん放置療法のすすめ」(文春新書)より

個々の様態に合わせた個別医療が主流となっているようだ。

日本のようにどんな患者に対しても均一な通常療法が行われることはないのだ。

なぜ、このように薬剤を使うのか、オカシイと考えねばならない。

このことは**日本薬剤師会の会長もとうとう、「西洋医学のクスリは、人工的に作られた化学合成物質なので毒といっていい、できれば飲まない方がいい」**と本音を述懐し始めた。

免疫理論でお馴染みの前出の安保徹元教授が著した『「薬をやめる」と病気は治る』（マキノ出版）でも、消炎鎮痛剤に言及し、この薬剤は「作用が強い」「交感神経が緊張する」「血流障害を起こす」「顆粒球を破壊」「炎症を起こし痛む」「痛みの原因は痛み止めだった！」と薬の毒性について述べられているほどだ。

これは血糖降下剤や降圧剤についても同様で、薬は対症療法で根本療法にはならず、毒性が強く、副作用が強いことを認識しなくてはならない。

◎代替医療を希望すれば、患者は病院から追い出される

日本で欧米のような個別医療、または代替療法を受けたいと医師に相談するなら、「そのような療法には責任が持てない」、酷い場合は、「そのような療法を希望するなら余所の

病院に移ってください」と言われるのがほとんどだろう。

筆者の故郷は岩手なのだが、本家の主（従兄弟）の嫁さんが7、8年ほど前、57、58歳で乳ガンを発症、これを有名大学で摘出した。その後、この病院は再発防止のため、抗ガン剤投与を指示した。

そこで、筆者は従兄弟に、「それやったら半年後、再発しますよ」と進言。代替療法として病院のベッドに温熱マットを敷き、酵素活性を促し、免疫を高められる2、3種類のサプリメントの摂取を勧めた。しかも、都内の有名な代替療法専門の医師の処方を付け加えた。

しかし、大病院の担当医師は、「そのような療法には責任が持てない」とし、筆者の提案は却下された。半年後、筆者の予想通り、この従姉（義従姉）は甲状腺ガンを併発した。抗ガン剤投与が増ガン効果を発揮したわけだ。

そこで、別な抗ガン剤や放射線治療が施術されたようだが、再発ガンには無力。この12月、従姉（義従姉）は60歳を前にして帰らぬ人となり果てた。

ここで**「責任の持てる抗ガン剤治療」**が行われ、**「ベストを尽くした」と医師は言ったが、早い話、「ワーストを尽くした結果、亡くなってしまった」**のが、事実ではないのか。

おまけに亡くなった側は、相当の謝礼を払い、医師に頭を下げる。こんなことが20～30

年も続いている。

また、隣接する市出身の50歳代前半の主婦も乳ガンを発症。抗ガン剤治療が行われ、酷く体調を崩していた。

筆者が20年ほど医療現場を取材し、刊行したガンの代替療法の集大成本に感銘した自然療法家が、その主婦に「抗ガン剤をやめ、温熱免疫療法」を実行するよう、指導した。
2、3か月もしたら、大変体調が良くなり、ガン消失の希望が見えてきた。しかし、かかりつけの県立病院で検査を受け、「これなら抗ガン剤治療が受けられる」と医師に勧められ、抗ガン剤を打ってしまった。
これで体調が一気に悪化したが、秋田の玉川温泉で養生するなど温熱・免疫療法を実施し、元気を回復した。しかし、再度病院で抗ガン剤治療を受け、悪化した。運が悪いことに娘が薬学を学んでいたため、この自然療法家の提案ははねられてしまった。

結局、抗ガン剤治療を3回受けた結果、最後にこの主婦は54歳の若さで亡くなってしまった。

これは医療過誤ではないだろうか？

このようなことが全国の医療現場で行われているのが実態ではないのか。

医師の頭には「ガンには抗ガン剤」がインプットされている。NCIが30年前に公表し

た「抗ガン剤は増ガン剤である」などの情報は入ってはいない。

こうして毎年、ガン死は増加の一途をたどり、医療費は40兆円前後に急騰、税収とほぼ肩を並べた。2015年では45兆円が予想される。

しかしいつまでも、通り一遍の抗ガン剤治療が行われ、患者が命を落とすパターンが繰り返されて良いものだろうか。あるがんセンターに勤務した整形外科医は、「私は一例もガンを治せなかった。しかし、同僚は効かないことを知りながら、末期ガン患者に抗ガン剤を打っていた。私は毎日病院に行くのが嫌で嫌でしようがなかった」と告白した。

3期、4期や再発、転移ガンなどには、西洋医学では〝お手上げ〟というのが、良心的な医師の声なのだ。

これを変革できるのは、私たち一般国民がこうした事態に勇気を持って〝NO！〟を突きつけることではないだろうか。

元統合医学医師の会会長の**宗像久男医師は、「最低、その抗ガン剤で私のガンは治るのですか？　先生がガン患者の場合、その抗ガン剤は使いますか？　くらいは聞くべきです。それで怒鳴られたら、この病院に通うのはやめ、セカンドオピニオンを求めるべきでしょう」**というのだ。

こちらは自分の命がかかっているのだ。それぐらいの権利があって当然ではないか。

◎乳ガンを発症する40代、50代女性の80％は朝食にパンを食べている！

今、40代、50代の女性で乳ガンと大腸ガンが増えているのが、大変気になるところだ。しかも神奈川、東京などの首都圏で多発している。男性も大腸ガンと胃ガンが多い。

ご記憶だろうか？　元キャンディーズの田中好子さんは、〝もっと生きたかった〟と言い残し、亡くなってしまった。また、坂口良子さんも2013年春、結腸ガンで亡くなった。お2人とも50代の若さだった。

田中さんがかかった乳ガンは現在5万人が罹患しているのだが、まもなく年間10万人を突破すると予測される。

原因は何なのか？

有名病院のある臨床栄養士によれば、「40歳、50歳で乳ガンを発症する女性の80％が朝食にクロワッサンとマーガリン、サラダにドレッシング類、ハムエッグなどの〝カタカナ食〟を摂っている」というのだ。

この〝カタカナ食〟とは、スパゲティやパスタなどの欧米食やイタリアンレストランなどに多いメニューのことだ。

このカタカナメ食は、若い女性に大人気。外食は、ワインを片手にイタリアンレストランで食べるのがステイタスだ。もう止めようがない文化となってしまった。

実は、**この小麦は米国で遺伝子操作され、硝酸塩肥料で栽培されたものがほとんどなのだ。おまけに防カビ剤などの農薬が大量に散布**されている。

酷いことには、大手パンメーカーの○崎パンには、発ガン性が確認されたことからWHOが禁止した臭素酸カリウムが使用されているのだ。

有名歌舞伎役者の娘の女優が登場するCMに騙されてはイケナイ。

また、カタカナ食ではその代表となるパンの他、付け合せとなるメニューにも問題があるというのだ。この中には日本人がかつて食べてきた味噌汁や漬物、醤油、梅干し、納豆などの発酵食品はないのだ。

それにかわってドレッシングや油、マーガリンなどの脂肪分を多く摂ることになる。このマーガリンは水素を添加することで、長期保存が可能になった。

マーガリンには有害物質の『トランス脂肪酸』が含まれ、これが細胞の代謝を阻害し、心臓病や糖尿病を引き起こすことからドイツやデンマークなどのEUでは10数年前から販売禁止となっているのだ。

この脂肪酸を顕微鏡で除くと、プラスチックと同様の構造が露見された。しかもいつまでたっても腐らない。

このマーガリンとナチュラルバターを2年間窓辺に放置する実験が行われた。

その結果、ナチュラルバターにはアリやネズミなどが食べに来たが、**マーガリンはカビも生えず、ゴキブリもネズミを寄り付かなかったの**だ。

米国ではこの油を〝プラスチック脂肪酸〟と呼び、ニューヨークでは10年ほど前から販売禁止となっているのだ。この禁止策によって平均寿命は大幅に伸びた。

2015年春、米国食品医薬品局（FDA）は、このトランス脂肪酸の全面使用禁止の通達を出した。日本では、一部のメーカーのみが対策に動きだしたが、ほとんどまったく野放し状態だ。

前出の臨床栄養士によれば、「この油の摂取が日常化することで、代謝が損なわれ、ホ

●朝食にパン・クロワッサン（バター・マーガリン、コーヒーミルク、サラダにドレッシング、ハムエッグ）

●ハンバーガー、スパゲティ、パスタ、スイーツ、調味料はマヨ・ケチャップ（高脂肪・高タンパク、油の摂取量が多い）

※◯崎パンには、発ガン作用があることからWHOが禁止している臭素酸カリウムが使われている。松◯か子のＣＭに騙されてはイケナイ！

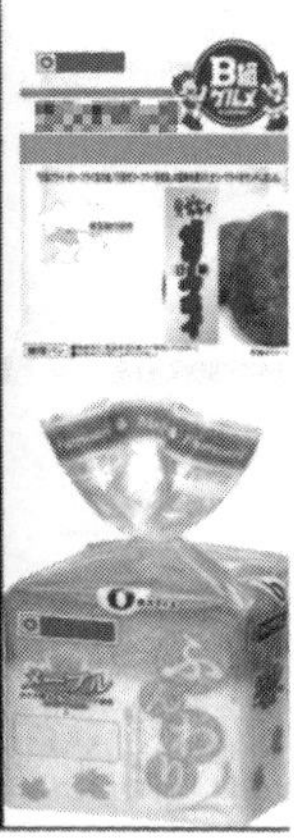

“カタカナ食”が乳ガンを促進する

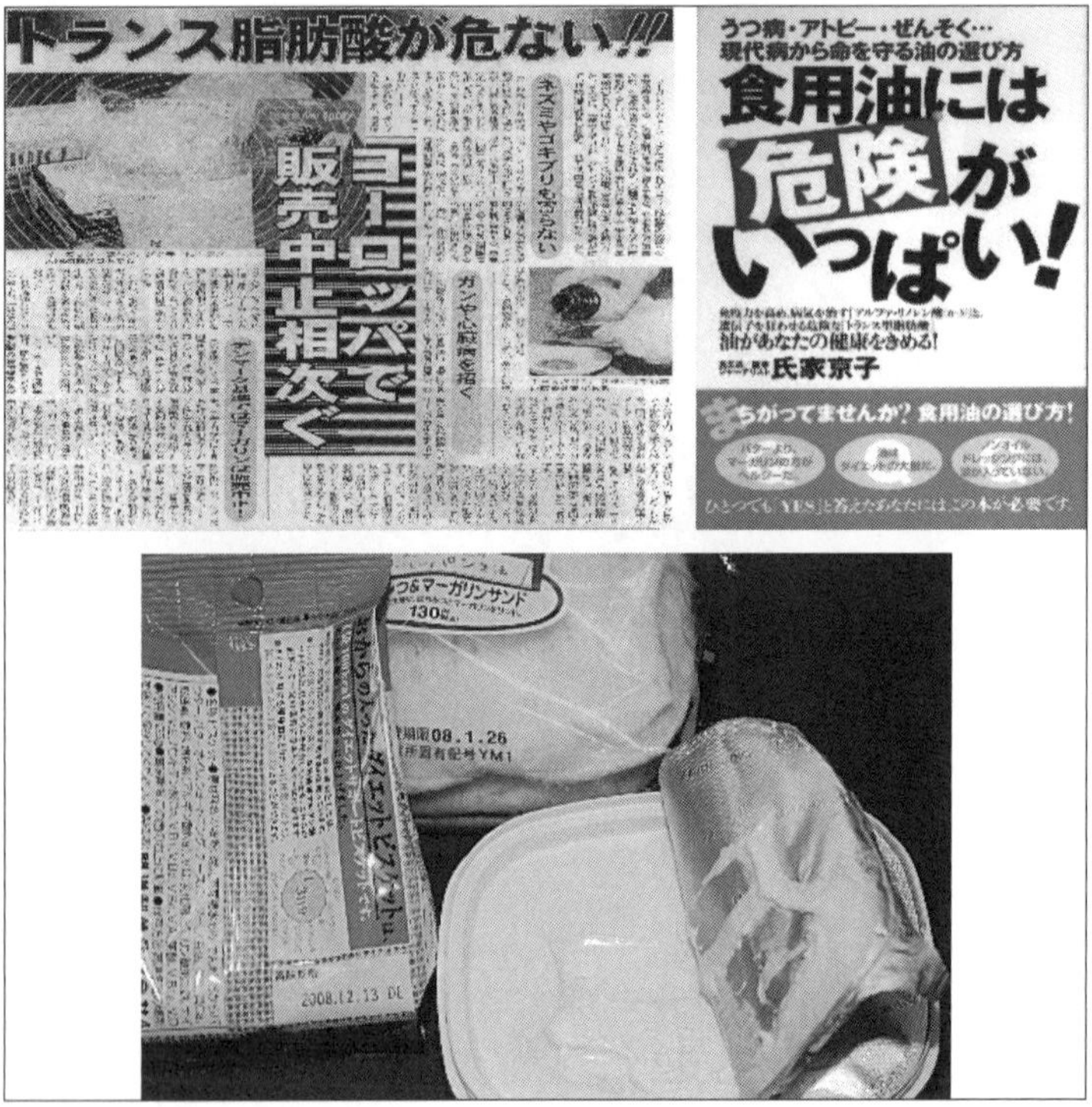

日本人はネズミやゴキブリが寄りつかないマーガリンを摂っている

ルモンバランスが崩れ、乳ガンなどのホルモン異常を来すのです」ということだ。

男性で増加しているのは肺ガンと前立腺ガンだ。

次頁の表を見てほしい。１９５０年と２０００年の食の変化と、それに伴う死亡者数だ。

２０００年の摂取量では、50年前と比べると乳製品が約20倍、肉類９倍、油脂類６・５倍だ。それに伴って増えた死亡者の病名は前立腺ガン75倍、肺ガン44倍、脳梗塞25倍、心不全9倍、乳ガン6倍ほどだ。

牛肉消費量と、ホルモン依存性ガン発生数の推移

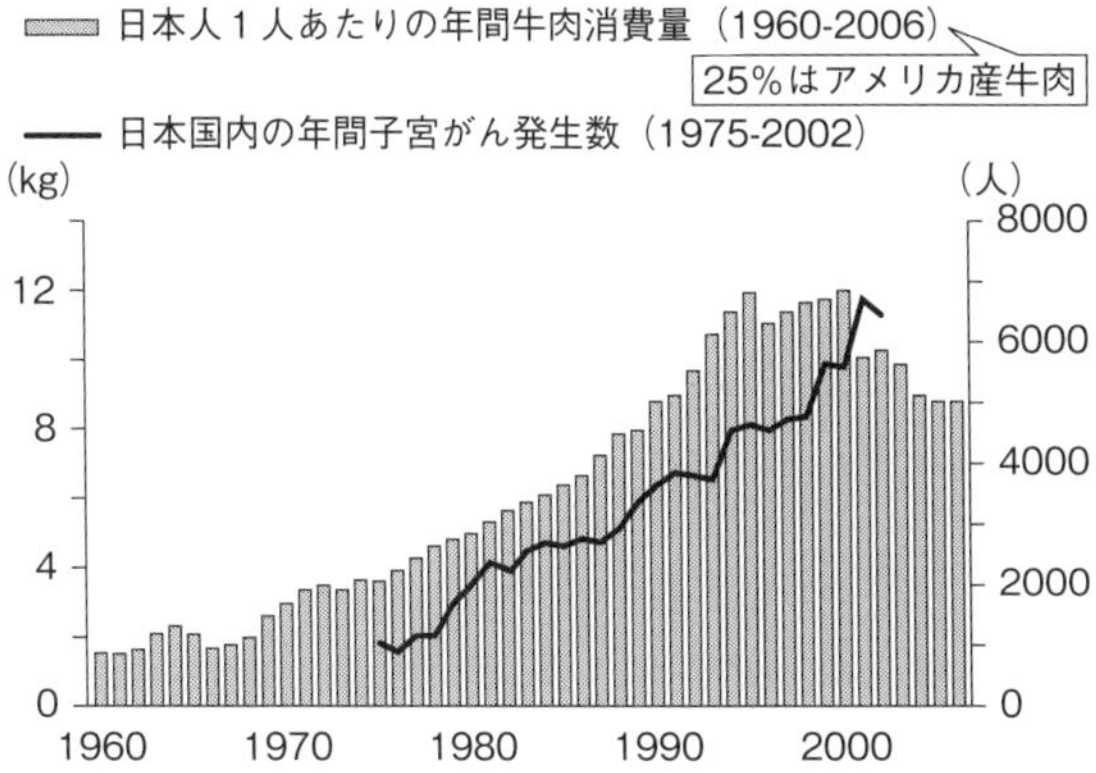

欧米食と疾患の関係

食品	1950年と比べた2000年の摂取量
肉	9.27倍に増加
乳・乳製品	19.69倍に増加
油脂類	6.50倍に増加
動物性たんぱく質	2.53倍に増加

病名	1950年と比べた2000年の死亡者数
前立腺ガン	75.31倍に増加
肺ガン	43.78倍に増加
大腸ガン	8.90倍に増加
乳ガン	5.84倍に増加
脳梗塞	25.39倍に増加
心不全	9.16倍に増加

『病気になりたくない人が読む本』（山田豊文著アスコム）より

要するにマクガバンレポートで指摘された乳製品と肉類、油脂類の摂取が増えた。ガン死が増加している元凶は、欧米食過多であることが明白になっている。

こうした薬漬けや食環境が日常化したのでは、永遠不滅微小生命体ソマチッドが殻の中に閉じこもってしまい、生命力や自然治癒力が低下するのは歴然ではないだろうか。

若くして乳ガンになりたくなかったら、マーガリンは直ちに捨てるべきだ。カタカナ食から極力、味噌汁や漬物などの発酵食品を摂る食生活にするべきなのだ。発酵食品には乳酸菌や酵素が豊富で、ソマチッドが活性化できる最適な環境が形成されることはむろんのことだ。

農薬などの化学物質が脳神経を破壊する!?

◎農産物に高含有の亜硝酸態窒素、ネオニコチノイド系農薬が難病を誘発する

もう1つの問題点は、ここ30、40年、現代農業の工業化に拍車がかかったために、化学肥料と農薬を大量に使うことが当たり前となってしまったことだ。

また、収穫までの生育を早くするため、硝酸窒素を散布する。しかし、これが体内で健康を害する亜硝酸態窒素に変化し、糖尿病などの慢性病の原因となっていることが専門家から指摘されてきた。

EU諸国では、この亜硝酸態窒素が6000ppm、7000ppmを超える野菜を『汚染野菜』と規定。こうした野菜や果物はすぐ廃棄処分される。日本ではこのような汚染野菜が堂々と罷り通っているのだ。

さらに農薬の使用量も半端ではない。日本と韓国が世界1、2を争っており、日本は単位面積あたり欧米諸国の7倍もの農薬を使っている。

例えば、**関東のある県で定めている2011年農薬適正使用量は、トマトの農薬使用回数は58回、きゅうりは76回、ピーマンが56回、ねぎ32回**となっている。

なぜ、このように大量の農薬を散布しなければならないのか? 日本の人口は世界の2%なのに、その使用量は世界の10%ほどの農薬を使用している計算だ。

実は、農家では野菜や果物に虫喰いの跡が付いていたり、曲がったりしていたのでは農協に出荷できないのだ。そのため、この慣行栽培に従わざるを得ないわけだ。

自分たちで食べるのは、別の畑で栽培している農家も少なくない。

近年では、この農薬がネオニコチノイド（以下ネオニコ）系という、有機リン系ではない新しい化学合成の農薬にシフトしてきた。これが重大な体内環境の変化を招き、ソマチッドの働きを阻害することが明確になってきた。

数年前、北半球からミツバチが4分の1消えるという怪事件が起きたことがあった。

これは日本でも同様で岩手から青森、群馬、埼玉などの他、四国や九州地区の養蜂家からも報告され、大騒ぎとなった。これは現在でも解決していない。

実は、これがこのネオニコ系農薬がミツバチの神経伝達系を狂わせ、死に至らしめたことで、北半球からミツバチが激減したことが多くの学術機関や養蜂家の間で指摘されているのだ。

恐ろしいのは、この成分が0・01マイクログラム（1マイクログラムは100万分の1グラム）という、ほんの微量で脳神経障害を引き起こすとされていることだ。

また、これまでの**有機リン系農薬は、畑や田圃から半径200メートル前後に影響を及ぼすとされていたが、このネオニコ系農薬では半径4キロメートルに影響を与える**ことがわかってきたのだ。

半径4キロメートルの範囲ともなれば、住宅地や商店街の他、病院、小学校も保育所も

過去10年間で3倍に増加したネオニコチノイド系農薬7種類の国内出荷量の推移　(有効成分、t)
環境ホルモン・ダイオキシン対策国民会議

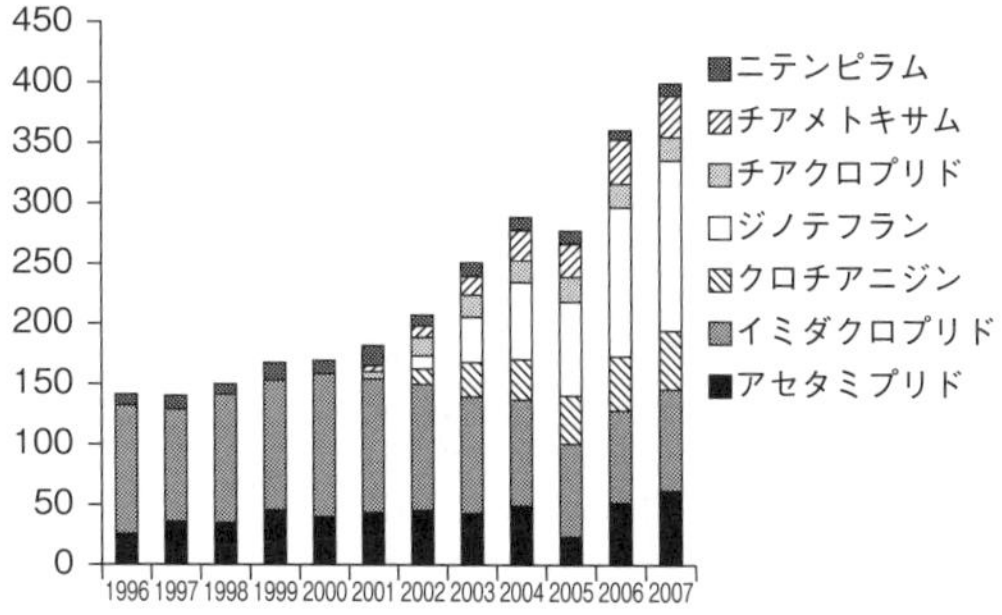

「環境ホルモン・ダイオキシン対策国民会議」より

あり、その影響が懸念される。

今日、急増している神経伝達障害で起こるパーキンソン病や筋硬化症、自殺、そして、子どもの多動性障害やうつ病などの原因に挙げられているのがこのネオニコ系農薬だ。

自殺者の数は10数年もの間3万人を超え、韓国と並び先進国の中で異常な数値だ。実は、この自殺者の数は公にされたもので、遺書のない自殺者の数は10数万人に達するとの説があがってきた。

事実、**この10年間、このネオニコ系農薬使用量の急増カーブに合わせてこうした神経伝達障害やうつ病などが激増している**ことが医療機関で突きとめられているのだ。

しかも、このネオニコ農薬は水溶性で浸透性が高いため、洗っても落ちない。また、今日では、種子処理の段階でネオニコ系農薬を使っているので、農薬は根から浸透し、茎から葉、そして果実の内部に吸収されているわけだ。

効果が強力で従来の農薬より使用回数が少ないので、〝減農薬〟を謳えるのだ。減農薬を謳えば、消費者に歓迎されるので、農家はこれを多用する。農水省はこれを『特別栽培』とし、あたかも無害であるかのように奨励しているのだ。これはまやかしだ。

EUでは、『予防の原則』に従い、2013年12月から、このネオニコ系のクリチアニジン、イミダクプリド、チアメトキサムの3種の農薬の使用禁止を暫定的に決めた。

韓国では昨年、このネオニコ系農薬の使用を禁止、米国では新たに使うことを禁止した。

◎日本の残留農薬基準値はEUの300倍〜500倍も緩い

この農薬の食品残留基準値では、EUではイチゴやブドウ、キャベツなどは0・01ppmというレベルなのだが、日本の農水省や厚労省ではそれぞれ3ppm、5ppm、3ppmという基準値だ。

これは、高いものでEUの300倍〜500倍も緩い基準値に緩和され、日本人の農薬漬けが大変心配される。

300倍〜500倍緩い基準ということは、EUの人々が1・2年で体内に蓄積する農

洗っても落ちないネオニコチノイド

アセタミプリドの残留農薬基準値（ppm）

食品	日本	米国	EU	食品	日本	米国	EU
イチゴ	3	0.6	0.01*	茶葉	30	50**	0.1*
リンゴ	2	1.0	0.1	トマト	2	0.2	0.1
ナシ	2	1.0	0.1	キューリ	2	0.5	0.3
ブドウ	5	0.35	0.01*	キャベツ	3	1.2	0.01*
スイカ	0.3	0.5	0.01*	ブロッコリー	2	1.2	0.01*
メロン	0.5	0.5	0.01*	ピーマン	1	0.2	0.3

＊検出限界を基準値としている。　「環境ホルモン・対策国民会議」より

薬を、私たち日本人は野菜や果物から1回で摂ってしまうことになる。

これは大変なことだ。環境保護団体グリーンピースや養蜂家をはじめ、百数十名の弁護士や環境問題の専門家などで組織されるダイオキシン・環境ホルモン対策国民会議などが厚労省や農水省に使用全面禁止を訴えているのだが、この残留基準値は改善されていない。

それどころか、「農薬は病を発症するレベルではない」とし、2015年5月には1000倍近くも緩和された野菜がある。

土壌は、このように毎年の化学肥料散布と農薬散布のため、カチンカチンとなり、連作障害を生む他、バクテリアも共棲できない、およそ栄養素が枯渇した大地が日本全土に広まっているのが現実なのだ。

したがって、農薬漬け及びカルシウムやマグネシウムなどのミネラル不足となった農作物がスーパーの店頭に並ぶこととなってしまった。

これで病気にならないのが不思議と言える。**野菜を食べて、なんだかエグい味を感じたら、このエグい味が農薬の味**だ。

この市販される農産物をミネラル水などに数時間漬け、農薬を除去すると、野菜が美味しく変化する。こうした農薬漬けの野菜が出回っていることも野菜嫌いを増やす一因だ。

子どもたちが野菜をあまり食べたがらなくなったのは、味に敏感な子どもたちがこの亜硝酸態窒素や農薬の味を感じ取っているからだろう。

一刻も早くこのネオニコ系農薬の危険性に気づき、農薬を使わない自然農法、有機農法への転換を図らねば、この国はどこを向いても病人だらけになってしまうのではないだろうか。

実は、2015年5月13日、米国農務省（USDA）は、全米で管理下にあるミツバチのコロニーが今年4月までの1年間に42・1％消失したことを公表した。これまでモンサント社の農薬『ラウンドアップ』の主成分であるネオニコ系農薬の製造販売を黙認してきたが、ミツバチがあまりにも激減、農産物の収穫量の減産が懸念されることからオバマ政権もついにその対策に乗り出したようだ。

日本では、○友化学や○本曹達などの大手化学メーカー数社が輸入販売元だ。

◎農薬と食品添加物などの化学物質は年間8キログラム体内蓄積している！

くどいようだが、農薬の多用は一刻も早く改めるべきだ。さらに食環境を巡る問題で、恐ろしいのは食品添加物だ。

コンビニやスーパー、デパ地下の店頭に並ぶ弁当や惣菜、スナック菓子、清涼飲料水などの加工食品に配合される食品添加物の種類は、1000種類に及ぶことが判明している。米国の数百種、EUの10数種類と比較し、抜きん出ているのはなぜか。

食品の裏側を見れば、防腐剤、着色料、発色剤、漂白剤、殺菌剤、品質保持剤、香料、酸化防止剤などがズラリと並ぶ。

コンビニ弁当の原材料名には、アミノ酸、トレハロース、水酸化Ca、増粘多糖類、リン酸塩（Na）、酸化防止剤（v.c）、ポリリン酸、発色剤（亜硝酸Na）、グリシンなどが記載されている。

これらの物質名の表示を厚労省が義務付けているのは、「危険性があるが、判断は消費者に任せる」としているからだ。すべてが危険とは言い切れないが、「摂取し続けると危険」とされる物質が含まれるのは事実だ。

発ガンをもたらす食品添加物

●発色剤「亜硝酸 Na」…発がん物質・ニトロソアミン類に変化
スーパーの明太子、たらこ（鮭、梅、昆布のオニギリは OK）
コンビニ（ハムサンド、ハムカツ、ウィンナーソーセージ、ハム、ベーコン、サラミ）
※コンビニ弁当には、20種類以上の添加物が含有
●カラメル色素…最も多く使われる着色料
コンビニ弁当、パスタ、焼きそば、飲料、カップめん、インスタントラーメン、生ラーメン、即席お吸い物、ワカメスープ、カレールー、レトルトカレー、ソース、プリン
●三大甘味料
アスパルテーム…砂糖の200倍前後の甘さ（ガンや脳腫瘍、白血病、リンパ腫の可能性）
スクラロース…砂糖の600倍の甘さ（PCB・ダイオキシンと同じ有機塩素系化合物）
アセスルファム…砂糖の200倍（体内を循環、腎臓肝臓の障害）
※３種ともカロリーオフ飲料（清涼飲料水）
●臭素酸カリウム…パン生地改良剤…WHO 発がん物質に指定
○崎製パンの「ランチパック」「国産小麦食パン」「サンロイヤル　ファインアローマ」
●タール色素…分解されず色落ちしない。石油由来の化学合成物質。発ガン性、胎児に障害をもたらす毒性の疑い…赤色２・３・40・102・104・105・106、青色１・２・３号
福神漬け、紅ショウガ、紫漬け、たくあん、菓子パン、チョコレート、飴、つまみ、清涼飲料水
●防カビ剤… OPP、OPP・Na、TBZ（昆虫や細菌を殺し、雑草を枯らす強い毒性／輸入レモン、オレンジ、グレープフルーツ、スィーティ）
●殺菌量の次亜塩素酸ナトリウム（カビキラー、ハイターの主成分）
輸入エビ、イカ、ムール貝、メンマ（中国）、コンビニ・スーパーのカット野菜・野菜サラダ
●亜硫酸塩（酸化防止剤・漂白剤／輸入ワイン、甘納豆、コンビニドライフルーツ、漂白剤）

WHO が禁止している発ガン物資が認可されている

中でもサラダの発色に使われる亜硝酸Naは、添加物危険度評価で「できるだけ避けるべき危険度４」にランクされる。発ガン性や催奇形性が高いのだ。

『暮らしの安全白書』（学陽書房）によれば、「量販店で売られる食品には、着色料、甘味料、

調味料、保存料など相当数の食品添加物が使われる。弁当などの野菜は腐敗を防ぐためにアルコール製剤溶液の中に浸したものか、スプレーで溶液を振りかけたものが大半です。漬物にいたっては、数十種類もの食品添加物が混入した調味液に漬けこみ、短時間につくる。酢なども合成酢が使われ、調味液で色や味をつけたものが多い」というのだ。

その証拠にコンビニやスーパー、デパ地下で働いたことのある主婦などはコンビニ弁当やカット野菜、漬物などはほとんど食べない。

この問題の化学合成添加物と農薬を合わせると、年間で8キログラム摂取しているとも言われる。中でも危険なのは、赤色○号や青色○号、黄色○号などのタール系色素だ。**米国では発ガン性が認められたことから使用禁止になっている食品添加物も少なくない**のだ。こうした着色料を含有する紅ショウガや福神漬けなどを常食している人の胃は紅く変色していると言われる。

また、この食品添加物の摂取量の増加に伴い、ガンやアトピー性皮膚炎が増加している。因果関係が明確になったわけではないが、大いに疑いがあるところだ。

これは公式な見解ではないが、国内の母子手帳の申請が年間200万件ほどあり、この中で受理できるのは約100万件ほどだというのだ。要するに半分は流産、死産しているわけだ。

また、あるコンサルタントによれば、「化学物質は遺伝毒性や発ガン性などの危険性があり、日本での奇形児の出生率が9人に1人で世界一なのはこの化学物質のせい」というのだ。こんな危険な食品添加物を野放しにしていい筈がない。

行政が指導する「加工食品の裏側に食材や食品添加物を表示すればよい」では、危険物質の体内蓄積を回避することはできないのだ。

◎リン酸塩はカルシウムの働きを阻害

この化学合成添加物の中で、手軽なインスタント食品やレトルト食品に含有される食品添加物の1つの『リン酸塩』は要注意だ。これを摂取し続けると、骨の形成が阻害され、骨がボロボロになる危険性が高いからだ。

このリン酸塩は、ハムやソーセージなどの食材の弾力を高めたり、即席麺などの歯触りを良くしたり、冷凍食品の変質防止など、さまざまな用途に使われる。

インスタントコーヒーや清涼飲料水、スナック菓子などの味覚を向上するためにも使われる。これらが米国で呼ばれる〝ジャンクフード〟だ。

リンもマグネシウムと同じように必須ミネラルの1つだ。骨をつくるには重要な働きが

ジャンクフードにはカルシウムの働きを阻害する『リン酸塩』が含有する

あるのだが、問題は、このリンが体内に過剰に溜まりすぎると、腸内でカルシウムとくっついてしまい、腸管から吸収されずに、そのまま排泄されてしまうことだ。

そして、カルシウムの吸収を妨げたり、カルシウムの働きを妨害したりするのだ。

例えば、リンが多い加工食品では、１００グラム中でツナ缶が１６０ミリグラム、牛ロース１２０ミリグラム、ポテトチップ１００ミリグラムが含有される。

便利なインスタント食品やレトルト食品、冷凍食品を食べるな！　とは言えないが、育ち盛りの子どもや妊娠している女性がいる家庭では、このような食品を食べては健康を害す元になるので避けたいものだ。

先述したように、このような食品添加物を日本では１０００種類以上も厚労省が認可しており、米国の２００、３００種類、ＥＵの数10種類と比較するとその数は突出しており、世界一の使用量だ。

◎精製された白砂糖を過剰摂取すると、高血糖となり、キレる原因になる！

さらにこうした清涼飲料水やスナック菓子などには、かなりの白砂糖が入っているのも問題だ。

今日使われる白砂糖は精製されているので、血中に溶け込むのが早く、血糖値が急激に高まるからだ。そのため、インスリンが多量に分泌され、低血糖状態となる。

そうすると、低血糖では困るので、副腎からアドレナリンが分泌され、一気に高血糖状態に戻るのだ。これを繰り返すことで、精神は不安定となり、いつしか〝キレる〟ことになる。

このアドレナリンは、別名〝攻撃ホルモン〟とも呼ばれ、危機的状態に遭遇した場合、心臓を活発化し、攻撃性を高める働きがあるのだ。低血糖になると、キレやすくなるのはこのためだった。

岩手大学の大沢博名誉教授は、**発作的に暴力を振るう少年犯罪や統合失調症の患者を調べた結果、「落ち着きがない」「イライラする」「すぐキレる」などの原因はこの低血糖症**

であることを報告していた。また、米国でも同様な研究が行われ、少年院に入ってくる青少年の多くは、「清涼飲料水や炭酸飲料水、スナック菓子などを多用している」共通性があり、この食生活を改善しただけで院内での犯罪が半減したことが判明している。

したがって、このような清涼飲料水やスナック菓子を与える代わりに「100％果汁ジュース、野菜や果物ジュース、新鮮な果物やピーナッツ」などを与えると、こうした症状は治まってゆく。

◎川崎中1殺傷事件と少女生き埋め事件が示す鬼畜の所業

今年の早春、川崎で中学1年の少年が殺害されるという痛ましい事件が起きた。逮捕された容疑者3人は17～18歳の少年だ。

犯人は、この中1の少年とは以前からの遊び仲間だったのだが、昨年から暴力を加えていたらしい。少年が顔を腫らして街中を歩いていることが目撃されていた。

あの日、夜半、兄のように慕っていた遊び仲間にメールしたことで、この少年の人生が閉じられてしまった。

その場に凶行に及んだ主犯格のAが居合わせていたからだ。酩酊していたにせよ、真冬に素っ裸で川を泳がせ、首を刃物で刺すとは言語同断。まさしく鬼畜の所業だ。

もはや、頭が狂っているとしか思えない。いったい、どのような家庭環境で過ごしていたものか。

実は、少年犯罪自体はここ10年間の推移をみると大幅に減少傾向なのだが、気になるのは犯罪が凶悪化していることだ。

また、この事件の記憶が薄れるまもなく、今度は船橋で18歳のN子さんが生き埋めにされるという事件が発生した。主犯格は18歳のA子だ。A子は、この18歳のN子さんと顔見知りだったようで、5万円を貸していたらしい。どちらも同じホストクラブに入り浸っていたとかで、ホストを巡って争うこともあったという。

このホストの顔を立てるために〝シャンペンタワー〟に一晩で100万円つぎ込み、N子さんは5万円をA子から借りたらしい。

キャバクラで働いていたA子は、日頃からN子さんに憎しみを募らせていたようだ。

そこで、全身に刺青がびっしり入った20歳の男とその弟分のN、肉体関係があったという16歳の鉄筋工のB男の3人に声をかけた。

そして、街中でN子さんを計画的に付け狙い、レンタカーを手配。とうとう街中でN子さんを発見。そして、車中で暴行を加えた。

主犯格の全身刺青男は、A子に惚れていたこともあるとかで、実家の畑に穴を掘り起こしていた。これに謝るN子さんを無理やり生き埋めにするという大惨事を引き起こした。

A子は、事前に知り合いに「明日やる」とLINEを送っていたというのだから、もはや、人間の感情のかけらなど1つもない。

しかも、犯行現場で、「やっちゃえ、やっちゃえ！」を囃したてたというのだ。貸した金額はたった5万円。これで殺人を犯すものだろうか。

このA子の命令に従った男3人もN子さんには、何の面識もなく、恨みもなかった。

これだけで殺人を犯す刺青男や未成年の職人らの所業は、もはや人間ではない。鬼畜と言っていい。

◎ガイヤ地球は、ガン細胞と変わらぬ人間をふるいにかけてきた!?

電磁波や化学物質で頭が狂っているか、覚せい剤をやっていたのか、前出の事件は到底人間の所業とは思えない。

なぜ、このような事件が相次いだのか。前者は一気に暴力的な感情を爆発、後者は平常から殺意を溜めていたことになる。

ここ20数年来で醸成されたのは格差社会だ。この競争社会の中で、底辺で生きることで日頃からストレスを溜め込んでいたのだろうか。この憎悪が1人の少年と少女に向けられたというのか。

果たしてこの人たちはどのような家庭環境に置かれていたのか。

このような**罪を犯す未成年者の部屋は、概ねカップラーメンやスナック菓子、清涼飲料水、缶ジュースなどが散乱している**のが常だ。

川崎といい、船橋といい、重工業地帯が隣接、およそ長閑に暮らせる環境ではない。殺伐とした環境の中で起きた惨事とも言える。

若者がこのように簡単に殺人を犯す社会になったということは、このような感情を内蔵した未成年者がまだ他にもゾロゾロ潜んでいることは疑いようもない。

およそ、人間の魂、または精神性が欠如、悪魔に見初められた事件と言える。

人間の魂と精神性に永遠不滅微小生命体ソマチッドは、感応する。円滑な魂の向上がソマチッドを活性、遺伝子の働きを正常化する。このことに思いを馳せるべきではないか。

近年、世界各地で起こる火山大噴火や巨大地震などの自然災害は、ガイヤ地球がガン細胞と何ら変わらぬ人間をふるいにかけているとしか思えない。

第5章　万病を予防するソマチッドの超チカラ

カルシウム不足が発ガンや心筋梗塞、脳梗塞なども誘発する

◎若年性認知症になると退職を余儀なくされる

これまで良かれと思って使ってきた薬や知らぬまに摂取してきた農薬などの化学物質の体内蓄積が永遠不滅生命体ソマチッドの働きを阻害し、自然治癒力を低下させ、さまざまな難治性疾患を生む要因であることがわかってきた。近年注目されてきたのはミネラルの触媒効果との関係だ。

このミネラルの中でも特にカルシウムのバランスの崩れが、脳・心臓・腎臓・血管・筋肉・神経などの障害に大きく絡んでいることが判明してきたのだ。

一般的にカルシウムが不足すると、肌荒れ、肥満、生理不順、頭痛、イライラ、うつ、低血圧などを発症することが知られていた。

しかし、カルシウム研究の第一人者の藤田拓男神戸大学名誉教授によれば、「一番恐ろ

しいのは血中のカルシウムが不足すると、副甲状腺ホルモンが働いて骨に蓄えられたカルシウムを溶かし、血液中に必要以上のカルシウムが骨から溶け出し、骨粗しょう症を誘発するとともに細胞や血管に沈着する恐れがある」というのだ。

これだけではない。**脳神経内にカルシウムが沈着すると認知症を誘発し、眼球に沈着すると白内障、膵臓に沈着するとインシュリンの分泌が悪化し、糖尿病を誘発する**というのだ。

この認知症では、厚労省の調査研究では、2014年時点で65歳以上3296万人中462万人に達し、10年後には高齢者の5人に1人が認知症に罹患すると推計される。

認知症を侮るなかれ。突然、60歳を過ぎて発症するのではないのだ。40、50歳あたりから徐々に進行し、加齢とともに症状が顕在化する。近年では若年性認知症が増加傾向にあるので、40歳前後と言えども注意が必要だ。仕事でありがちな単純な入力作業などではほとんど前頭葉を使うことはないので、多角的な脳への刺激が必要なのだ。

これにかかった場合、企業ではリスク回避のため、ほとんど雇用を継続することはない。

この認知症はカルシウムのバランスが崩れ、余剰なカルシウムが脳内に流入した場合、発症することがわかってきた。

また、カルシウムが免疫細胞内に沈着する場合もある。こうなると、ガン細胞を見つけ選択的に攻撃してくれるナチュラルキラー（ＮＫ）細胞やマクロファージなどの免疫細胞の働きを阻害するので、発ガンを促進する要因にもなるわけだ。ガン細胞は毎日３０００～６０００個前後発生していると言われる。

私たちが簡単にガンを発症しないのは、この免疫細胞が体内をパトロールし、これらの異物を捉え、殺傷してくれるからだ。今日ではガンで亡くなるのが３人に１人、実に２人に１人がガンにかかる異常な時代を迎えた。

カルシウム不足によってさまざまな症状が発生する

出典『風化貝化石カルシウムとの出会い』（タイムリーダージャパン）

ガンにかかると手術や抗ガン剤で初期に治療ができたとしても、６、７割方再発する。こうなると、ほとんど現代医療では手の施しようがなくなってしまう。いわゆる「お手上げ」の状態だ。良くてホスピスでの緩和ケアが勧められる。多くは裏口退院、つまり死亡退院となるケースが高い。ガン死年間36・5万人はこうして生み出されているわけだ。

また、血管にカルシウムが沈着した場合では、血管の内壁が石灰化して血行が悪くなり、肩こり、頭痛、高血圧の原因となったりする。現代医学では、本態性高血圧と呼ぶのだが、早い話、高血圧症の原因はわかっていないのだ。

さらに動脈硬化症に進み、死因の2位に君臨する心筋梗塞や、脳梗塞を誘発することにもつながってくる。たかがカルシウム不足と思われるかもしれないが、死因の上位に関係する疾患すべてに絡んでいることがわかってきたのだ。

◎魚介類や海藻、小松菜、胡麻など、非活性型カルシウムを含む食物を

では、どうしたら、体内のカルシウム・バランスを正常に維持することができるのだろうか。結論を先に述べれば、以下の食物を日頃から摂るのがベストなのだ。

◎魚介類…アジ、イワシ、サンマ、アユ、ワカサギ、シシャモ、ドジョウ、エビ、シジミ、ハマグリ、シラスなど。

◎野菜類…サラダ菜、小松菜、春菊、大根、パセリ、蕗、胡麻など。

◎海藻類…ヒジキ、天草、ワカメなど。
◎その他…オカラ、コンニャク、きな粉、切干し大根、煮干し、小魚の佃煮など。

いわゆる食物に含有しているカルシウムを『非活性型カルシウム』と呼ばれる自然の食物群を摂ることが望ましい。非活性型といえば、効きが悪そうだが、これとは真逆の活性型の場合に大きな罠が潜んでいるのだ。それは後に明らかにしよう。

こうした食品にはソマチッドが多く含有され、体内環境が良好となればソマチッドが活性化し、遺伝子がスイッチオン、自然治癒力が蘇ってくるわけだ。

また、日頃からこれらの食物を食べていれば、カルシウム不足に陥ることもなく、代謝も円滑化し、健康を維持することができる。

とは言え、近年は食の欧米化によって、老いも若きも魚介類や海藻類を敬遠し、ハンバーグやフライ、スパゲティ、パスタ、サンドイッチなど、いわゆる〝カタカナ食〟を愛好する人々が増加傾向にあるわけだ。

カルシウム不足とともに慢性病の原因となる欧米食が日常化してしまっている日本だが、一方、これまで慢性病に悩んできた米国では１９９０年代からガン死の歯止めに成功している。１９９５年ごろから２０００年にかけ、毎年３０００人ずつガン死が減少していることは前述した。

雑穀類や魚介類、旬の野菜にはソマチッドが豊富に含まれる

こうした中、推奨されているのが、栄養療法と運動療法とともに、江戸元禄時代の〝伝統食〟だったのだ。

この和食は、世界的なブームになってきた。ユネスコが2013年、無形文化遺産に登録したばかりだ。米国のセレブたちは健康を考え、魚介類や野菜が中心の和食を好んで食べているのが大きな潮流だ。

こうした米国の食養家から日本人の若い女性が、「日本人の伝統食が肥満を防ぎ、美肌を維持し、若返りを促進します」と教え諭されているのだから、この国はいったいどうなってしまったのか。

理想的な食生活は、**「マ・ゴ・ワ・ヤ・サ・シ・イ」**。**つまり、豆、胡麻、ワカメ、野菜、魚、シイタケ、芋などを日常的に摂ることでミネラルやカルシウムを補う**ことなのだ。

言うまでもなく、こうした食物にはソマチッドが豊富に含有されている。

最低、納豆や味噌、醤油などの発酵食品は摂るべきだ。

「そんなのダサーイ!」というなら、究極の今話題の細胞のSTAP化を促進する乳酸菌酵素飲料のつくり方をご紹介しよう。

まず、無添加の豆乳を購入する。この豆乳90%に無農薬玄米10%ほどを配合し、常温で3日放置しておくのだ。そうすると、発酵が進み天然乳酸菌飲料が出来上がる。

これぞ、放射線も分解し、腸内細菌叢を改善、血液を浄化するアンチエイジング乳酸菌酵素飲料の誕生だ。乳酸菌は人類誕生以前、放射線が降り注いだ地球創成の時、すでに棲息していたので、放射線と共存する能力を備えていたわけだ。

細胞のSTAP化は、すでに熊本大学で乳酸菌を使い実証していたのが真相のようだ。元理研の小保方晴子さんは謀略渦巻く米国の製薬メーカーの特許権争いに巻き込まれたらしい。事実、米国の製薬メーカーはこの事件後、特許申請を完了したようだ。

ともあれアンチエイジング、細胞再生、若返りを図りたいなら、この乳酸菌のチカラを借りない手はないのだ。

前述した森下理論では、腸内で赤血球が分化し、あらゆる組織細胞に変化するという『赤血球分化論』が説かれているので、腸内細菌叢の改善が健全な赤血球の生成に大きく関与しているわけだ。細胞のSTAP化をこの乳酸菌酵素飲料が促進することが考えられる。

◎妊婦、老人、子どもは意識的にカルシウムの摂取が必要

とはいえ、ここで注意しないといけないのはどんなにカルシウムの吸収率が良くても摂取した量の50％が上限、吸収率が悪いカルシウムでは10％ほどしかないのだ。食物の種類によってカルシウムの吸収率に差があることを知る必要がある。

また、年齢や男女間、妊婦などの身体状況によってもカルシウムの吸収率は違ってくる。

厚労省では、1日のカルシウム所要量を以下に設定した。

子ども…500〜900ミリグラム（吸収率75％）
成　人…600ミリグラム（吸収率30〜40％）
妊　婦…900ミリグラム（吸収率50〜60％）
老　人…1200ミリグラム（吸収率20％以下）

この所要量では子どもと老人の間に大きな開きがあり、吸収率にいたってもかなりの開きがある。国民栄養調査では1日600ミリグラムだ。

	老人	妊婦	成人	子ども
所要量（mg）	1200	900	600	500～900
吸収率（%）	20以下	50～60	30～40	75

厚生労働省　日本人の栄養所要量

老人の所要量1200ミリグラム、しかも吸収率は20％以下となるので、これをカバーする分のカルシウム摂取を考える必要があるということだ。

また、妊婦の所要量も900ミリグラムと高く、吸収率も高いものとなっている。これは胎児に栄養を送り成長を促進させるため高く設定されているようだ。近年、妊婦のカルシウム摂取不足のため、出産後、「歯がボロボロになった」「骨がスカスカになって体が弱くなった」などの声を医療現場から聞くことが増えた。

近年ではサイレントベビーという、元気な産声も上げず、手足を縮めて丸くならない、寝かせたら寝かせた時のまま静かにしている赤ちゃんが増えているらしいのだ。大人しければ、手間がかからず都合がいいようだが、こうした子どもは10代の思春期になると、アレルギー症や虚弱体質などの健康障害を抱える可能性が高い。

したがって、妊婦、またはこれから育つ子どもを持つご家庭では、意識的に前述のソマチッドを含む非活性型カルシウムを含む食物を摂る必要が大いにあるのだ。

◎市販のカルシウム製剤では骨塩量が増えず、むしろ肩こり・腰痛を促進、老化を促進する

前述したこの老人の所要量1200ミリグラムは成人の倍以上となり、相当意識し、カルシウムを摂取しないと到達するには難しい数値だ。しかも吸収率は20%以下に落ち込む。となれば、吸収率が落ち込んだ分を所要量に上乗せし、摂取しなれければならないことになるわけだ。

ここでイオン化されたカルシウム製剤や、牛骨粉や魚骨粉、サンゴカルシウム末などのサプリメントの摂取を考える向きもあるのではないか。

これらは活性型カルシウムと呼ばれる。薬局にゆけば、水に溶けているこのイオン化カルシウム製剤か、カルシウム製剤を勧められるだろう。

しかし、ちょっと待て!

実は、カルシウムの臨床研究を30年以上続け、『警告!カルシウム不足』(駿台曜曜社)を著した治療家の川村昇山は、東洋医学的にカルシウムと慢性病との関係を突きとめた。

川村は、この活性型カルシウム、つまり前述したイオン化カルシウム製剤にとんでもな

い副作用が潜んでいることを発見した。当初、川村は20数年ほど前、5年間、市販のカルシウム製剤を服用し続けたことがあった。

川村によれば、「骨塩量は減少し続け、脊椎も変形し、椎体間の幅が狭くなり、腰痛・下肢関節痛・腱鞘炎症状・老眼をはじめ、肩こり、背中のこり、筋力低下やだるさなどの症状に悩まされるばかりだったのです。60歳を過ぎていましたので、老化現象だと思い、半ば諦めかけていた」というのだ。

ところが、ある日カルシウム製剤を飲んだら、いつもと違う異常を感じた。そこで一度に20錠服用してみたらしい。すると、驚くことにだるさや筋力の低下・肩こり・背中の強張りなどが極度に強まったのを感じた。

川村はここでおかしい！　と気づいた。

そこで、急遽スタッフ全員を動員し、市販される40種類のカルシウム製剤を購入し、服用前と服用後の血中カルシウム値を比較した。

その結果、服用後2時間から3時間目にかけて血中カルシウム値は異常に低下し、その後、徐々に7、8時間かけて正常値に戻るという何とも不思議な結果を得た。

これこそがこのイオン化された活性カルシウム製剤が引き起こす副作用だったことがわかった。この副作用のことをカルシウムの〝ダウン症状〟と名付けた。

◎カルシウムには悪玉と善玉の２種類あることを突きとめた

この〝ダウン症状〟を要約すると、「急激に血中カルシウムが増加する」「副甲状腺ホルモンの分泌が停止する」「腎臓がカルシウムを急激に排泄、血中カルシウム不足を呈する」などの重大な副作用を生むことがわかった。

川村によれば、「この副作用を言い換えますと、**市販カルシウム剤を飲んで1、２時間後に起きる血中カルシウムの異常増加は、『骨＝1億個：血液＝1万個：細胞＝1個』という体内の絶妙なカルシウム・バランスが崩れる**ことになるのです。

そして、３時間以降に起こる血中カルシウム値の異常な減少は、再度、骨・血液・細胞間のカルシウム・バランスが急変することを意味しているのです」という。

前述したようにカルシウム・バランスの崩れは、私たちの脳や目、耳、口腔、関節、膵臓、腎臓などに重大な損傷を与えるわけだ。

これでは健康を害す一方となってしまう。こうして川村らは、日本ではじめてカルシウムには善玉と悪玉が存在することを臨床上からハッキリ摑んだのだ。これは現代医療が原因不明とし、根治不能な難病解決の糸口を摑んだ快挙と言える。

◎牛乳を多飲すると骨粗しょう症に罹患、骨折しやすい！

このカルシウム不足を補うため、牛乳を飲んでいる方が少なくないかもしれない。意外なことだが、「この牛乳や乳製品を摂っているほど骨折のリスクが高まる」ということが世界的な研究結果で判明してきた。

以下の表をご覧いただきたい。これは1996年に発表された『わが国の大規模調査による大腿骨頸部骨折の症例対照研究』の報告書だ。

これによると、「牛乳やチーズ、ヨーグルトを日常的に摂取している人の骨折が非常に高く、その数値は自力で入浴や家事ができなかったり、寝たきり状態が続いたりする要因と同等、あるいはそれを上回る」とし、**「成人期における乳製品の大量消費が骨折のリスクの重大な増加と結びついた」**と明記されていたのだ。

要するに表にあるように「魚をよく食べる」「運動をよくする」「日本茶をよく飲む」などが骨折を予防し、「チーズの食習慣」（オッズ比3・99倍）、「ヨーグルトの食習慣」（3・46倍）、「牛乳の飲用習慣」（2・14倍）が逆に骨折を招くことが判明したのだ。

「そんな馬鹿な！」と思われるかもしれない。

大腿骨頸部骨折の主な危険要因別オッズ比

要　因	オッズ比	要　因	オッズ比
自力で入浴できない	2.09	糖尿病の既往歴	1.98
2、3カ月の寝たきり	2.89	貧血の既往歴	2.08
最近6カ月の不眠	2.44	肉類の食習慣……子ども（週2回以上）	1.59
脳卒中の既往歴	4.68	薬物治療を受けていない	0.38
コーヒーの多飲……大人（1日3杯以上）	3.23	アルコールを適宜飲む（1合未満）	0.61
ヨーグルトの食習慣…大人（1日1杯以上）	3.46	魚をよく食べる……子ども（週3～4回）	0.60
牛乳の飲用習慣……大人（1日2杯以上）	2.14	運動をよくする……大人	0.46
チーズの食習慣……大人（1日1切れ以上）	3.99	日本茶をよく飲む（1日3杯以上）	0.59
自力で家事がこなせない	1.54	硬いものでもよく食べられる	0.70

「わが国の大規模調査による大腿骨頸部骨折の症例対照研究（概報）より抜粋、表現を一部改変」
オッズ比は1より大きい場合リスク増、1未満の場合リスク減

しかし、その証拠に相当量の牛乳を飲んでいる酪農家の40～70代を調査したところ、ほとんどの世代で骨塩量不足を呈し、50歳代で骨粗しょう症を発症している人が少なくなかったのだ。これは酪農家が多いデンマークなどの北欧でも同様に骨粗しょう症が異常に多発していることでも裏付けられた。

まさに「カルシウム摂取は牛乳から」の神話は、崩壊したといっても過言ではないのだ。

実は、これが〝カルシウム・パラドックス〟と呼ばれる生理現象なのだ。

簡単にいえば、牛乳のカルシウム吸収率が高いので、一気に血中でのカルシウム濃度が上昇。その結果、脳がこの異常をチャッチし、ホルモンを働かせ、腎臓からカルシウムを排泄する働きを強めてしまうのだ。

このことで今度は血中カルシウム濃度が減少し、これを補うために骨からカルシウムが溶出してしまうのだ。その結果、骨がスカスカとなり、骨折しやすくなるわけだ。

したがって、国内で行った大規模調査が示すように**骨祖しょう症を予防するには、小松菜やホウレンソウ、ブロッコリー、小魚、大豆類、魚介類を食べるのが賢明**というわけだ。

このことは骨粗しょう症を専門に治療する外科医や栄養学者からも報告されているのだ。こうした食生活をする人々にカルシウムの異常沈着が起きていることが突きとめられたわけだ。

これこそが〝悪玉カルシウム〟の正体と言える。このような副作用を引き起こす市販カルシウム剤や牛乳の過剰摂取は禁物ということなのだ。

◎骨格のないところにカルシウム沈着によって骨があるように写る

この悪玉カルシウムの謀略を摑んだ川村は前掲書で、「高齢者になると、カルシウム吸収率が悪いため、骨塩カルシウムの不足が著しく体内の老廃物処理も十分に行われないことから、体内の電子エネルギーは増加傾向にあります。体内の電子エネルギーの増加は、組織の冷却・収縮・凝結などを招き、不活性の老化現象へと進行し、血管でのカルシウム

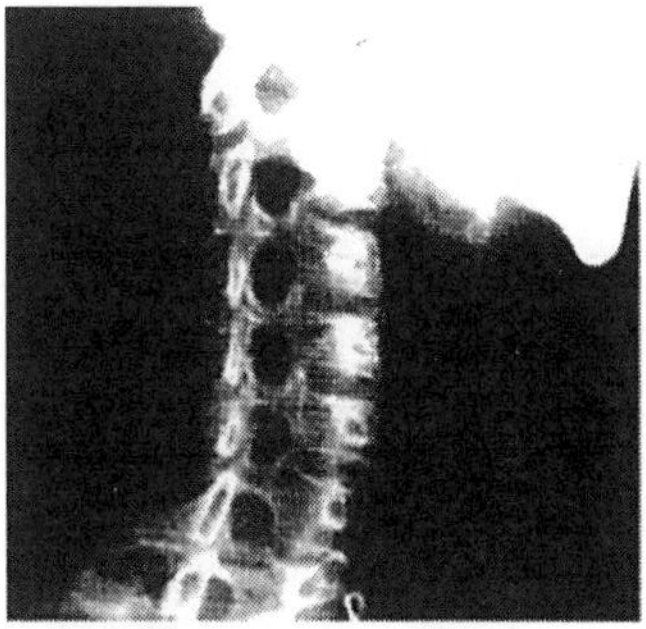

《頸椎の正常に近い椎間孔》

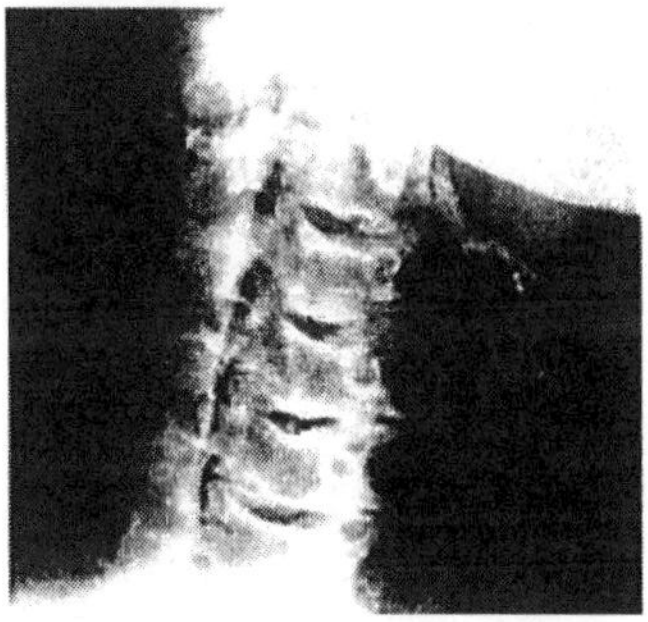

《溶けたカルシウムが詰まった状態》
出典（タンポポ倶楽部）

沈着を速めます。

こうしたカルシウムの血管内沈着は大動脈ばかりではなく、手足や脳の最小血管でも着実に沈着化を起こすのです。カルシウム不足による骨粗しょう症などの骨の健康被害は重大な問題ではあり、カルシウム不足が血管への沈着はもちろんのこと、全身のあらゆる組織を冒す万病の元凶となることを忘れてはなりません」と警鐘を鳴らす。

◎体内で電子エネルギーの異常が起こることで、病が引き起こされる

電子エネルギーの増加というのは、東洋医学で言う〝氣〟、または〝磁気〟と捉えることができるという。

近年、生物学や細胞学、物理学などと並んで量子物理学という、これまで未知の領域に

あった量子の研究が進んできた。

物質はすべて分子から成り立ち、分子は原子で成り立っていることはよく知られている。この原子はさらに陽子・中性子・電子などの素粒子、またこの素粒子はさらに細かいクォークやニュートリノから成り立っていることが解明された。

したがって、素粒子が集まって原子となり、原子が集まって分子、分子が集まって物質をつくっていることになる。

この素粒子は磁気性を持っており、電気を帯び磁気を発生していることがわかってきた。素粒子が磁気を帯びているのであれば、最終的に形となっている物質はすべて磁気を有していることになるわけだ。

人間も同様に人体を構成する骨や筋肉、臓器なども分子でできており、分子は原子で構成される。そして、原子は素粒子で構成され、最終的に人体は素粒子の巨大な集団でできているということに行き着く。

したがって、この**量子物理学が導き出した結論は、万物はみな素粒子の巨大集団となり、〝人体は生きた磁気体でもある〟と形容できる**わけだ。

これは現代医学や自然科学でも認めていることで、これを測定しているのが脳波計や心電図だ。現代医学ではこの生体磁気が地球の磁気と比べ、100万分の1や1億分の1とあまりにも微弱であるため、生体への影響はほとんどないと考えていた。

このため、この電子エネルギーの問題は現代医学の範疇にはなかったと言える。

ところが人間の自然治癒を考える東洋医学では、〝氣〟の流れである経絡や、全身360か所、または3000か所も存在するという経穴は、根幹をなし、治療には欠かせない。

この電子エネルギーのアンバランスを調整するのが、鍼灸治療や磁気治療、または前出の飛沢らが行うエネルギー療法や氣功だったりするわけだ。

川村によれば、この〝生体磁気の異常〟が五臓六腑や各部位の働きに異常を引き起こし、病気を引き起こすというのだ。

簡単に言えば、この電子エネルギーがアンバランスになり、人体が徐々に蝕まれると、

① 冷気に敏感になる。
② 細胞や組織が異常に活性化する――神経細胞の異常活性化は痛みを引き起こし、筋肉の異常活性化は筋肉に緊張を強いて収縮や痙攣を引き起こす。
③ 電子エネルギー異常が嵩じると、細胞や組織の硬化・変形・麻痺が表れる――全身の老化へと発展する。
④ 中でもπ電子と呼ばれる活性電子の異常増加は、増加部位の未熟細胞を増殖させて硬変・潰瘍などを引きこす――その結果、臓器や血管が破壊され死に至る。

まさに西洋医学にはない、東洋医学ならでの視点だ。ここに東洋医学の神髄があるわけだ。したがって、慢性病の予防治療は現代医療のみでは不可能ということが見えてきた。

むろんのこと、こうした電子エネルギーの異常下では、微小生命体ソマチッドに悪影響を与えることになり、自然治癒力や免疫力を低下させる大きな要因となってしまう。

◎ソマチッド含有風化貝化石末は血中カルシウム濃度の変動なしに骨塩量を高める

前述した①から④のように**この電子エネルギーの異常を放っておくと、神経や細胞の痛みだけでなく、老化を促進、臓器や血管が破壊される。死期を早めることも往々にして起こるというのだから、私たちはもっと電子エネルギー、または量子エネルギーの世界を知るべき**だ。

こうした研究は、ニュージーランドのオークランド大学医学部が行った約1万2000人に及ぶ比較試験でも明らかにされた。

この研究は、英国医師会誌にも掲載されたのだが、40歳以上のカルシウムサプリメントを使用すると、心臓発作リスクが約30%増大することが認められたというのだ。

さらにサプリメントによる骨折予防の効果はほとんどなく、試験にあたった博士によると、「血液中のカルシウム濃度が正常値を超え、心臓発作リスクのある人へ危険をもたらす血液組成の変化が生じる可能性がある」というのだ。

こうした難問を簡単に解決できるのが北海道八雲地方で、約2000万年前〜1500万年前の地層から産出するカミオニシキ貝の風化貝化石末や、天然ケイ素を多量に含む隈笹エキス末やNASAが宇宙飛行士用にサプリメントの原料にしたモンモリロナイト末などを配合し、超微粒子化したカルシウム末、そして、ヨモギやスギナの乾燥末を煎じたのを飲むのも効果的だ。

地球上で酸素の次に多い元素はケイ素だ。珪素は太古の珪酸土壌に豊富に含有する。永遠不滅生命体ソマチッドはケイ素原子を抱き込んでいるとされるので、数千万年から数億年前の土壌ほどソマチッドが豊富と考えられるわけだ。

前出の素材には永遠不滅生命体ソマチッドが豊富に含まれているのが特徴だ。

これらは小魚や野菜類などのように体内でイオン化され、消化吸収される非活性型カルシウムの仲間に入る。この非活性型カルシウムは、血中のカルシウム濃度を変動させることなしに骨塩量を増やすことができるのだ。

現代医学では、骨粗しょう症の治療方法はカルシウム剤とホルモン剤を服用する他方法はなく、良くて現状を維持するのが精いっぱいというのだ。早い話、骨粗しょう症の治療

風化貝化石にもソマチッドが豊富

には手立てがないのが現状だ。

この風化貝化石末や隈笹エキス末などを配合したカルシウムエキス末の摂取では、骨粗しょう症を70歳、80歳になって改善できるというのだ。高齢になっても白髪の黒色化、育毛効果、美肌効果、コラーゲン生成促進効果の他、男女とも性機能の活性化などが1、2週間後に体感できることが報告されている。

これは明らかにソマチッドが体内で活性化し、細胞がSTAP化し、細胞再生が行われた証拠ではないだろうか。

◎70、80歳を過ぎても歩けないほどの腰痛と圧迫骨折が消失した！

骨は一生、破壊と再生を繰り返し、骨代謝を続け、生まれ変わっていることはあまりよく知られていない。前出の医師によれば、「年齢を重ねるほど骨の吸収率が減少するのだが、毎日、非活性型カルシウムを摂取し続ければ、骨粗しょう症や圧迫骨折と診断されても改善が可能」だというのだ。

この臨床医のもとに68歳の女性が来院したことがあった。この女性はこの2つの症状を診断され、骨がボロボロで手術もできない状態で入院した。乳酸カルシウム剤とホルモン剤、そして鎮痛剤を6か月も飲みながら入院したが、何の改善も得られないでいた。

レントゲンを撮ると、確かに胸椎と腰椎の一部が変形し、特に胸椎の腹部側が針のように薄く、腰椎自体も確認できないほどスカスカの状態で、まさに骨粗しょう症と圧迫骨折が診て取れた。

そこで、近くの病院に入院してもらい、風化貝化石末と柿酢を飲んでもらった。すると、2か月後には、歩けない状態だった腰痛がウソのように消え、退院できたというのだ。そして、退院し6か月たったら、元の病院から「その後を診断したい」とのことで再診した。

その結果、「骨粗しょう症が治っており、奇跡というしかない」と言われたという。

その1年後、この患者はこの臨床医を訪れ検査したところ、圧迫骨折していた胸椎も腰椎も厚くなって丈夫さを取り戻し、腰椎全体の骨格もハッキリしていた。また、当然ながら、骨粗しょう症も改善し、骨塩量も増加していたという。

改善期間では、その人の年齢や体質も影響があるので、一概には断定できないが、概ね半年から1年も続ければ結果を体感できるという。

「それだけでなく、多くの高齢者が悩む膝関節症や腰痛、肩こり、四十肩、五十肩、筋力

の低下などの他、動脈硬化症や糖尿病や高血圧、痴呆症なども早い人では1か月から3か月、あるいは半年から1年、長い人では2年、3年の場合もありますが、現代医療から見放されても諦めることはありません」とこの医師は述べている。

体内のソマチッドの活性こそが、現代医療が「老化現象」として片づけてしまう症状を改善する大きな鍵というわけだ。

高血圧症、または心筋梗塞や脳梗塞にもカルシウムが関与する

◎カルシウム・バランスの乱れが慢性病を誘発する

非活性型カルシウムを補い、骨粗しょう症や認知症の予防も課題だが、動脈硬化症も重大な疾患を招く国民病の1つなので、これを予防、克服しなくてはならない。これなくして医療費を削減することなど不可能だ。

近年までこの心筋梗塞と脳梗塞は、死因の2、3位に君臨してきた。この心疾患と脳血管疾患は、動脈硬化症が大きな要因だ。血管内で余剰カルシウムが沈着し、動脈瘤ができたり、コレステロールなどの老廃物が原因でできた血栓（フラッグ）が、心臓や脳の血管を詰まらせた結果、起こる血管障害だ。

この2つの病で年間30万人ほどが亡くなっている計算だ。40代から50代を超えると約7割の人に動脈硬化が見られるというので、40代の働き盛りは要注意だ。

この動脈硬化症の要因には、欧米食過多による動物タンパク質や動物性脂肪の過剰摂取、それに運動不足やストレスが負荷され、発病することを述べてきた。

そして、血管内でこの血栓が剝がれ、心臓で詰まれば心筋梗塞、脳内で詰まれば脳梗塞というわけだ。

また、脳内で血管が硬く厚くなって破れたのが脳出血になる。肥満、メタボリック障害が国民病となった今、この血管障害の潜在人口は軽く2000万人、3000万人は突破しているのではないだろうか。

この動脈硬化にも血中カルシウム・バランスが大きな影響を及ぼしていることを明らかにしたが、**カルシウム製剤や牛乳の飲みすぎなど、何らかの原因で血中カルシウムが急増すると、骨や歯に到達する前に神経や血管、筋肉などに沈着し、健康を著しく阻害し、慢**

性病を誘発するわけだ。

心臓は、ご存じのように心筋という筋肉でできており、この筋肉が収縮と弛緩を繰り返し、血液を全身に送り込む働きがある。この心臓には冠状動脈が網の目のように走っており、酸素や栄養を心臓に補給し、心臓が自律的に働くことを可能にした。

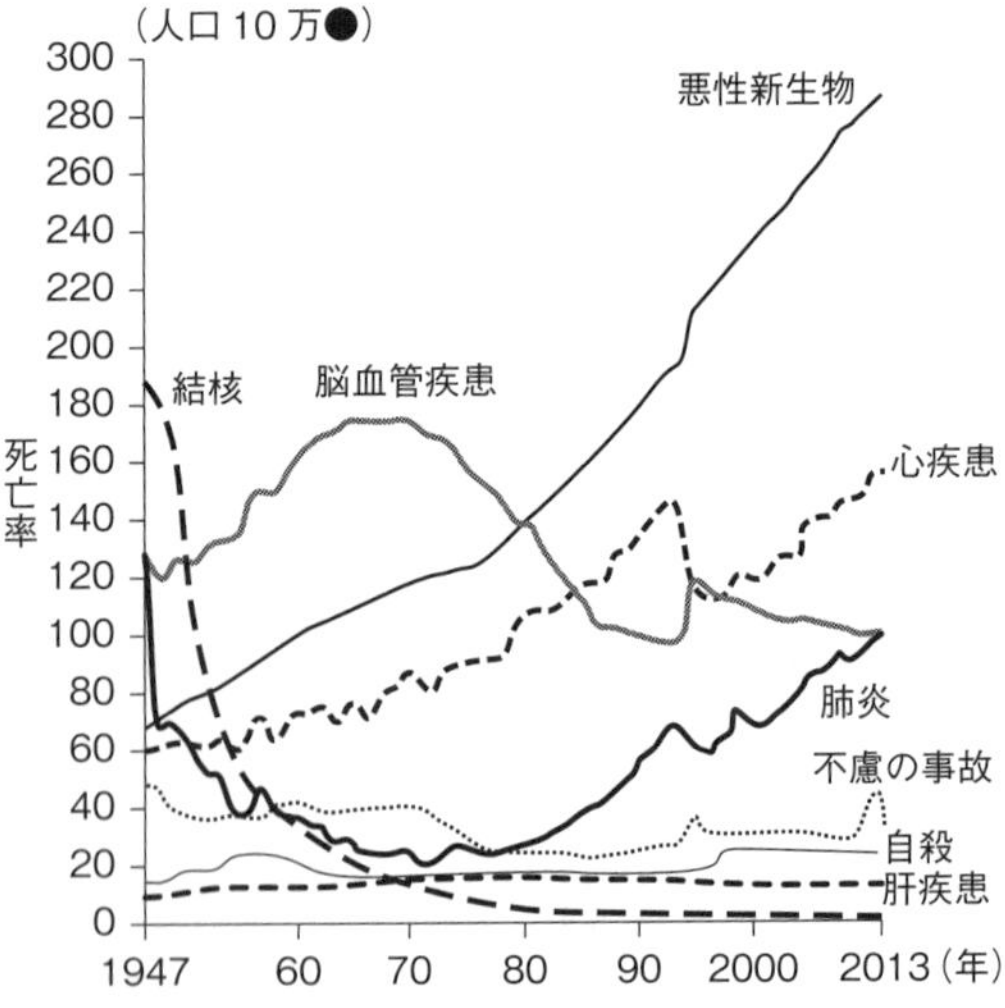

人口動態統計

ここでも何らかの原因で血液中のカルシウムが増加、または減少すると、血液と細胞間カルシウム・バランスが崩れ、不必要なカルシウムが細胞内に入り、心臓の機能が異常な状態を呈すことになるわけだ。

心筋梗塞や狭心症は血液中のカルシウムが増加し、心筋の収縮力が強まった結果、血液の供給が心臓に届かなくなり、酸素や栄養が滞ることで発症する病だ。

また、血管内に不要なカルシウムが沈着したりすれば、血管が石灰化し、細く

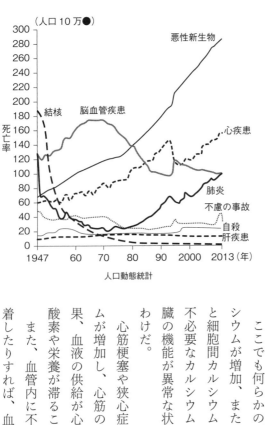

なるとともに弾力性を失い、血行が悪化する。そうなれば、心臓は全身に血液を循環させるためにさらに強い力で働かなければならない。

こうして血管壁に圧力がかかり、血圧が上昇、高血圧症を引き起こしやすくなるわけだ。

したがって、**心臓の悪い人が、前章で述べた悪玉カルシウムといえるイオン化カルシウム、または活性型カルシウム剤を摂ると、危険すぎる〝カルシウムのダウン症状〟が起こる可能性が高くなる**というのだ。

◎人間の95%前後は毛細血管で成り立っている!

体内には60兆個の細胞があると考えられている。そして、この細胞に酸素や栄養素の他、赤血球や白血球、血小板、そして老廃物などが血管を通して運搬される。

酸素や栄養素は動脈によって体の末梢の細胞に運ばれ、細胞から排泄される二酸化炭素や老廃物は静脈を通じて運搬されているわけだ。

この血液循環を担っているのが心臓だ。

血管はこの2種類に分類されるのだが、そのほとんど、およそ95%以上は毛細血管から成り立っているのだ。その長さはおよそ10万キロメートル、実に地球2周半ほどの長さに相当する。体内にこれほどの長さの血管が張り巡らされ、まさに人体は血管から成り立っていると言っても過言ではない。

この毛細血管の直径は5マイクロメートル前後とかなり細い。この中で細胞に酸素や栄養素を運搬している赤血球の大きさは7～8マイクロメートルだ。赤血球はつぶれた状態で末梢の細胞に栄養素を届けていることになるわけだ。

したがって、前述したカルシウム不足や動物タンパク摂取過多などによって、毛細血管にカルシウムが沈着したり、血液がドロドロしていたのでは、抹消の細胞組織に酸素や栄養素が運ばれなくなってしまう。

こうして酸素や栄養素を細胞組織が受け取れなくなると、細胞組織の働きは低下し、代謝が円滑化できなくなり、老化や壊死が起こってくる。

そして、細胞組織が機能不全に陥り、さまざまな病が誘発されるわけだ。

もちろん、人間の体の防御システムは巧妙にできているので、血管内に目詰まりを起こすカルシウムや悪玉とされるＬＤＬコレステロールなどの老廃物を掃除してくれる貪食細胞といわれるマクロファージが存在、この老廃物を食べてくれる。

このマクロファージが体内を循環、パトロールしてくれるおかげで私たちは細菌やウイルスから護られ、ガンの発症を予防し、健康体を維持することが可能だ。

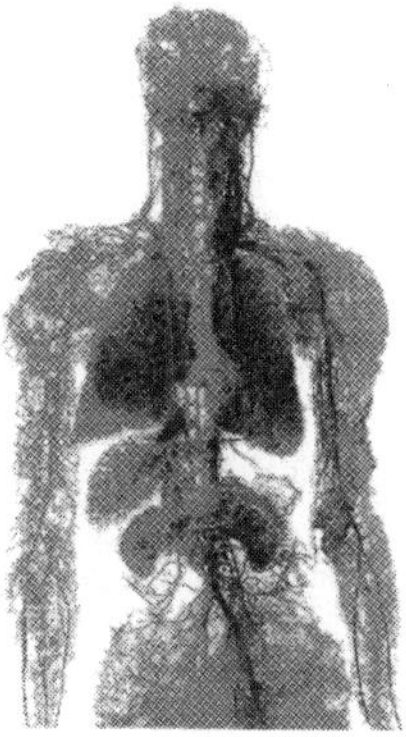

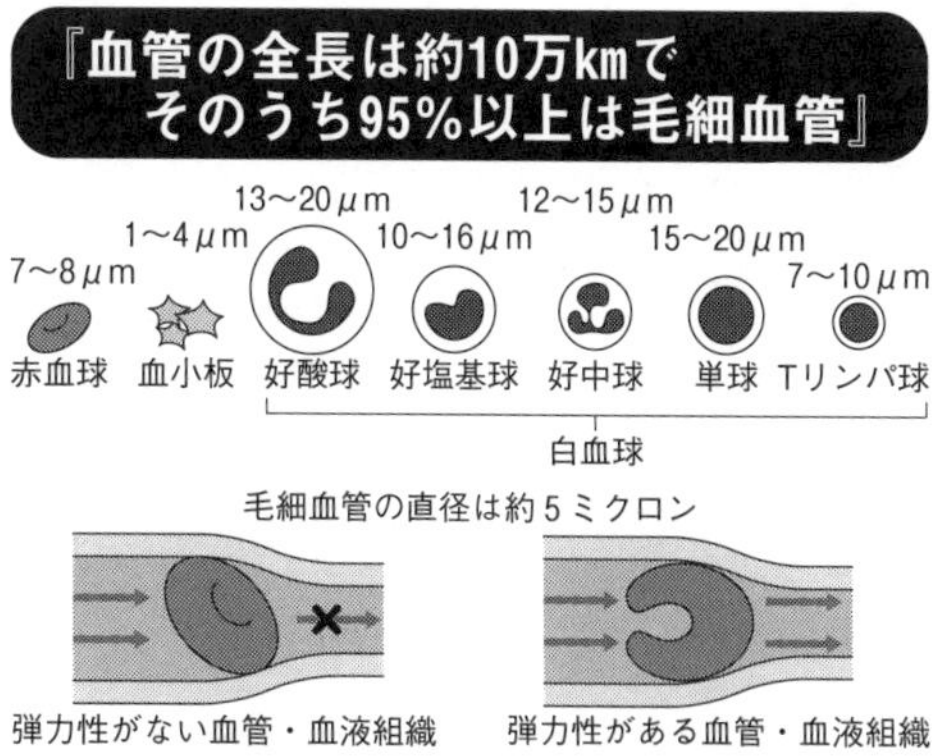

『再生医療を変革する珪素の力』（コスモ21）より

しかし、悪癖となった食習慣が続き、老廃物が毎日毎日血管に入ってきたのでは、さすがにマクロファージも処理しきれなくなり、ついにはダウンしてしまう。

この時の残骸が血管内でゴミと化し、蓄積、やがて血管壁が弾力性を失ったり、時には動脈瘤ができて、破裂し内出血を引き起こしたり、または血管壁が剝がれ、血栓を形成したりする。

これが動脈硬化のメカニズムだ。前述した心筋梗塞や脳梗塞はこうして発症するわけだ。

◎くも膜下出血を発症すると、その半分は半身不随か寝たきりになる！

さらに動脈硬化だけでなく、毛細血管の目詰まりが網膜で起これば、細胞の代謝が低下し視力が低下、視野の真ん中が大きく欠如する加齢性黄斑変性症を

動脈硬化発症のメカニズム

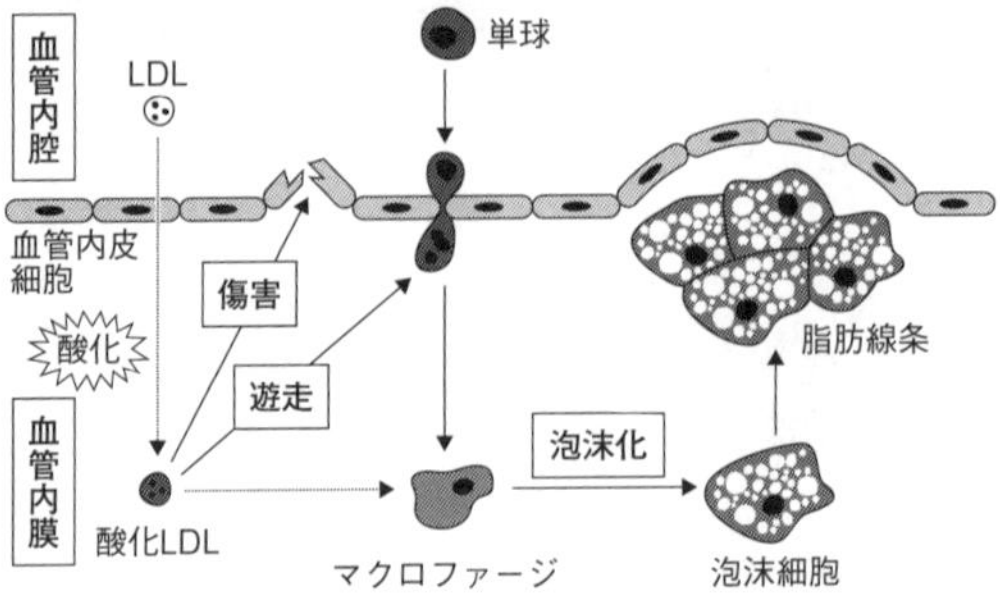

血管内の老廃物を処理しきれないと血栓が生じる

発症したりする。

この網膜症は、予備軍を入れ2000万人以上がかかっている糖尿病の合併症だ。白内障の場合は、血中のカルシウムが水晶体に沈着し、発症する。

糖尿病の合併症では、指先などの末梢組織に血液が流れにくくなる。痺れの原因となったり、時には足を切断しないと命にかかわることもあるので、糖尿病は恐ろしい。

この慢性病には、骨＝1億個：血液＝1万個：細胞＝1個という、血中の絶妙なバランス比が大きく関与していることになるわけだ。

要するにこのバランス比で毛細血管が十分に機能していれば、こうした疾患が予防できるのだ。もちろんのこと、ストレス過多も交感神経を刺激し、血管を収縮させる要因なので、あまり無理せず、頑張らないことが大切なライフパターンと言える。

前述したくも膜下出血の年間死亡者は、現在1万4000人ほどを数える。発症すると半分が死亡するか、または寝たきりになるという恐ろしい病気だ。

8割方、半身不随や顔面麻痺、または言語障害などの障害者となってしまう。発症者の1割ちょっとほどしか健康体に戻れないのが現状だ。

残念ながら、働き盛りの40代から60代のビジネスマンに多く見られる血管障害だ。半身不随や言語障害にかかってしまったら、必ず家族を中心とする介護者のお世話にならなければならず、介護保険の見直しが進む中、介護するほうも受けるほうも辛い現実が待っている。

できるなら、この病だけは避けたいものだ。

◎頸椎・胸椎のカルシウム沈着を改善できれば、高血圧症と脳卒中を予防できる！

また、脊椎系にこの悪玉カルシウムが沈着し、現代医学で原因不明とされる難病を引き起こすケースも少なくないという。命にかかわる心臓病にも重大な悪影響を及ぼすことが往々にしてあるのだ。

心臓は自律神経系が支配しており、無意識的に心臓が鼓動をうち続けているわけだ。

川村によれば、「この脊椎骨では頸椎第7と胸椎第1・第2の周辺に悪玉カルシウムが沈着したり、カルシウム不足によって椎間板のクッション機能が損なわれ、椎間孔が狭まることになると、脊椎から分離している自律神経が刺激を受けることになります。

そのため、その刺激によって心臓の機能が乱れ、動機や息苦しさ、脈拍異常などを引き起こし、心臓病に至るケースも少なくない」という。

また、この頸椎第7と胸椎第1・第2の胸椎異常は、4000万人以上がかかっているとされる高血圧の大きな原因であることが臨床上から判明した。

ある医師によれば、「胸椎第1を中心に頸椎第7と胸椎第2の椎骨間が〝く〟の字、または逆〝く〟の字にずれると高血圧に、頸椎第7・胸椎第1・第2が〝斜め状〟にずれると低血圧の場合が多くあります。

ソマチッド高含有貝化石末を3か月から半年摂取することで、この頸椎・胸椎異常を改善させることで、高血圧と低血圧症の根本治療が可能なのです。

要するに高血圧症の人は、余剰カルシウムが全身の血管に流入し、血管壁が収縮していると考えられるのです。血管壁には平滑筋で被われ、収縮と拡張を繰り返していますので、高血圧ということは血管壁にカルシウムが流入、または血管壁に沈着し、血管内を細くし、硬化していると考えられるのです。

当然、血管が細くなって硬くなれば、前述した通り血流が悪化しますので心臓の鼓動が強まり、必然的に血圧が高くなってゆくわけです。

そして、最悪の場合、高血圧症の人は血管が破裂する可能性が高くなり、脳卒中や心筋梗塞を引き起こすのです。ですから、日ごろから血液中にカルシウムを増加させない、非活性型カルシウムである風化貝化石末を摂っておくことが大変重要な戦略となる」という。

薬局や病院では、「降圧剤は一生のみ続けてください」と強要されるのだが、その必要はまったくないのではないのか。むしろ、降圧剤を飲み続けると認知症や心臓病などの原因ともなるので、避けるのが賢明だ。

カルシウム不足では超高齢化社会を生き抜けない！

◎世界の長寿村では80歳、90歳で働いているのが当たり前

世界の長寿村として、カザフスタンの山岳地帯、中国の広西省チアン族自治区、そして

血管の老化が招くおもな血管病

血管病はおもに動脈に起こります。主要なものは以下の病気です。

脳卒中

脳出血と脳梗塞《こうそく》に分かれる。

脳出血

脳の細い動脈が硬く厚くなり、コブ状の動脈瘤《りゅう》ができ、破裂する。動脈硬化より高血圧が主原因の「くも膜下出血」も脳出血の一種で、致死率が高い。

脳梗塞

硬化が進んだ脳動脈に血栓がつまり、血流が途絶え、その先の細胞が壊《え》死《し》する。太い動脈で起こると、致死率が高まる。

腎硬化症

腎細動脈の硬化が進行し、腎臓が硬く小さくなって腎機能が低下する。

腎不全

腎硬化症が進行すると、腎機能がいっそう低下し、血液透析が必要になる場合が多い。

閉塞《へいそく》性動脈硬化症

動脈硬化の進行で足への血流が不十分になり、歩行障害をきたす「間歇《かんけつ》性《せい》跛行《はこう》」が起こる。悪化すると、足が壊疽《えそ》。

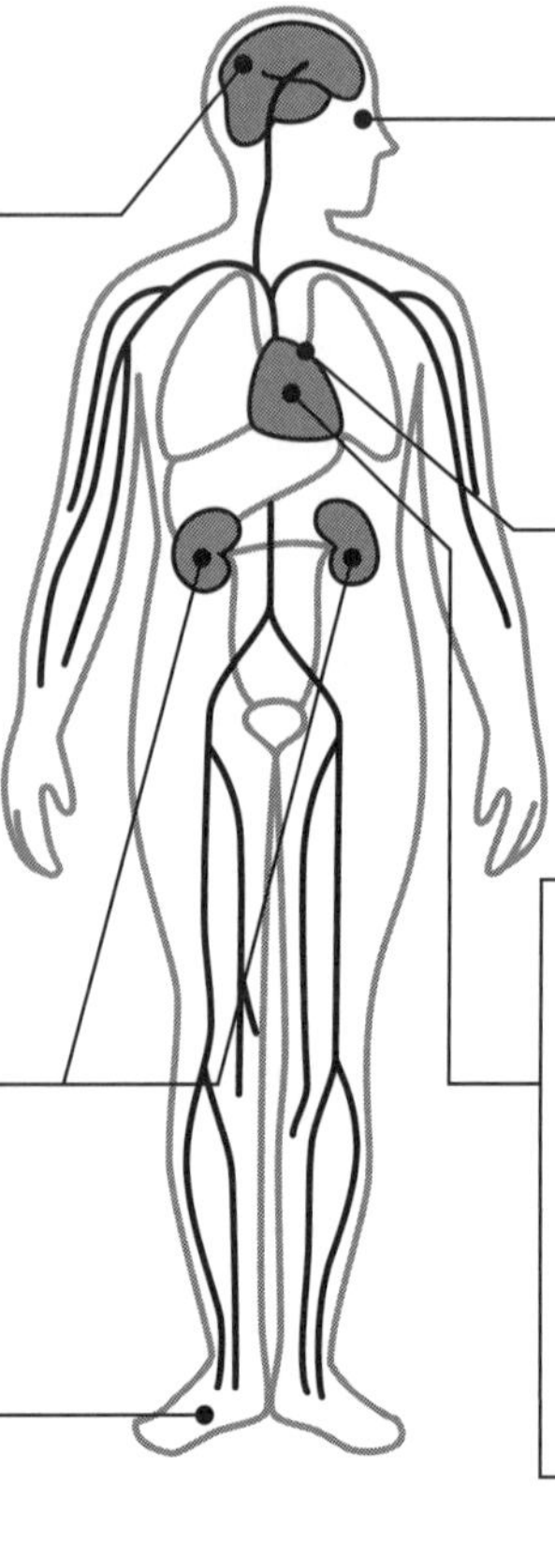

眼底出血

網膜動脈の硬化から視力障害が生じ、進行すると眼底で大出血が起き、失明にいたる。

大動脈瘤破裂

腹部や胸部の太い動脈が硬化してコブ状のかたまりができ、それが破裂して体内で大出血が起こる。激痛をともなう発作が起き、致死率が高い。

狭心症

心臓に血液を送る「冠《かん》動脈《どうみゃく》」の内腔《ないくう》が狭くなり、血流が一時的に途絶え、胸に激痛が走る発作が起こる。

心筋梗塞

冠動脈に血栓がつまり、心臓への血流が完全に途絶えて心筋（心臓の筋肉）が壊死する。致死率が高い。

『医療を変革する珪素の力』（コスモ21）より

雲南省麗江市などが有名だ。ここでは80歳、90歳前後でも元気で働き、畑仕事をしているのは当たり前と言われ、日本の高齢者とはまったく様相が違う。

大変失礼だが、皆さんのお知り合い、ご親戚で80歳過ぎて背筋が伸び、矍鑠《かくしゃく》としている方はどれくらいいらっしゃるだろうか？

「失礼な！　毎朝1時間のウオーキングが日課だ」というなら、問題はない。

しかし、概ね、背中が曲がっていたり、杖をついていたり、肩こりや腰痛、神経痛、または高血圧症などで悩んではいないだろうか。

また、食後、直ちに降圧剤や血糖降下剤を飲んでいる方が多いのではないだろうか？

今日、高血圧症の罹患数は4000万人、脂質異常（高脂血症）は2200万人、糖尿病は予備軍を入れ、2025万人が推計されているのだ。

70歳では2人に1人が降圧剤を飲んでいるとされる今日、もはや慢性病大国と言っていい。2012年9月現在での総務省の調査では、65歳以上の高齢者人口が3074万人に達した。これは総人口中、24・1％の割合で過去最高の数値だ。実に4人に1人が高齢者であることになる。

いわゆる1940年代後半生まれの「団塊の世代」が新たに高齢者人口を押し上げた構図だ。

こうなってくると今後、国民年金などの社会保障システムが崩れ、自分の老後や自分の健康は自分で護らなくてはならない時代がやってくるのは確実だ。

◎70歳代の25%が骨粗しょう症による骨折を起こす

超高齢化社会となっては、高齢者は病気にならない食養生や身体づくりに真剣に取り組む必要が生じてきたわけだ。

高齢者が考えねばならないのは、骨粗しょう症と認知症の予防だ。老いも若きもこれにかからない食養生の確立が急務になってきた。

この骨がスカスカになる骨粗しょう症は、60歳後半から激増しており、現在1300万人が罹患し、予備軍を入れると2000万人が推定されている。

また、**厚労省では、新たに〝ロコモティブシンドローム（運動器症候群）〟と銘打ち、骨、関節、筋肉が衰える潜在人口を40歳以上で4700万人以上と推定、40、50歳代からの予防**を訴えている。

女性の場合、35歳以降から1年で1%ずつ骨密度が減少、閉経後は年間2〜3%ずつ減少してくるので、日本人のどの世代でも不足しているカルシウムを含む食物を意識的に摂る必要がありそうだ。

骨粗しょう症は寝たきりの原因となる『大腿骨頸部骨折』を併発する。この問題は深刻だ。70歳代後半で25%、80歳以上で43%が骨粗しょう症による骨折を引き起こしていることが判明した。

この症状は70歳、80歳になって突然、発症するわけではない。50、60歳代から徐々に食生活やライフスタイルによって、骨密度が低下していくので、日頃の食生活と健康づくりが大切になってくるわけだ。

近年では、前述したコンビニ、スーパーなどの加工食品の摂取過多によっての健康状態の悪化が大変懸念されるのだ。小中学生の間では、グラウンドで思い切りボールをけったりするだけで、骨折する子どもも少なくない。

『骨粗鬆症の予防と治療ガイドライン』(ライフ・サイエンス出版)によれば、「①カルシウム・ビタミンD・ビタミンK・タンパク質を欠かさない②日光にあたる③運動を定期的に行う④喫煙と過度の飲酒を避ける⑤食塩・糖・カフェインを摂りすぎない」ライフスタイルを勧めている。

したがって、非活性型のカルシウムを摂取するとともに、朝方の日光はビタミンDの生成を促進するので、早朝ウオーキングなどが効果的というわけだ。

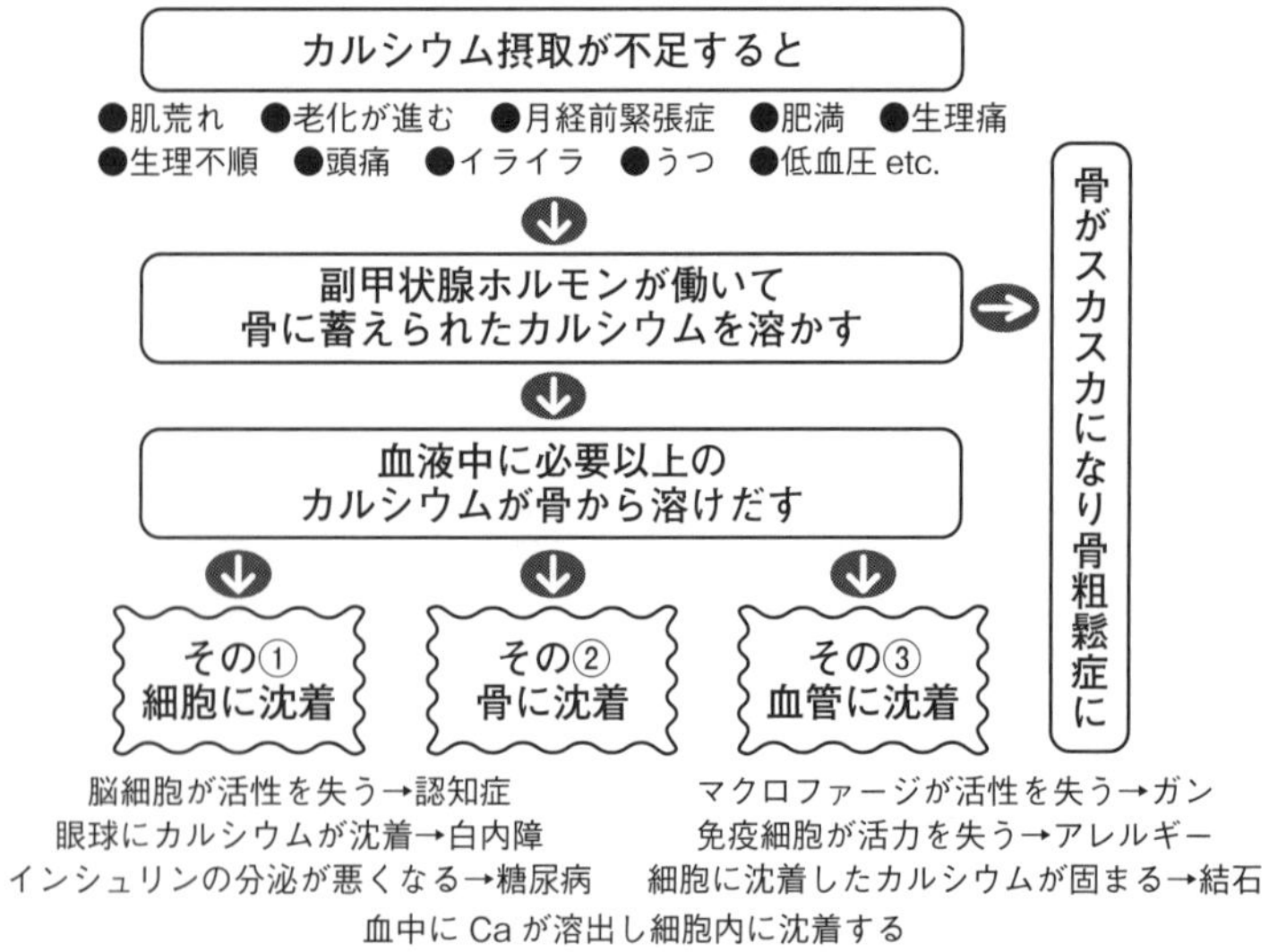
カルシウム摂取が不足すると
●肌荒れ ●老化が進む ●月経前緊張症 ●肥満 ●生理痛
●生理不順 ●頭痛 ●イライラ ●うつ ●低血圧 etc.
副甲状腺ホルモンが働いて
骨に蓄えられたカルシウムを溶かす
骨がスカスカになり骨粗鬆症に
血液中に必要以上の
カルシウムが骨から溶けだす
その① 細胞に沈着
その② 骨に沈着
その③ 血管に沈着
脳細胞が活性を失う→認知症
眼球にカルシウムが沈着→白内障
インシュリンの分泌が悪くなる→糖尿病
マクロファージが活性を失う→ガン
免疫細胞が活力を失う→アレルギー
細胞に沈着したカルシウムが固まる→結石
血中に Ca が溶出し細胞内に沈着する

血中にカルシウムが増えると骨がスカスカになる『カルシウムパラドックス』

日本人がカルシウム不足に陥っているのは、農産物のミネラル含有量の枯渇が大きな原因だ。これは火山国である日本の土壌は火成岩が多く、炭酸カルシウムを含む石灰岩が少ないことは、東京農業大学が行った各国の土壌中のカルシウム分析で判明した。

したがって、カルシウム分が少ない土壌で育った日本の農産物は、ヨーロッパの農産物と比較するとどうしてもカルシウムが不足する。

これはミネラルウオーターも同様で、フランス産のミネラルウオーターは、日本産と比べるとカルシウムの含有量が6倍ある。

こうしたカルシウム不足の土壌で育

った農作物を食べている私たち日本人のカルシウム摂取量が少ないのは当然だったわけだ。

カルシウムを補給するには、ソマチッドが豊富に含まれる風化貝化石末や、天然ケイ素が豊富な隈笹エキス末、ソマチッドの中にケイ素素粒子を抱き込んでいる水溶性ケイ素などが効果的だ。

これらは永遠不滅生命体ソマチッドを活性化するので、アンチエイジングにはもってこいと言える。現代医療が苦手な難病を改善することが可能だ。次章では難病の予防・治療について述べる。

《正常に近い腰椎》　《カルシウム不足の腰椎》

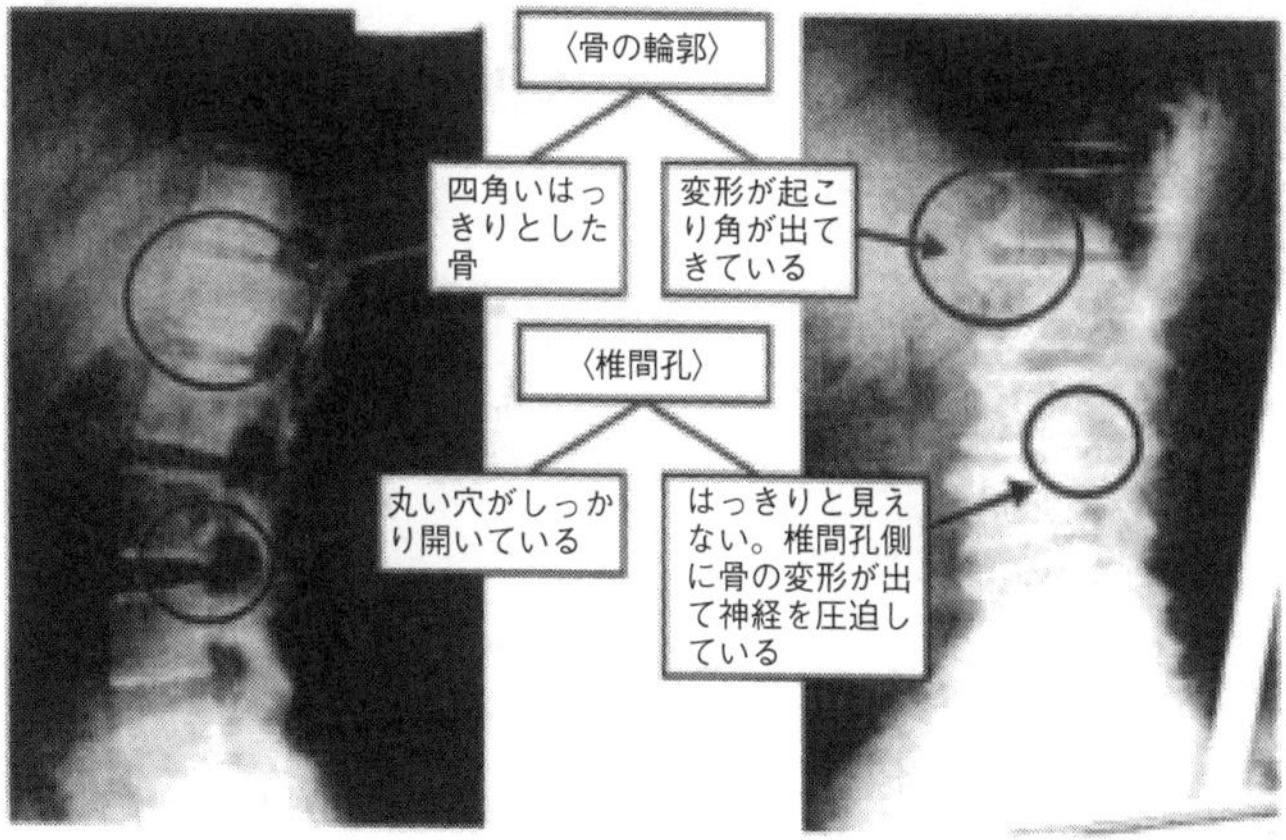
〈骨の輪郭〉
四角いはっきりとした骨
変形が起こり角が出てきている
〈椎間孔〉
丸い穴がしっかり開いている
はっきりと見えない。椎間孔側に骨の変形が出て神経を圧迫している

骨密度が高まれば難病を防げる（出典：タンポポ倶楽部）

第6章　原因不明の難病はこうして治せ！

自律神経失調症やうつ病を改善する

◎悪玉カルシウムが神経伝達障害、精神異常を引き起こす

日常摂取するカルシウム不足がガンや動脈硬化、または高血圧症や低血圧症、そして心筋梗塞や脳卒中などの難病に大きく絡んでいることを述べてきた。

血中のカルシウム・バランス、つまり骨＝1億個：血液＝1万個：細胞＝1個のバランス比が保たれることで、臓器や器官、骨・靭帯、神経、そして血管や細胞が正常に働くことができるわけだ。

このバランスが崩れ、血液中にカルシウムが入り込んで、五臓六腑、そして筋肉や骨、血管などに沈着し、動脈硬化や心臓病を誘発。この余剰カルシウムが時には白内障や黄斑変性症、網膜剥離までに及ぶことがわかってきた。

腎臓にカルシウムが沈着した場合は腎結石を発症する。尿路に沈着した場合が尿路結石

症で、最悪の場合は臓器不全などを引き起こす可能性があるというのだから、カルシウム・バランスを適正に保つことが難病にかからないための重要な戦略だ。

また、細胞と細胞間どうしの情報連絡、つまり〝体内のメッセンジャー〟役もカルシウムの重要な働きだ。

これは細胞の表面にある〝カルシウム・チャンネル〟を通じて行われるのだが、これも血中のカルシウム濃度に異常が起こると、神経の情報伝達が機能しなくなってしまう。血中カルシウムが不足すれば、神経が興奮し、イライラ、不眠症などが誘発される。

神経興奮やイライラなどの症状は精神異常で起こるのではなく、カルシウム不足が大きな原因となって、神経伝達が機能しなくなったことで発症するわけだ。

現代医療では、こうした神経症状や精神疾患の改善にも有効な手立てがほとんど確立されていないのが現状だ。

◎カルシウム主体の米飯給食に切り替え、1年後非行ゼロに！

今、小中学校ではいじめの問題も深刻だが、教室の中を走り回ったり、騒がしい行動をとったりなどする子どもが引き起こす学級崩壊が社会問題となっている。

全国の教育現場ではこれが悩みの種だ。

長野県の真田町（現・上田市真田町）の中学校校長や同町教育長などを歴任した大塚貢は、学校のパン給食を完全米飯昼食に切り替えることで、校内暴力や非行を2年目でほぼゼロにしたことで有名だ。

大塚は校長として20数年前に真田中学校に赴任した。その当初、校内を2時間循環すると、バケツ一杯の煙草の吸殻を発見した。中には廊下をバイクで疾走する生徒もいた。学校はそれほど荒れていたわけだ。

そこで、**第1に大塚が行ったことは教員の意識を変えることだった。教科書中心の形にはまったつまらない授業を、教員に手づくり教材をつくらせ身近な授業に切り替えた。**

次に、子どもが朝食抜きで登校するのが38％ほどもあったため、**昼食をこれまでのパン・牛乳給食ではなく、完全米飯に強制的に切り替えた。**

しかも毎食、イワシの甘露煮やイリコなどを付けカルシウムが摂れるようにし、米や野菜などの農産物も近場の無農薬や減農薬栽培の農家と契約し、これを強行した。

また、合成保存料のソルビン酸や発色剤の亜硝酸ナトリウムなどの化学合成添加物が入ったハム、ソーセージなどの加工食品も極力排した。

菓子パンや揚げパンが大好きな教員の反発や、給食利権と結びついた行政からの妨害も

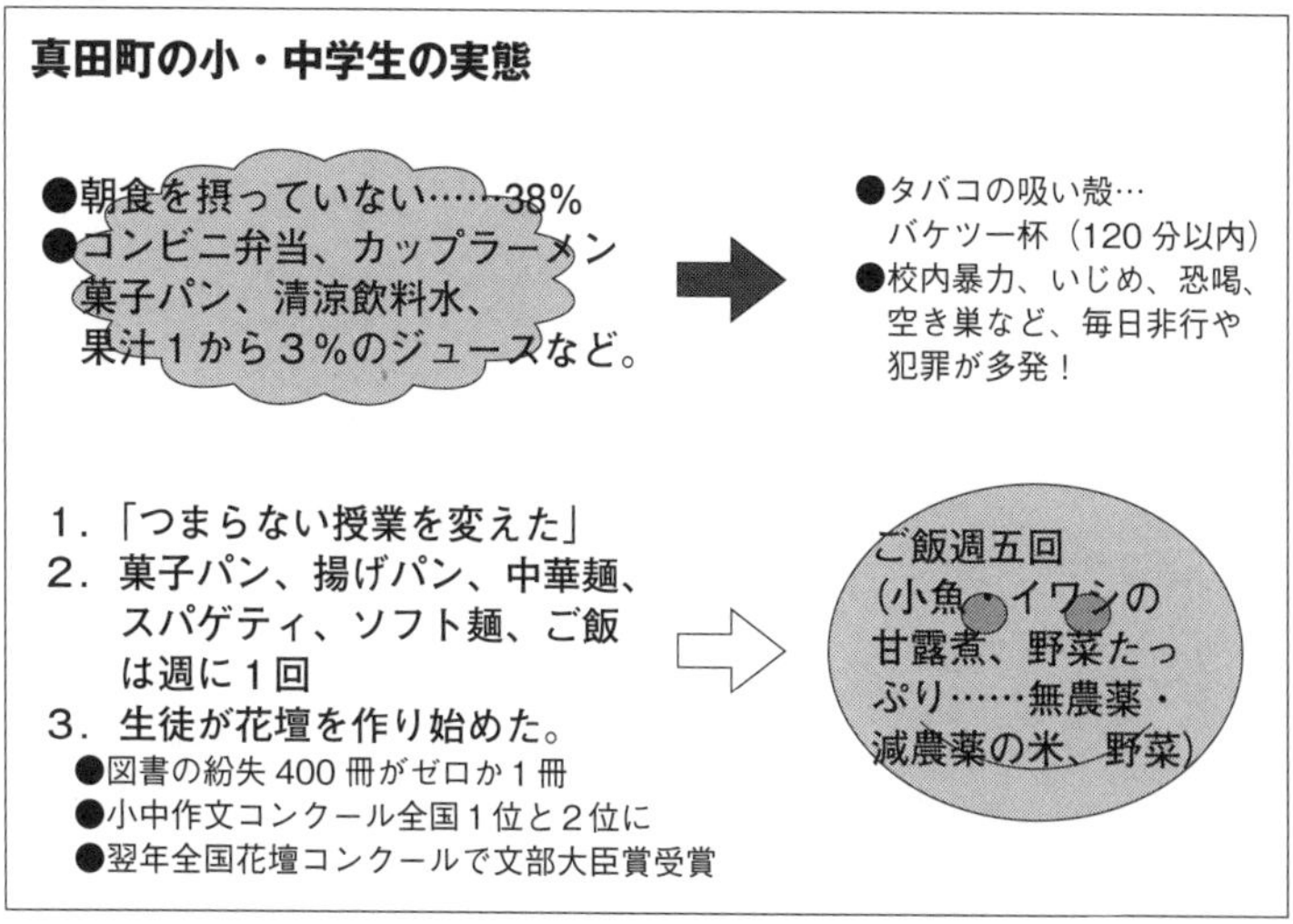
真田町の小・中学生の実態
●朝食を摂っていない……38%
●コンビニ弁当、カップラーメン
菓子パン、清涼飲料水、
果汁１から３%のジュースなど。
●タバコの吸い殻…
バケツ一杯（120 分以内）
●校内暴力、いじめ、恐喝、
空き巣など、毎日非行や
犯罪が多発！
1. 「つまらない授業を変えた」
2. 菓子パン、揚げパン、中華麺、
スパゲティ、ソフト麺、ご飯
は週に１回
3. 生徒が花壇を作り始めた。
●図書の紛失 400 冊がゼロか１冊
●小中作文コンクール全国１位と２位に
●翌年全国花壇コンクールで文部大臣賞受賞
ご飯週五回
（小魚・イワシの
甘露煮、野菜たっ
ぷり……無農薬・
減農薬の米、野菜）

カルシウム食中心の米飯給食は集中力と学力をアップした

あったが、これに屈せず、執念で米飯昼食を続行した。

その結果、**2年目から子どもは激変、非行やいじめ、不登校もほぼゼロになった。**図書館から年間４００冊ほど紛失した図書もほぼゼロ、子どもの成績はぐんぐん上昇。全国作文コンクールでも毎年1位、2位を受賞する生徒が続出するようになったというのだ。

玄関脇と校庭の真ん中にある花壇では一年中、旬の花が咲き誇り、校内は見違えるように美化された。これも生徒が大塚を見習い、自主的に管理しだした結果だった。

こうしてあっというまに文部大臣賞を受賞する優秀校になった。

これは複数の学校で同様の結果を得ることができた。カルシウムが豊富な小魚などの魚介類や野菜、非活性型カルシウムの摂取が子どもの精神状態を安定させ、集中力を高め、学力を高めることができるという実証になったわけだ。

もし、あなたのお子様に落ち着きがなく、成績不良でも、スナック菓子や菓子パン、清涼飲料水をやめ、その代わりに無農薬野菜や果物の他、海藻や小魚類を食べさせる。こうしたビタミン、ミネラル、そしてカルシウム豊富な食生活に切り替えたなら、あなたの子どもの性格がガラリと変わる。特別支援学級に入れられた生徒でさえ、成績が大幅にアップする可能性が高いのだ。

もちろんのこと、これは大人でも同様、砂糖と食品添加物、そして、前述したネオニコ系農薬で脳神経が破壊されていることを知る必要があるわけだ。

◎脊髄神経へのカルシウム沈着は筋委縮症や精神疾患にまで及ぶ

脊椎骨が、カルシウム不足を呈したり悪玉カルシウムの摂りすぎによってカルシウムが沈着し変形、または椎骨間が硬く薄くなったりし、椎間孔が狭まると、脊髄神経や自律神経系が異常に興奮しだすことは前述した。

カルシウム不足が自律神経系の支配する臓器や器官にさまざまな病気を誘発することがわかってきた。

脊髄神経周辺の筋肉や靭帯に緊張を強いるだけなら、さほど問題はないのだが、この緊張が長期間に及ぶことで、前章でも述べたマイナス電子エネルギーを高め、プラスの電荷を持つカルシウムを集め、筋肉や靭帯にカルシウムの沈着が起こるというのだ。

今日、原因不明とされる難病は、カルシウムの異常沈着に疑いがあるわけだ。

前出の臨床家・川村昇山によれば、「脊髄神経に周りの靭帯にカルシウムが沈着すると、後縦靭帯骨化症という難病を引きこしてしまうのです。この**靭帯骨化症は、カルシウムが沈着した靭帯の脊髄神経が支配・対応する部位に影響を及ぼし、指先や下肢の痺れ、慢性の肩こりといった軽い症状から歩行障害や排尿障害、筋委縮が現れ、日常生活が著しく困難になる**ことがある」という。

この靭帯硬化症に似た症状では、筋委縮性側索硬化症・脊髄性進行性筋委縮症・進行性球麻痺の3つが挙げられる。これらは『運動ニューロン疾患』と呼ばれる。

このニューロンとは、神経細胞・神経突起（軸索）・樹状突起からなる神経単位のことだ。早い話、この症状は運動神経が侵される病気なわけだ。この原因がこのカルシウムの沈着にあると考えられるというのだ。

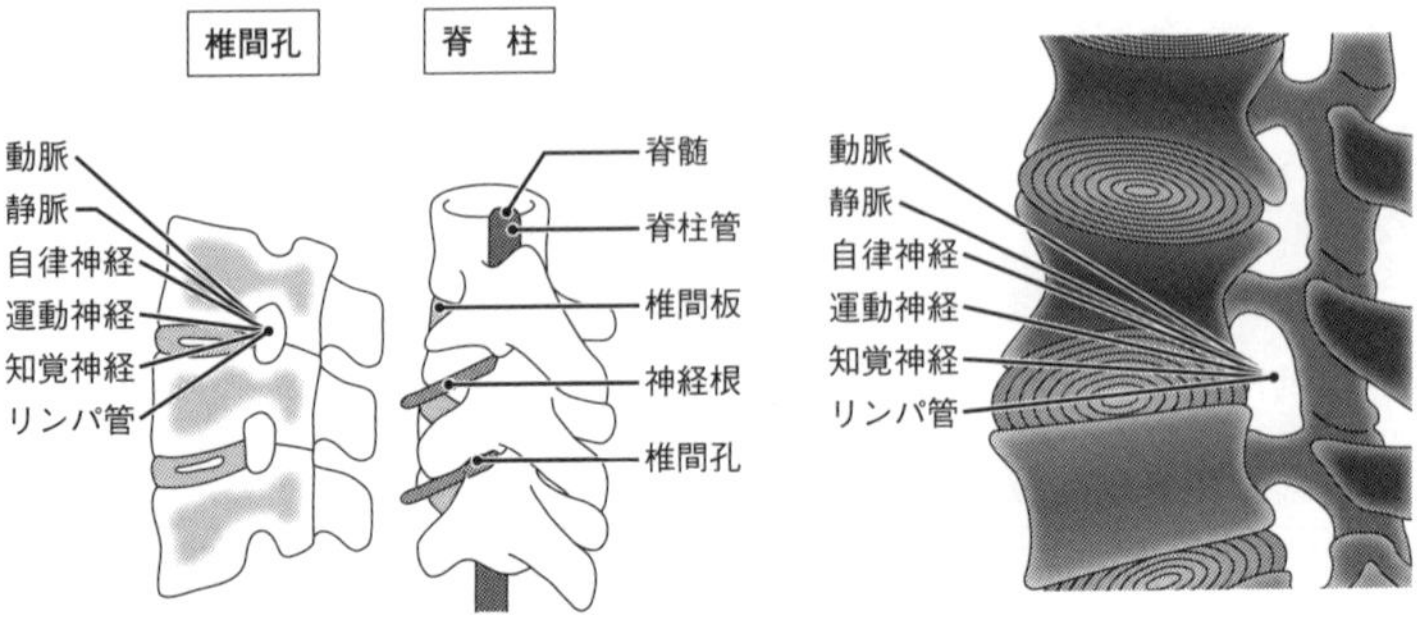

脊髄神経周辺にカルシウムが沈着し、うつ病などの難病を引き起こす⁉
出典：『健康で長生きは「骨」で決まる』（(株) 源齋）

簡単に言えば、神経の内側・外側にカルシウムが沈着すると、このような広範囲に現代医療が原因不明とする難病を引き起こすわけだ。

こうした難病は、悪玉カルシウムと呼ばれるイオン化カルシウム、またはカルシウム製剤を原因として起こる症状だ。薬局や病院からは高齢者に堂々とこの薬剤が勧められるので、これは飲んではならないという。

特に**頚椎骨のカルシウム不足によって起こる椎骨異常は、脳と脊髄神経に障害を引き起こし、精神病やノイローゼ、ヒステリー、頭痛、脳充血、てんかん、顔面神経麻痺、不眠症、半身不随などの他、胃潰瘍、目、鼻、耳の異常にまで広範囲に及ぶ**という。

これらの現代医療が苦手とする症状にカルシウム不足が関与するとあっては、脊椎骨と脊髄神経へのカルシウム沈着には十分な関心を払うべきではないか。

◎視床下部に余剰カルシウムが沈着すると自律神経が狂う

これは大変な朗報だ。なぜなら、筋委縮症や筋硬化症、脊椎側弯症などの難病は現在の整形外科などの現代医療ではほとんど改善させることはできないからだ。

また、統合失調症やうつ病、ノイローゼなどの精神障害なども、日本の心療内科や精神神経科の8割方は、カウンセリングを行い、向精神薬を投与するばかりのことが多い。いわゆる抑うつ剤の投与漬けだ。

現在、この自律神経失調症やうつ病は、大変深刻な問題だ。年間の自殺者数が10数年も3万人前後できた状況は、先進国の中では最悪であることは前述したとおりだ。

また、ある大手ハイテク企業ではうつ病が1万人を超えたという。あるいは大企業では10人に1人がかかっているとも言われ、これも打つ手がないのが現状だ。

これも長時間労働によるストレスで交感神経を使いすぎ、自律神経のバランスを狂わせたのが大きな原因だ。これにカルシウム不足が加わると、脊髄神経と自律神経系のカルシウム沈着が起こり、自律神経失調がさらに悪化する悪循環となるわけだ。

この症状を理解するには、脳の構造を大脳、小脳、脳幹の3つに大別するとわかりやす

自律神経のアンバランスから起こる病気

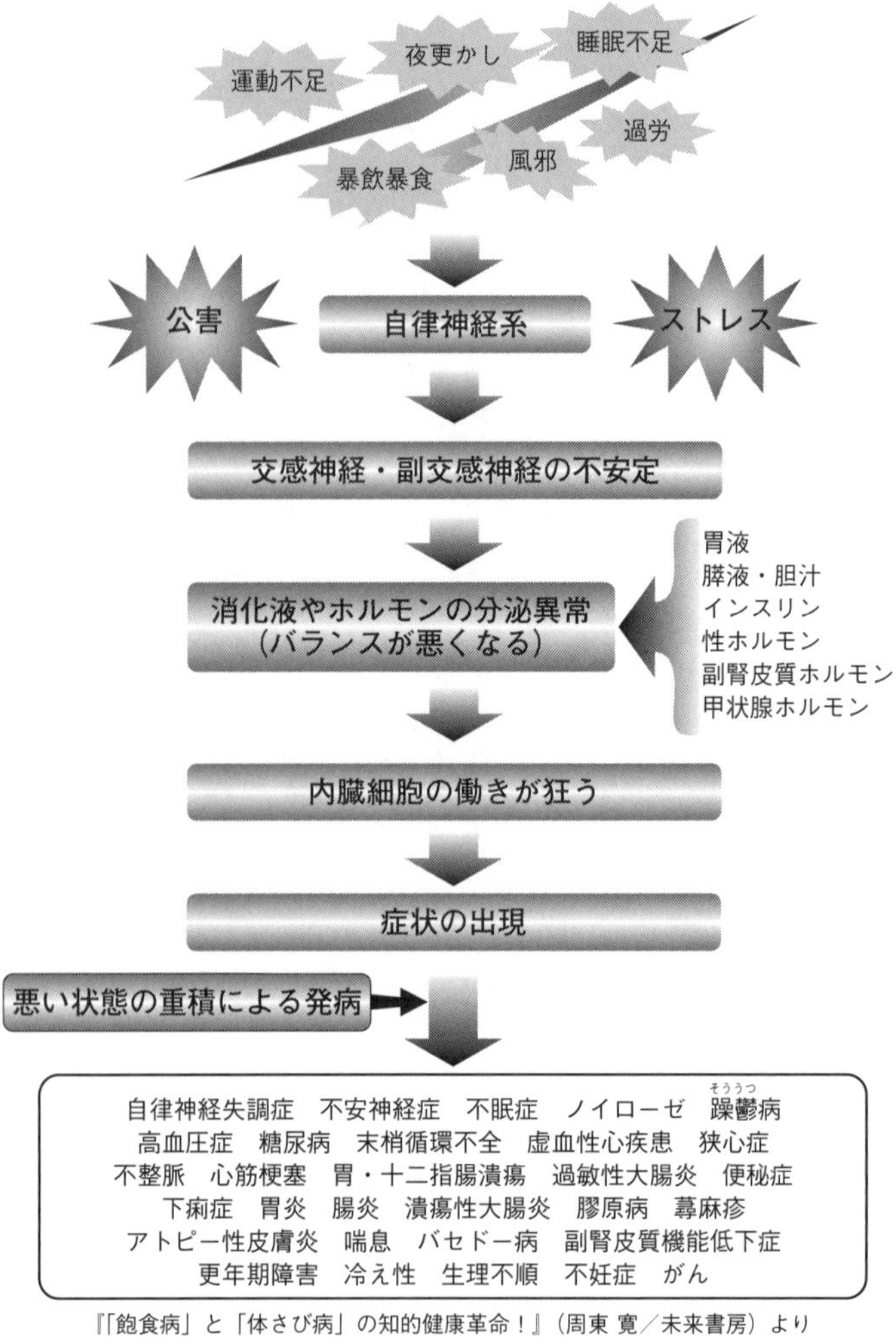

『「飽食病」と「体さび病」の知的健康革命！』（周東 寛／未来書房）より

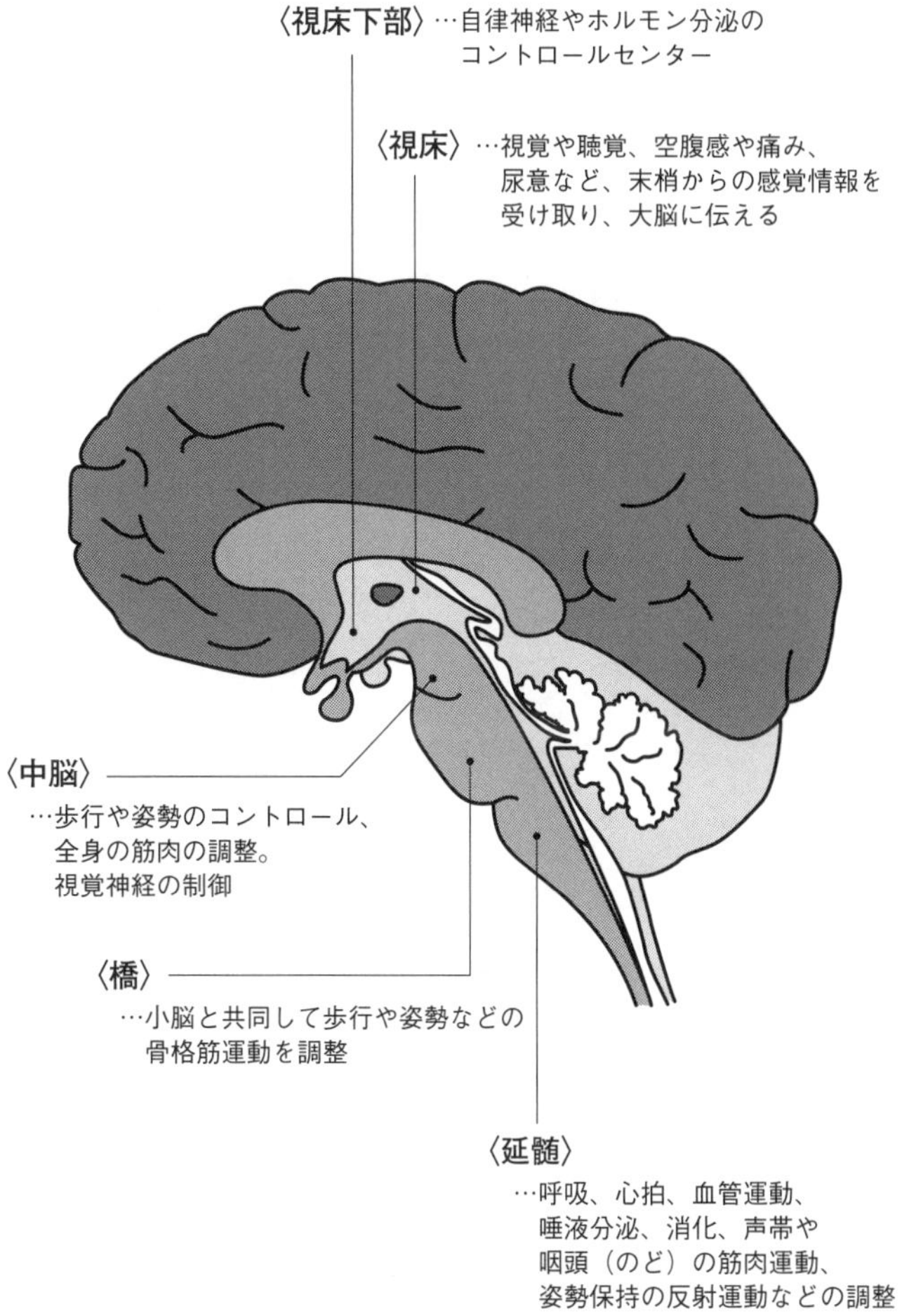
〈視床下部〉…自律神経やホルモン分泌の
コントロールセンター
〈視床〉…視覚や聴覚、空腹感や痛み、
尿意など、末梢からの感覚情報を
受け取り、大脳に伝える
〈中脳〉
…歩行や姿勢のコントロール、
全身の筋肉の調整。
視覚神経の制御
〈橋〉
…小脳と共同して歩行や姿勢などの
骨格筋運動を調整
〈延髄〉
…呼吸、心拍、血管運動、
唾液分泌、消化、声帯や
咽頭（のど）の筋肉運動、
姿勢保持の反射運動などの調整

い。

大脳は左右に分かれ、脳幹がこの左右の半球をつないで脊髄へとつながる。この脳幹の働きが体温の調や呼吸、心・血管系などをコントロールしているわけだ。

言いかえれば、体を一定に維持するホメオスターシス（恒常性）は、ここで維持、管理されていることになる。いわば、生命維持機能を担っている中枢センターと言える。

この脳幹内にある間脳は視床と視床下部に分かれ、視床下部が自律神経を支配し、臓器及び全身に影響を及ぼしているわけだ。

この視床下部に余剰カルシウムが沈着すれば、交感神経と副交感神経を支配している自律神経が狂い、バランスを失うことになる。これが自律神経失調症だ。

もしあなたが、**日常的に「よく眠れない」「目まいがする」「息切れ・動悸がする」「冷え症」「憂うつ」「根気がない」などの症状を訴えているとしたら、自律神経失調症の疑いが濃厚**だ。

いち早く今の暮らしを見つめ直し、過度に緊張を強いられないような環境をつくるか、カルシウム不足による脊椎系の異常を改善してみることだ。

今日はパソコン・ハイテク時代だ。会社で10時間前後、入力作業を行い、家に帰ってはテレビゲームやスマホを毎日やっている人が多いのではないだろうか。

今日、女子高生のスマホの作業時間は平均7時間にも上るという。まさしく、スマホ依存症というべきだ。7人掛けの電車の座席でほぼ6人ほどがスマホか、ケイタイを弄っている。まったく異常な社会が出現した。

しかし、これでは身がもたない。ヒーリングミュージックを聴いたり、お風呂や岩盤浴などで緊張をほぐし、リラックスする時間をつくる必要があるわけだ。

ある調査では、小学生が「1日300回以上笑う」のに対し、40代のビジネスマンでは「1週間も笑わない」が5人に1人いるという実態が明るみになった。

なんとも気の毒な結果だ。

笑いは、自律神経が正常かどうかのバロメーターだろう。笑えない環境で働いているとしたら、環境を変える努力が必要だ。

◎セロトニンの分泌を良くすれば情動が安定する

私たちは日常、笑ったり、怒ったり、悲しんだり、泣いたりして過ごしている。この情動に関係しているのが、エンドルフィン、ドーパミン、アドレナリンなどの脳内ホルモンだ。ジョギングや瞑想をしたりすると、爽快感が湧き、気持ちがよくなる。

これは〝脳内モルヒネ〟との異名があるエンドルフィンが分泌されたせいだ。逆に満員電車でギューギュー詰めにされると、イライラ、カリカリ、不快感を伴う。

これはアドレナリンが働いたせいで、やがて落ち着く。落ち着きを取り戻すのはエンドルフィンが作用した結果だ。

このホルモンを脳内で調整しているのがセロトニンというホルモン物質だ。腸内で多くつくられ、脳内に運ばれ、情動をコントロールしていることがわかっている。

セロトニンは、別名〝幸せホルモン〟とも呼ばれる。

要するに**このセロトニンの分泌が良ければ、私たちの喜怒哀楽の情動が制御され、情緒が安定した精神状態を維持できる**ことがわかってきた。

近年、現代人はこのセロトニンの分泌量が少なくなっているわけだ。

このセロトニンの研究では、東邦大学医学部の有田秀穂名誉教授が詳しい。「うつ病は生活習慣病の一種で、昼夜逆転の生活や朝から晩までパソコン作業に従事し、帰宅してはネットやゲームに興じる人の増加などがあげられ、そのことでセロトニン神経が弱り、うつ症状が誘発される」とズバリ明快だ。

前項で「運動ニューロン疾患」について述べたが、脳の神経細胞内には１２０億〜１５０億のニューロンが存在すると言われる。

健康な神経組織

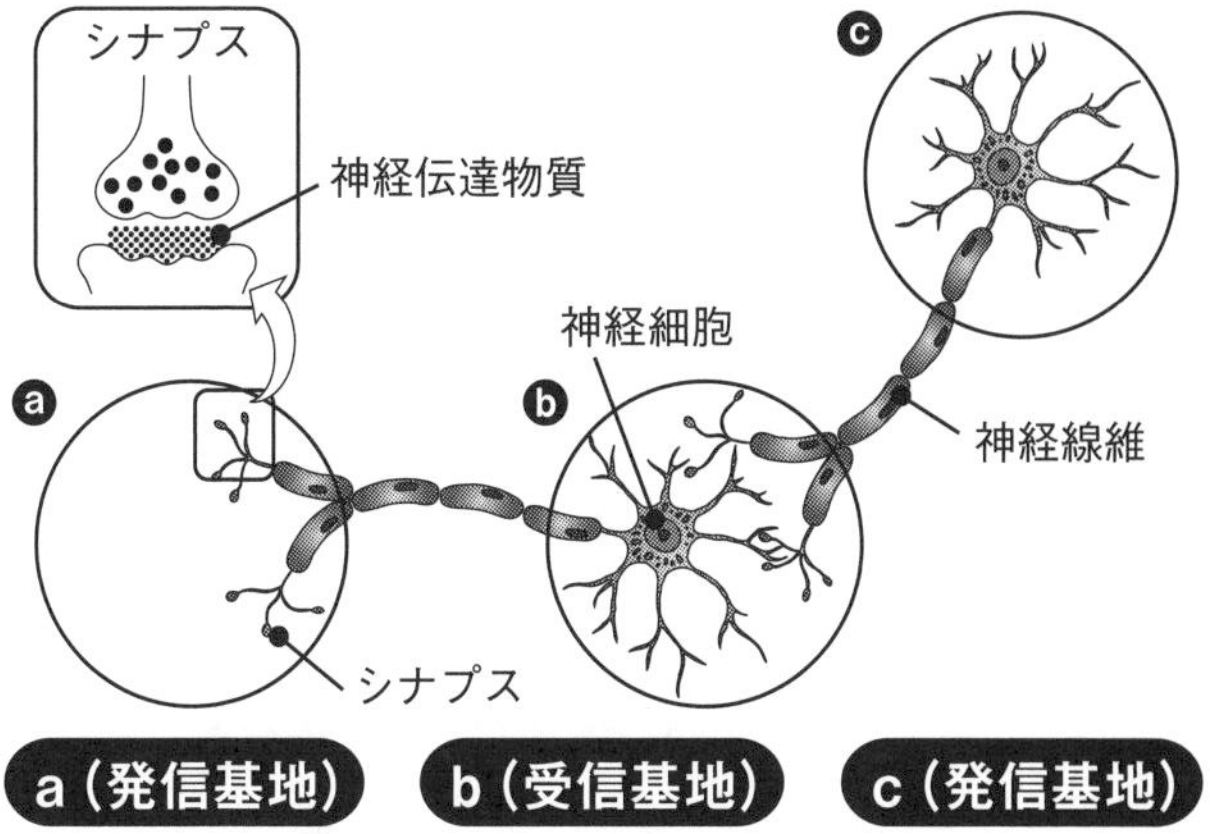

不健康な神経組織

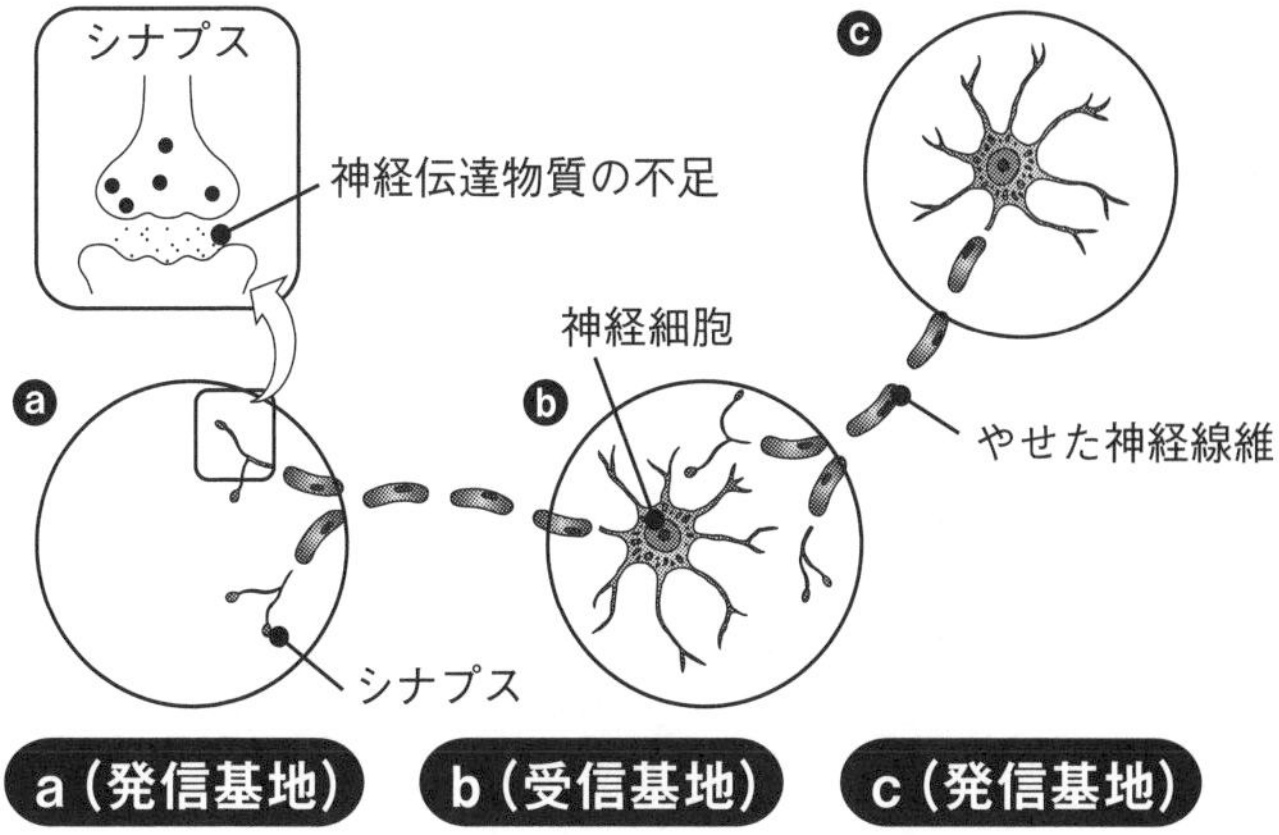

「難病を癒すミネラル療法」（中央アート出版社）より

これが図のようにaから情報発信され、bで受信し、cに到達できれば問題はないわけだ。

このaとbの接合部をシナプスと呼ぶのだが、このシナプスから神経伝達物質であるセロトニン、ノルアドレナリン、ドーパミンなどの電気信号（インパルス）がカルシウム・チャンネルを通じてbに届いているのが通常だ。

しかし、この神経細胞にカルシウムが沈着し、神経細胞が細くなっていたり、栄養素や酸素が運ばれていなかったりすれば、信号はショートを起こす。

そして空転、その先に進めなくなる。その原因には甲状腺などからのホルモン分泌も関係し、神経細胞の代謝機能が低下した場合に起こるというのだ。

最新の神経免疫学では、「この情報が伝達されないと、イライラしたり、怒りっぽくなり、いわゆる〝キレる〟症状となり、やがてうつ病に陥る」と考えられている。

もちろん、会社が倒産したり、失恋したり、夢や希望を失ったりなどの精神的なショックでも神経伝達物質が分泌されず神経線維がショートしたりする。

そこで突発的に自殺したりするケースもあるわけだ。

およそこのようなメカニズムが脳内で働いていることが推察されるのだ。

前出の有田教授は、この対策として、**「朝30分の速めのウオーキング、腹筋を使った呼**

吸（腹式呼吸）、ガムを嚙むなどの咀嚼を3～6か月実践すれば、セロトニン神経が活性され、確実にうつ病は改善できる」と述べる。

そして、さらにこのセロトニン神経が活性化すれば、原因不明で関節や筋肉が痛む繊維筋痛症やパニック障害、慢性疲労症候群なども改善してくれるというのだ。

これが『セロトニン健康法』というわけだ。

むろんのこと、体内でカルシウムをつくるにはビタミンDの補助が要る。このビタミンDは朝方の太陽光の特殊な光に当たることで生成されるので、朝の30、40分ほどのウオーキングや屋外での体操などの運動療法も併用したい。

◎バナナや大豆類はセロトニンの原料となるトリプトファンが多い

この脳内のホルモン物質をコントロールするセロトニンというホルモン物質は、トリプトファンというアミノ酸が構成成分だ。

前述した運動療法とともに、このトリプトファンが多いバナナや大豆類、鶏肉、卵、サツマイモなどを常食する他、腸内細菌叢を善玉菌優位にする味噌、納豆、醬油、漬物などの発酵食品を摂れば、セロトニン健康法は完結する。ただし、味噌や醬油は短期間で製造したものではなく、1年間以上寝かせた長期醸造のものがいい。

この豆類には神経伝達物質の原料となるレシチンが含まれる他、大豆イソフラボンが含まれており、若返りには最高の食材だ。

かつて欧米人と比べてアジアの女性が乳ガンにかかる率が非常に少なかったのは、この大豆類をよく食べていたからだった。

ノーベル賞を受賞したイギリスの学者が、2年間にわたり、恋愛中のカップルや夫婦を調査したことがあった。

この報告によれば、生理学的にどのカップルも、2年間は他の異性に関心を移すことはなかった。しかし、動物タンパク中心の食生活を続けたカップルは2年が過ぎると、他の異性に関心が移り、浮気をする傾向が見られた。

しかし、乳酸菌などを摂取したカップルでは、浮気は見られなかった。要するに腸内で善玉菌優位の環境がつくられ、〝幸せホルモン〟のセロトニンの生成が促進された。そして、相手に対していつまでも感謝の気持ちを持ち続けることがその要因であることが推論されたのだ。

肉食系芸能人に多い離婚話は、この欧米型食生活の産物なのではあるまいか。

いずれにせよ、うつ病と乳ガンの予防の観点からも大豆や発酵食品を摂り、永遠不滅生命体ソマチッドが棲みやすい腸内環境を整備することが現代人には必須だ。

腸内細菌叢がソマチッドを活性化する

◎除草剤『ランドアップ』を使った野菜を食べると子どもの半分がうつ病にかかる⁉

今日の現代人の食生活は残念ながら、大幅に変化を来し、欧米化してきていることは何度も述べてきたとおりだ。日本人がかつて常食してきた米の摂取にしても今日では1人当たり年間60キログラムを割った。

その代わりに増加しているのがパンやスパゲティなどの小麦類なわけだ。

しかし、この小麦類は、体内で炭水化物に分解され、最終的に糖化最終生成物（AGEs）に変性し、これが細胞中に増えると神経や血管を老化させることがここ7、8年の研究でわかってきた。

つまり、この糖化最終生成物が脳神経内で神経に付着するとアルツハイマー病を、血管に付着すると動脈硬化症及び糖尿病の合併症を、骨に付着すると骨粗しょう症を引き起こすことがわかってきた。

簡単に言えば、ラーメンやうどんなどの麺類、ギョーザ、パンなどに偏ったのでは老化が促進されるというわけだ。

おまけに小麦の輸入量の60％は米国から輸入される。この小麦は遺伝子組み換えの疑いが濃厚だ。かつて**史上最悪の毒物ダイオキシンを開発したバイオ企業モンサント社は、米国政府を後ろ盾にこのF1種と除草剤『ランドアップ』を抱き合わせ、世界市場の寡占に成功した**ことが明るみになった。

これを推進したのはJA農協だ。もはや日本の種市場もこのF1種に席捲された。

このF1種を使って育てた農産物を食べた子どもは、2025年までに50％がうつ病になることがマサチューセッツ工科大からこのほど公表された。

TPPに加入すると、無条件でこの遺伝子組み換えの農産物が安価で輸入される。しかも表示義務も撤廃される。まさしく米国の植民支配が完成する。

また、骨粗しょう症では、女性の30、40代の弱年層でも増加傾向にあるので、注意が必

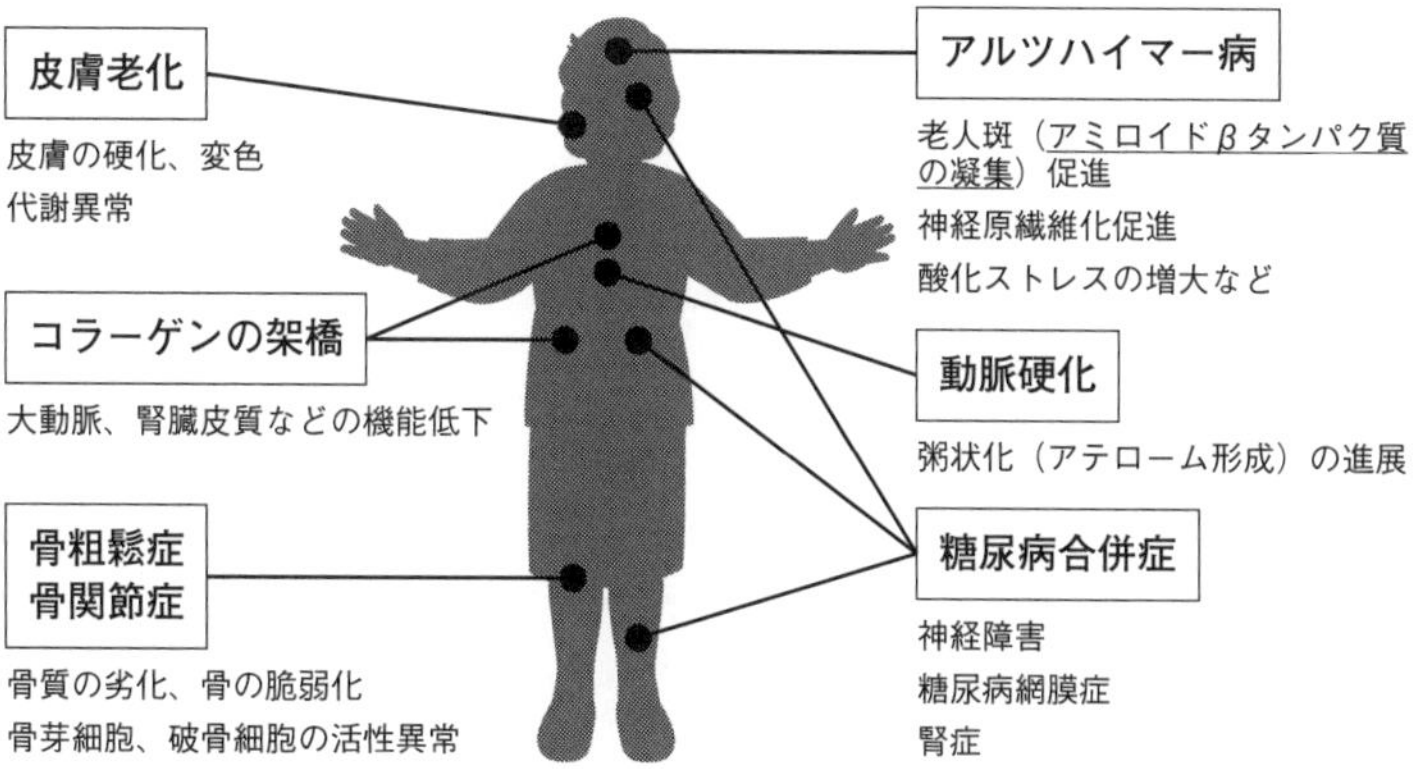

様々なトラブル（老化）の原因

炭水化物制限食は老化を抑制する

要だ。3章でも述べたが、こうしたカルシウム不足の女性が妊娠した場合、体内の骨からカルシウムが溶出され、著しく骨がスカスカになる。

したがって、妊娠中はカルシウムが豊富な食生活をすべきだ。非活性型カルシウムを補給するとともに、この問題の炭水化物は逆に30％ほど減らすことが若返りの秘訣だ。

血糖値や肥満に悩む方は、小麦、ご飯、パン、スパゲティ、麺類などの炭水化物を毎食30％ほどカットしてみたらいい。2、3か月で正常値に戻り、お腹もかなりサイズダウンする筈だ。病院が提示する糖尿病食よりも、ずっと効果的だ。

〝回虫博士〟の異名がある藤田紘一郎博士は、糖尿病協会が推奨する食事療法よりも、この炭水化物制限食で高血糖を2、3か月で改善できた。

◎骨塩量は20歳がピーク、過度なダイエットは骨粗しょう症を急増させる！

しかし、日本の若い女性の間では、過度なダイエットが流行っており、減量する必要がない女性が痩せようとしている。

例えば160センチの女性が体重55キログラムあって問題がないのだが、これを45キログラムあたりが理想と考えているようだ。

そして、朝食、昼食とも前述したような食事メニューを軽く摂り、野菜サラダやヨーグルトなどの乳製品を好む。果物や生野菜は酵素が豊富で悪いとは言えないが、体が冷えてしまう。

当然ながら、味噌汁、納豆、漬物などの発酵食品、煮干し、アジ、イリコなどの小魚類、小松菜やヒジキ、ゴマ塩などの非活性型カルシウムを豊富に含む日本の伝統食品はあまり食べなくなった。

ヨーグルトやチーズなどに含まれる乳清は、日本人は分解する酵素をほとんど持っていないので、消化できないことを認識すべきだ。

こうした食生活をなんとも思わないで摂り続ける若い女性の20年後、30年後の健康状態が不安視されるわけだ。

◎脊椎間異常や椎間孔異常が老人性認知症を誘発する⁉

骨粗しょう症の予防対策も急務だが、認知症の予防も大切であることはたびたび述べてきた。近年では、前述した食生活の誤りから、若年性認知症が増加傾向だ。この病にかかった場合、9割方、退職を余儀なくされる。

前述した頸椎骨は、脳と脊髄神経と密接に関係し合っており、今日、問題化してきた、脳の神経細胞が死滅したり、機能が低下したりすることで起こる老人性認知症も、脊髄神経系の異常が関係していることがわかってきた。

認知症の症状では、物忘れが酷くなり、ほんの少し前のことを忘れてしまったり、酷い場合は、食事をしたばかりなのに「まだ、ご飯を食べていない」と言ったりする。

また、街を徘徊したり、悪化すると妄想や幻覚症状なども現れる厄介な病気だ。

川村によれば、「頸椎第1・第2、第3の脊椎間異常や、椎間孔異常によって脊髄神経や自律神経が圧迫された結果生じるのです。このほか、大脳で記憶分野を担当する『海馬

ＣＡⅠ細胞』という神経細胞の破壊が考えられ、これにも悪玉カルシウムの服用によって血中のカルシウムが増え、海馬ＣＡⅠ細胞内に不必要なカルシウムが沈着し、細胞を硬化させ、破壊してしまうからに他なりません。

認知症の極端な〝物忘れ〟現象は、こうした海馬ＣＡⅠ細胞が破壊されて起こる結果と言えるのです。さらに**心臓の拍動や呼吸の一時停止、脳卒中などの際、血液が滞って生じる一時的な記憶喪失も、この海馬ＣＡⅠが破壊される**ためだと考えられます」とのことだ。

近年増加傾向のアルツハイマー型認知症にしても、脳内の神経細胞の広範な進行性の萎縮によって起こるもので、現時点で有効な治療法は見つかっていない。

しかし、ソマチッドを豊富に含む風化貝化石末や隈笹エキス末、ヨモギやスギナ、水溶性ケイ素などを摂取することで、認知症の改善症例が報告されてきた。

対症療法では、アリセプトという薬剤が知られるところだが、良くて進行を抑制するくらいの効果だ。この薬剤で改善できることは報告されていない。

過去１００年間、脳内で死滅した神経細胞は再生することはあり得ないというのが医学常識だった。近年では脳神経は再生する、またはバイパスをつくり、死滅した細胞を補てんする機能があることがわかった。１００年間定説だった医学常識は崩れてきたと言える。

◎発酵食品は100兆個ある腸内細菌叢を改善、放射能分解効果もある

こうした症状を予防するには、日ごろから動物タンパクと乳製品の摂取は制限し、米国のセレブが実践している魚介類や野菜中心の日本の伝統食を意識的に摂ることが大切だ。特に旬の野菜や果物には、永遠不滅微小生命体ソマチッドが豊富に含まれている。

また、**血流をサラサラにするイワシやサンマなど、DHAやEPAなどのオメガ3脂肪酸を含む青魚は、脳神経細胞の原料になるのでこれも意識的に摂るのがいい。**

味噌、納豆、豆腐、醤油、漬物などの発酵食品は、腸内細菌叢を善玉菌優位にし、前述したセロトニンの生成を促すことは前述した。セロトニンが増えれば情緒も安定し、脳内ホルモンのバランスが改善される。

さらに発酵食品を日常的に摂ると腸内に乳酸菌が増加し、腸壁が正常に働き出すのだ。この腸内には300種類、100兆個の腸内細菌が共棲しており、およそ10%ずつの善玉菌と悪玉菌、そして80%の日和見菌で構成されていることがわかっている。

実は腸は、これまで〝第2の脳〟と言われていたが、近年では、〝第1の脳〟という声も強まってきた。それは無意識にコレステロールや中性脂肪の代謝、糖の代謝に必要な血

清中の成分を調整したり、腸内のｐＨ値を調整、病害菌の増殖や有害物質の産生と吸収を抑制する作用なども判明してきたからだ。

この他、発ガン物質を分解したり、有用なビタミンを合成し、体調を整える作用まで有している。また、自分の体に合った栄養素を吸収し、不要な栄養素は排泄し、自分の理想的な体重をコントロールする働きもあることがわかってきた。

この腸内で何らかの原因で悪玉菌が優位になると、

① タンパク質を分解してできるアンモニアや硫化水素、インドール、アミンなどの悪臭物質を発生する。

② 発ガン物質であるニトロソアミンなどを生成する。

③ 有害菌や病原菌の異常増殖によって下痢や便秘などを引き起こしたりする。

したがって、排便の色が黒く悪臭がしたり、水中に沈む。または、便秘が長期間続き吹き出物が日常的に出ていたりする場合は、腸内は悪玉菌に支配されている証拠だ。

さらにこの腸管には免疫細胞が70％前後集中しているので、腸内細菌叢のバランスがガン発症にも大きく関与しているわけだ。

消化管の長さは約8m～9m(身長の5倍ほど)

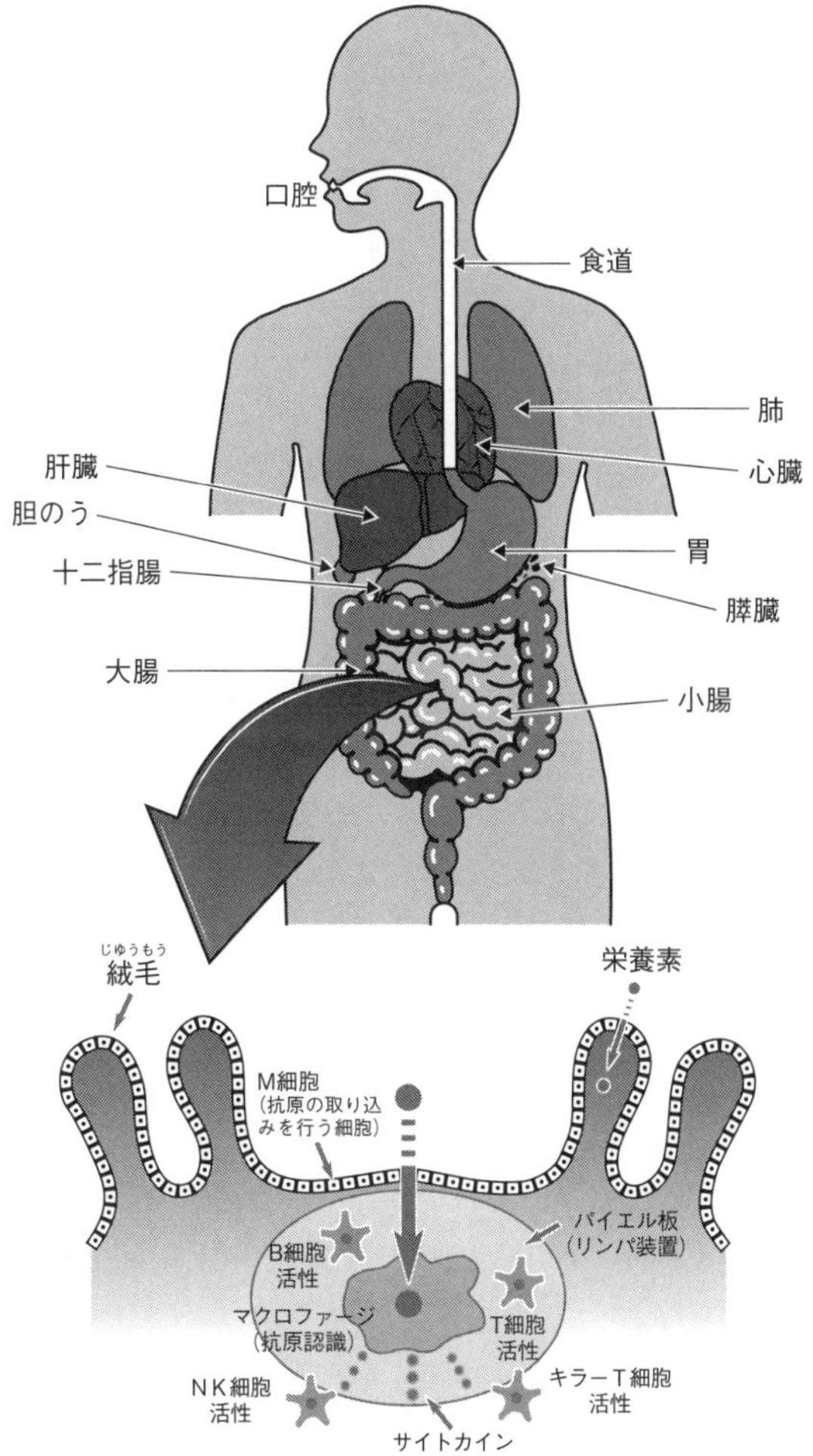

腸には自律性があることから“第1の脳”との声が高い

◎乳酸菌などのバクテリアが福島原発事故による放射線被害を無害化した⁉

善玉菌が優位の環境下では、永遠不滅生命体ソマチッドが活性化し、千島博士が述べたように正常な血液から赤血球がつくられ、組織細胞も円滑に生成、または再生され、アンチエイジング効果が発揮できるのではないだろうか。

言いかえれば、ＳＴＡＰ細胞が赤血球でつくられているとも言い切れるのではないだろうか。

善玉菌の代表が乳酸菌やビフィズス菌などで、玉ねぎやご飯に含まれるオリゴ糖はこの餌になる。発酵食品は整腸作用があり、善玉菌優位の環境をつくることができる。

乳酸菌が豊富な味噌は、チェルノブイリの原発事故の時、大量にロシアに送られ、放射線障害の改善に大きな力となった。**乳酸菌には放射線で破壊された腸壁を正常化する働きがあった**わけだ。

乳酸菌などのバクテリアが放射線を無害化するというエピソードがある。

無農薬・無化学肥料でリンゴを栽培した青森の木村秋則さんはすでに全国的に著名だ。

福島原発の近くで木村さんの自然農法で稲作を行った農家があった。この田んぼで穫れた

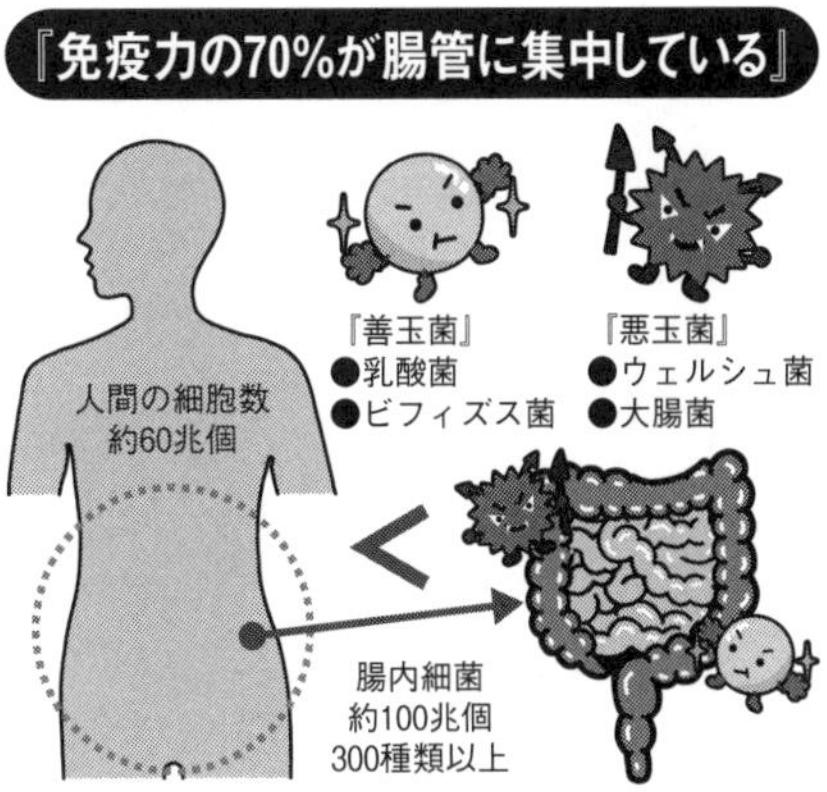

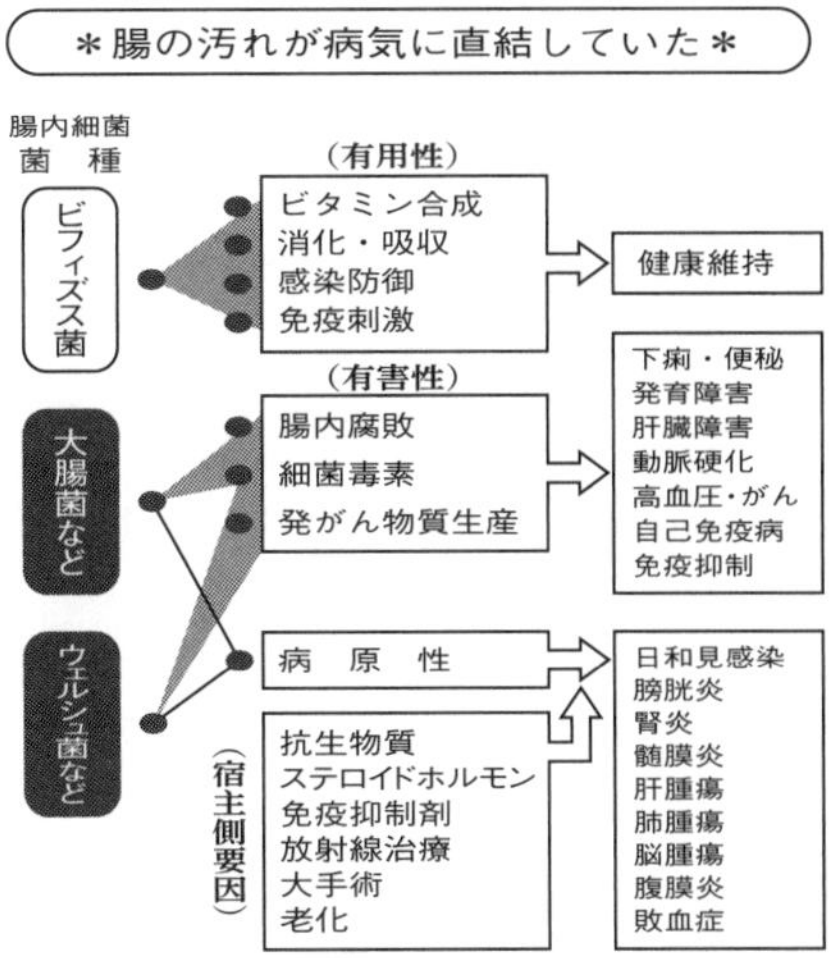

出典：『再生医療を変革する珪素の力』（コスモ21）

米からはなんと放射線が検出されなかったのだ。

簡単に言えば、木村式自然農法の田んぼでは、土壌菌が活発化し、この土壌菌が放射線を分解していたらしいのだ。微生物は、地球誕生の時代から放射線を浴びて棲息してきたので、放射線防御効果を身に付けていたわけだ。

福島原発の除染もこの土壌菌を活用すれば、活路が見えてくるのだが、なぜかこの技術が採用されたという話は聞こえてこない。

◎小松菜、ヒジキなどの伝統食や、アジ、サンマなどの小魚の摂取が若返りを促進する

むろんのこと、風化貝化石末や隈笹エキス末、水溶性ケイ素などの摂取は、生命力と自然治癒力を高める永遠不滅生命体ソマチッドを活性するなど、食養生だけでは難しい症状の改善が可能なわけだ。

前述のとおり、活性型と言われるイオン化カルシウム製剤が神経や血管、細胞内に沈着し、慢性病を招くだけでなく、現代医学が原因不明とする難病なども引き起こすことがわかってきた。

このイオン化とは、物質が水に溶け、原子や分子が電荷（プラス、マイナス）を持った状態のことを言う。非活性型カルシウムと分類されるヒジキや小松菜、小魚、風化貝化石末も体内で吸収、分解される。そして、最終的にイオンとなって存在し、イオン化カルシウムと同じ仲間となるのだが、臨床試験では著しい差が生じることがわかった。

どうも体内で徐々にイオン化した場合と、最初からイオン化され、体内に入ってしまうことに大きな差があるようだ。

要するに**このイオン化カルシウム製剤などは、最初からイオン状態なので体内吸収が早**

く、骨に吸収される前に血中に入り込み、血中のカルシウム・バランスを崩してしまう。

そして、血管や細胞組織、骨に異常を引き起こすことがわかったわけだ。

これを防ぐには第1に毎日の食養生で腸内細菌叢を改善し、ソマチッドが活発化できる腸内環境をつくっておきたい。

低体温・低酸素を改善すれば発ガンは阻止できる

◎適正カルシウム・バランスがミトコンドリアを活性化する

前項で人間は60兆個の細胞から構成されていると述べたが、この細胞1つ1つが元気でないことには、組織細胞の健康もあり得ないだろう。

実は、この1つ1つの細胞の中には、細胞膜があり、ミトコンドリアという、〝体内発電所〟との異名があるゾウリムシのような原始生命体が200個から数千個共棲しているわけだ。

そして、その発電所内では、私たちが食べているタンパク質や脂肪などの栄養素が運ばれ、ここで分解され、〝アデノシン三リン酸〟（ＡＴＰ）というエネルギーがつくられている。

このＡＴＰが細胞組織に届けられない限り、細胞は代謝することができないのだ。私たちが生きてゆけるのは、このＡＴＰが細胞に届けられるからだ。

これがＴＣＡサイクル（クエン酸回路）というノーベル賞受賞理論だ。

言いかえれば、細胞内にいくらガソリンがあってもこれを発火する装置がなければ、ガソリンが燃焼できず、車は走ることはできない。ガソリンが燃焼し、そこでエネルギーを得て、車は初めて走行することができるわけだ。

この発火装置はこのミトコンドリアという燃焼機関に相当し、動植物はこのミトコンドリアの働きなしには体温もエネルギーもつくることができないのだ。

したがって、このＡＴＰこそが生命の根源で、万物を動かすエネルギーというわけだ。

このミトコンドリアも適正なカルシウム・バランスが維持されると、健全に働くことができる。ここにも余剰カルシウムが流入し、沈着すると、ミトコンドリアの働きが阻害され、ＡＴＰをつくるのにも障害が出てくるわけだ。

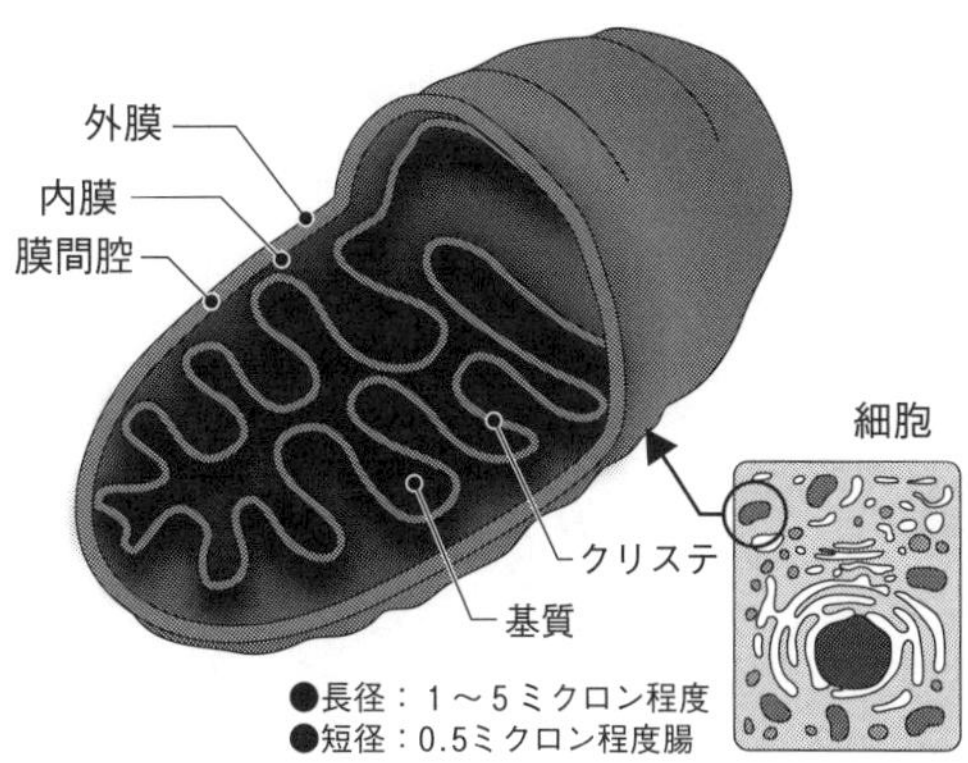

“アデノシン3リン酸”はミトコンドリア内で作られる

ここで**ミトコンドリアの機能が低下すると、正常細胞の代謝が損なわれる他、低体温症や免疫力の低下、近年では、ガン細胞の死滅（アポトーシス）誘導作用に重大な障害を及ぼす**ことが医学学会で報告されてきた。

むろんのこと、永遠不滅微小生命体ソマチッドは、こうしたミトコンドリアの活性が損なわれる環境を酷く嫌う。第2章で述べたように肉体を包むアストラル体やメンタル体、エーテル体などのエネルギー体が魂に連動、ソマチッドが活発化できれば、この細胞内ミトコンドリアも活性化するわけだ。

私たちの体内で健康な人でも1日3000個～6000個ものガン細胞が発生する。それにもかかわらず、発ガンしないのはこのガン細胞を発見し、食べてくれるマクロファージという免疫細胞の働きのおかげだ。

また、この他にガン細胞に自殺誘導（アポトーシス）の指令を出すチトクロムCという酵素がミトコンドリア内で生成され、ガン細胞に自殺誘導を引き起こすことがわかっている。

近年、ガン患者には、明らかにミトコンドリア内で産生されるチトクロムCが少ないことが医学的に証明され、学会報告されている。したがって、体内のカルシウム・バランスが崩れ、ミトコンドリアの機能が低下すると私たちはガンにかかりやすい体質となるわけだ。

現在、ガンにかかるのが2人に1人と言われ、3人中1人がガンで死んでゆく異常事態は、永遠不滅微小生命体ソマチッドの活動低下と、ミトコンドリアの機能が大きく損なわれている可能性が高いことが考えられるのだ。

◎カルシウム不足が免疫力を低下させ、ガン細胞の異常増殖を促す可能性が高い

実は、ガン細胞を食べるマクロファージや、単独でガン細胞を攻撃するナチュラルキラー（NK）細胞にしても、免疫細胞間でカルシウムを使い情報伝達し合いながら、ガン細胞を攻撃するわけだ。この時、血中のカルシウムが減少し、適正バランスである血液＝1万個：細胞＝1の比率が崩れると、細胞内と細胞外のカルシウムの差が縮まり、細胞間の情報伝達も途切れ、免疫細胞の力が著しく低下してしまう。

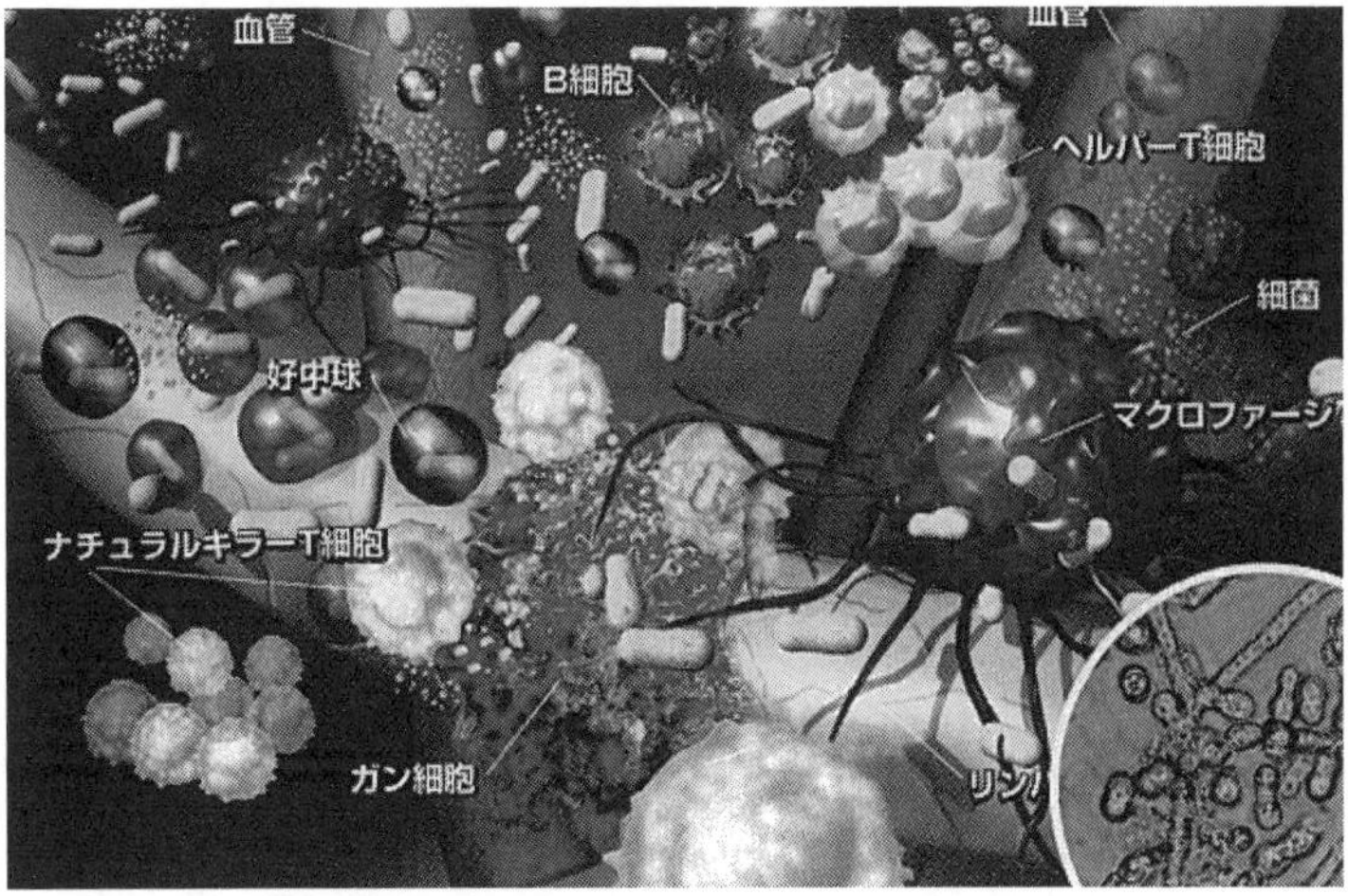

血中のカルシウムバランスが崩れると免疫機能が低下する

そして、小さなガン細胞の芽を発見することも、捕らえて食べてしまうこともできなくなるわけだ。その結果、免疫力よりもガン細胞の力が上回り、ガン細胞は増殖を続けてゆく。

こうした力のせめぎ合いが体内で起こり、当初100万個くらいだったのが、10年～15年かけて細胞分裂を繰り返し、およそ1グラム、10億個にまで増殖すると考えられている。これが検診で発見されるわけだ。

また、血液中でカルシウムが減少すると、副甲状腺ホルモンの分泌が促され、骨のカルシウムが遊離し、血液中に溶出し、骨密度が低下することは何度も述べた。

さらに、副甲状腺ホルモンには細胞内にカルシウムを取り込むというもう1つの作用がある。そこで細胞の分裂と増殖を促すことになるのだ。つまり、体内のどこかでガン細胞が異常増殖している可能性が高いわけだ。

簡単に言えば、**体内でカルシウムが不足すると、情報伝達の働きが低下し、免疫力がガン細胞を発見できず、増殖を抑制できなくなってしまう。**さらにそれだけでなく、副甲状腺ホルモンの働きでガン細胞が異常増殖するという二重のリスクが高まってしまうのだ。

極論すれば、カルシウム不足が発ガンを促し、ガンの増殖に力を貸しているということにもなるわけだ。

したがって、非活性型カルシウムをよく摂り、カルシウム不足から脱却することが発ガン予防の大きな戦略だ。

高齢者になるほど発ガン率が高いのは、こうしたカルシウム不足が根底に潜んでいることが考えられるわけだ。

◎ガンを治癒する5つの養生法とライフスタイルのススメ

ガン攻略法を整理すると、

① カルシウム不足を補うため、風化貝化石末や隈笹エキス末などを摂り、体中のソマチ

ッドを増やし自然治癒力を高める。

② ミトコンドリアが大好きな太陽光を浴び、岩盤浴やガン細胞が苦手な42℃のお風呂で体を温める。

③ 有酸素運動を行い血中の酸素濃度を高める。

④ 炭水化物の摂取を制限し、ガン細胞が大好きなブドウ糖を断って兵糧攻めにする。

⑤ 腸内細菌叢を活性化する乳酸菌などの他、味噌や納豆、漬物などの発酵食品を摂り、ミネラル・ビタミンが豊富な生ジュースなどを毎日摂ることなど。

もちろんのこと、資金の赦すかがり、風化貝化石末や隈笹エキス末、水溶性ケイ素などの他、免疫力を高める乳酸菌や黒酵母菌など、厳選すれば素晴らしいサプリメントもあるので、できるだけ活用したい。

中でもガン細胞は42℃の熱を加えると細胞外に熱を発散できず、熱がこもり死滅するという弱点を持っているので、患部に直接赤外線を放射する温熱機器などを当てるのが最も効果的だ。

◎体温が1度上昇すれば、免疫力は5、6倍高まる

また、病気を治すタンパク質ヒートショックプロテイン（ＨＳＰ）を分泌するＨＳＰ入浴法はお金がかからないので、ぜひ実行したい。

40℃で20分湯船につかる『HSP 入浴法』

愛知医科大学の伊藤要子准教授が勧めるＨＳＰ入浴法はこうだ。

要約すれば、週2回、42℃なら10分、40℃なら20分湯船につかる。この時５００ccほどの良質な水を補給することも大切。残りは半身浴など普通の入浴法でかまわない。

ガン患者は、ほとんど35℃台の低体温なので、この入浴法を1、2か月続け、湯船で口にくわえる体温計で38℃に体温が上がるようになったらしめたものだという。

それは細胞が体質改善し、代謝が向上したこ

とを意味するからだ。入浴後は冷たい水など飲まず、タオルケットなどで保温する。この温熱療法や入浴法で体温が1℃上昇すると、免疫力は約5、6倍ほど高まり、基礎代謝もアップし、体内の酵素の働きも50％以上に活性化すると言われる。

◎自分でガンの攻略法を見つけた人の治癒率が高い

ガン治療で一番大事なことは、意識の変革だ。ガンは、あなたの誤った食事や生活スタイルが引き起こしたものだと言える。したがって、それを改善すれば、ガンを克服することができるわけだ。

このことを理解し、自分でガンを治せる養生法やガンの攻略法を勉強し、〝自分の病は自分で治せる〟という自覚を持つことだ。

「病気は医師が治してくれる」「サプリメントを飲めば治る」とか、安易に考えないことだ。しっかり、ガン発症のメカニズムを理解し、抗ガン剤や放射線などしか選択肢がない現代医療さえ受けなければ、末期ガンと言えども延命、または共存が可能なのだ。

注意しないといけないのはこうした養生法で自然治癒力が向上し元気が出てくると、病院では必ず、「元気が出てきたので抗ガン剤を投与しましょう」と誘う。

この誘いに乗って命を落としている人は全国に相当数存在する筈だ。したがって、病院任せ、医師任せの態度では自分の命を護れるかどうかは疑問だ。

少なくとも、自分はなぜガンになったのか、どうすることでガンが治癒に向かうかを勉強すべきだ。自分でつくった病は自分で治せることを自覚することが生還への大条件だ。これはガン患者を治癒に導いている多くの代替療法家の見解なのだ。

発ガンはあなたの食生活やライフパターンが誤っていたことへの気づきのきっかけではないか。**この修正と理解が得られ、前向きな精神性が魂と連動すると、永遠不滅微小生命体ソマチッドを活性化。そして、遺伝子ＤＮＡがスイッチオンされ、自然治癒力が作動し始める**のだ。

人は艱難辛苦し、しのぎを削る社会で思い患うために生まれてきたのではないのだ。幸せを実現し、生かされていることに感謝し、世の中に喜ばれる。自分自身も「生きて良かった」との実感を抱きながら、この世を旅立ってゆくのがいい。後に訪れる来世では、さらにいい人生が待っているはずだ。

永遠不滅生命体ソマチッドと同様、魂もまた、永遠不滅の転生を繰り返しているのはほぼ間違いないようだ。

エピローグ　人類最大最後の秘密の扉が開く

永遠不滅生命体ソマチッドがパラダイムシフトを引き起こす

◎〝ソマチッドはＤＮＡの前駆物質である〟

謎に満ちた永遠不滅生命体ソマチッドについて綴ってきた。「そんな馬鹿な！」と思われた方もいらっしゃるのではないだろうか。

特に対象が史上最小の極小永遠生命体で、高濃度放射線や殺菌用紫外線を当てようが、２００℃以上の熱をかけても酸化剤をかけても死ぬことはなく、永遠に不滅とあってはなおさらかもしれない。

その上、ソマチッドの中には核もない。したがって、遺伝子ＤＮＡもＲＮＡも存在しない。生物学者ガストン・ネサンによれば、「ソマチッドはＤＮＡの前駆物質である」というのだ。こうあっては、かつて19世紀にウイルヒョウが唱えた『細胞分裂論』を定説とする現代医学では、到底理解されないに違いない。

とはいえ、ネサンが行った白い兎と黒い兎のソマチッドを入れ替える実験では、明らかに遺伝情報が交換されたことが実証された。さらにラットの肉片とソマチッドを入れ、真空密封した容器を窓辺に置いた。

通常なら、腐敗するか、ミイラ化する筈が生き物のように今も成長を続けているというのだ。この肉片を日本の医師、数人が目撃した。

全員が、現代医学が及ばない生命科学を目撃、カナダのネサンの研究所から帰国した。

もはやパラダイムシフトしなければ、永遠不滅生命体ソマチッドの謎は解けない。

◎2012年12月22日から何かが動き出した⁉

実は、本稿では前世療法やリーディング、遠隔ヒーリングまで踏み込むつもりはなかった。ソマチッドを高含有する食品を摂取することで、カルシウム・バランスの乱れから発症するガンや心筋梗塞、脳梗塞、認知症、うつ病などの難治性疾患が解消できる可能性が高いという情報を伝えたかった。

しかし、どこかでシンクロが始まっていたようだ。

2012年12月22日、ホピの予言ではこの日をもって新しい暦に入ったらしい。巷間伝えられるように、地球は新しいフォトンベルトに突入したのかもしれない。

以来、想ったことが実現するのが実に早い。

偶然、本棚を整理中に10年前に仕舞い込んだ本を見つけた。この本がチベット奥地に伝わる『トランス・ヒマラヤ密教』を説いたものだった。

この地は、なぜか地図帳にもトランス・ヒマラヤと記載される謎のエリアである。この近辺には〝シャンバラ〟とも呼ばれる理想郷があるという説が濃厚だ。

筆者の知り合いの会社経営者は、「このエリアで聖者が壁に消えたり、なにもない空間からコップにビールをなみなみと満たしたこともあった」と言い、信じられないことが当たり前のように起こるというのだ。

◎人間のエネルギー体と魂が連動、ソマチッドが活性する

まさしく、この秘教はここで覚者となった人物が明らかにした宇宙や人間の構造の言い伝えらしく、本文で述べたエーテル体やアストラル体などのエネルギー体と魂との関係、輪廻転生などを明らかにするものだった。

この書によれば、人間の内奥には〝モナド〟または〝真我〟と呼ばれる神性が宿ってい

るというのだ。この神性は魂と連動、ソマチッドと感応するものらしい。

前世リーディングや遠隔ヒーリングは、人間が記憶している過去のカルマを解消し、魂に癒しを与え、ソマチッドを活性化、遺伝子ＤＮＡをスイッチオンするという。そして、自然治癒力や免疫力を向上するというのだ。

アカシックレコーダーやヒーラーの実践例を述べたが、現代医療でも改善できなかった症状が、３、４か月もたたないで消失しているのだ。

人間が肉体のみで成り立ち、異常な部位の症状のみを抑える現代医療では理解不可能な改善例が報告されているのだ。

ここで述べた永遠不滅生命体ソマチッドは、怖れや不安、疑念、絶望などのネガティブな感情を酷く嫌うようだ。前向きでワクワクするような、世の中に受け入れやすい感情と反応することで、活性化するという。

トランス・ヒマラヤ密教が説くところのエネルギー体などの多重構造からなるパーソナリティー、または人間そのものの生命が躍動し、魂、または霊性が高まった時、ソマチッドが活性化するようなのだ。

それはまるで宇宙万物をつくった創造神の意思でもあるようだ。

◎〝シャンバラ〟は亜空間のような世界に存在していた

そう思っていたら、6月に入ってまたシンクロが起きた。なんと今度は、ヒマラヤに存在する謎の〝シャンバラ〟を目撃したという、ほぼ覚醒した女性と出逢った。

この女性は大企業や自治体のコンサルテイングを生業とする傍ら、個人カウンセリングで悩み相談や病気の根本指導を行う元スーパーモデルであった。

この元スーパーモデルは20代で大病した後、精神世界に目覚めた。そして、インドをはじめスリランカ、インドネシア、チベット、ヒマラヤなどを歴訪、行を重ねた。ヒマラヤでは毎日40キロメートルのトレッキングをしていた。

こうした中、徐々に魂が覚醒し、ヒマラヤの奥地に達した時、幽玄とも言える〝シャンバラ〟を目撃したというのだ。

やはり、この〝シャンバラ〟は、3次元世界のようではなかったという。亜空間のようなおぼろな世界に存在していたように思えた。

こうした世界に自在にアクセスできた聖者は、この世の仕組みやあの世の仕組み、宇宙の構造、神々の世界などを知ったようだ。インドのヨーガや中医学などもこのヒマラヤ密教の影響を多分に受けたのではないか。

あのイエス・キリストが奇跡を行えたのはここの聖者から指導を受けたからという説もある。

この2つのシンクロが重なり、筆者は、多次元世界の存在に確信を持った。そして、**この多次元世界とも3次元世界を自在に行き交うエネルギー体こそは、魂と連動し、ソマチッドと呼応、遺伝子ＤＮＡをスイッチオンし、自然治癒力を向上するのではないか**という結論に至った。

◎現代科学の既成概念に捕われた〝科学教〟から脱出しよう

ソマチッド研究家として知られる生物学者ガストン・ネサン博士の見解と日本のソマチッド研究家の見解は、多少食い違いがあるようなのだが、血中には明らかに極小の微小生命体が意思でも有しているかのように活動しているのが撮影されている。

現代科学では理解不可能なソマチッドの特性をネサン夫妻は、以下とした。
●ソマチッドはエネルギーの具現であり、生命が最初に分化した具体的な形態である。
●ソマチッドは動植物の生きた生体で伝達できる遺伝的特質を持っている。

●ソマチッドは基本的に電気を帯びており、互いに近づくと自動的に反発する。
●ソマチッドは、史上最小の生きた『エネルギーコンデンサー』である。

そして、この生命体こそ、生きとし生けるものすべての生命体に存在し、生命体の自然治癒力を担っているのではないかと考えた。

この世界の予備知識がない人では、到底ついていけない特性かもしれない。

無論のこと、ここまで綴ってきた実例と推論は、ほとんど現代医学や現代の生命科学では理解されにくいだろう。何しろ、人間が死んだら、あの世で魂と精神性を修正を施し、再度転生、魂の進化を目指し、何度も転生を繰り返すことをと説いたのだから。

「まったくナンセンス、非科学的！」というのが現代医学や科学者の見解に違いない。とは言え、非科学的と言ってここで綴った実証例やソマチッド研究家の見解を無視、精査もしないという態度は科学的とはいえないだろう。

それこそが〝科学教〟という、罠に嵌った証拠ではだないだろうか。

現代医学の定説となっている『骨髄造血説』にせよ、その証拠は見つけた学者は皆無と言われる。また、脳細胞は20歳過ぎて、細胞再生はあり得ないとする１００年間の定説が近年、ひっくり返ったではないか。

筆者は、アルツハイマー病を病んだ70歳代の女性が見事に日常生活にまったく支障がないほど回復した症例、また、片目が黄斑変性症で失明したが、2、3か月で改善、これも見事に社会復帰、車を運転している70歳前後の女性もインタビューした。

これをどう考えれば良いのか。明らかに一度死んだ細胞が再生したとしか考えられないのではないだろうか。

◎〝宇宙に始まりもなければ、終わりもない〟

古来、科学は既成概念を疑い、まったく奇想天外な発想から新しい学説が生まれ、進歩してきた筈だ。既成概念の肯定からだけでは、進化、進歩は生まれないことを知るべきだ。

しかし、この本を手にとった方の間では、ここで明かした事実は常識的な範疇だと思う。また、20世紀になって現れた宗教家や霊的な指導者が説いた内容とほとんど酷似するに違いない。

今日、量子物理学が進展し、素粒子やニュートリノの世界が解明され、霊界、または神界から送られてきた宗教家や霊的な指導者の見解の謎が理解できるようになったことだ。

この中で、永遠不滅生命体ソマチッドが登場したことで、天才学者千島喜久夫博士らが説いた『腸管造血説』や、あらゆる細胞組織は赤血球を大元とする『赤血球分化論』説も理解できるのではないだろうか。

今や、時代はアクエリアス、水瓶座に移行、新しいバイブレーションが宇宙に攪拌してきた。ビッグバン説も疑わしい。〝宇宙に始まりもなければ、終わりもない〟が正しいのではないだろうか。

永遠不滅生命体ソマチッドがこのことを教えているのではないだろうか。

さぁ、新しい生命科学に船出しよう。魂と真我との一体、宇宙意識との融合をめざし出港しよう。

本書をまとめるに際し、故千島喜久夫医学博士や森下敬一医学博士、酒匂猛医学博士、故稲田芳弘氏らをはじめ、多くの学識者やヒーラーの研究成果や見解、文献などを参考にさせていただきました。ここに感謝を申し上げます。

《参考文献》

「ソマチッドと714Xの真実」（稲田芳弘／Eco・クリエイティヴ）
「警告　カルシウム不足」（川村昇山／駿台曜曜社）
「風化貝化石カルシウムとの出会い」（兼杉比呂志／タイムリーダージャパン㈱）
「カルシウム革命」（福島賢人／㈱源齋）
「隠された造血の秘密」（酒匂猛／Eco・クリエイティヴ）
「新カルシウムの驚異」（藤田拓男／講談社）
「再生医療を変革する珪素の力」（細井睦敬／コスモ21）
「秘教から科学へ」（神尾学／出帆新社）
「なぜこれほど多くの病と不調が【テラヘルツ量子波エネルギー】で消えてしまうのか」
（佐藤清／ヒカルランド）
「完全なる治癒」（クリストファーバード／徳間書店）
「難病を癒すミネラル療法」（上部一馬／中央アート出版社）
「ソマチット　地球を再生する不死の生命体」（福村一郎／㈱ビオマガジン）

上部一馬　うわべ かずま
1954年岩手県陸前高田市生まれ。77年明治学院大学卒業。学習研究社代理店勤務の後、92年㈱健康産業流通新聞社に入社。多くの健康食品をヒットさせた。00年からフリーに。03年健康情報新聞編集長兼任、ドキュメントをプロデュース。代替療法、精神世界、超常現象、超古代史に精通。
主な著書、「太長寿で奇跡を起こせ!!」（ゴマブックス）、「難病を癒すミネラル療法」（中央アート出版社）、「やっぱり、やっぱりガンは治る！」（コスモ21）、「ガン治療に夜明けを告げる」（花伝社）、「奇跡の生還」（コスモ21）、「2013年から5万6千年ぶりの地球『超』進化が始まった」（山田雅晴氏との共著ヒカルランド）、「巨大地震を1週間前につかめ！」（㈱ビオマガジン）他多数。

本作品は、2015年11月にヒカルランドより刊行された
『超微小《知性体》ソマチッドの衝撃』の増補新版です。

まもなく病気がなくなります!

［増補新版］超微小《知性体》ソマチッドの衝撃
医学・科学・宇宙に革新的見解をもたらす重大な発見

第一刷　2024年1月31日
第二刷　2024年11月22日

著者　上部一馬

発行人　石井健資
発行所　株式会社ヒカルランド
〒162-0821　東京都新宿区津久戸町3-11　TH1ビル6F
電話　03-6265-0852　ファックス　03-6265-0853
http://www.hikaruland.co.jp　info@hikaruland.co.jp
振替　00180-8-496587

本文・カバー・製本　中央精版印刷株式会社
DTP　株式会社キャップス
編集担当　TakeCO

ISBN978-4-86742-343-1

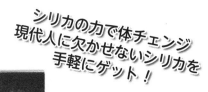

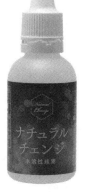

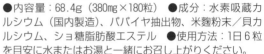

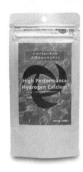

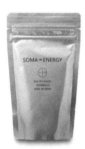

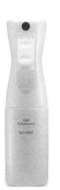

本といっしょに楽しむ イッテル♥ Goods&Life ヒカルランド

ソマチッドにフォーカスした唯一無二のアイテム
コンディション&パフォーマンスアップに

勢能幸太郎氏

ソマチッドをテーマにした書籍を多数出版し、いち早く注目してきたヒカルランドに衝撃が走ったのは2020年のこと。そのソマチッドが前例のないレベルで大量かつ活発な状態で含有したアイテムが続々と登場したのです！　開発者は独自理論による施術が話題のセラピスト・施術家の勢能幸太郎氏。勢能氏は長年の研究の末、膨大なソマチッド含有量を誇る鉱石との出会いを果たし、奇想天外な商品を次々と生み出しました。ソマチッドとは私たちの血液の中に無数に存在するナノサイズの超微小生命体。恒常性維持機能や免疫系、エネルギー産生などに働き、健やかで元気な状態へと導いてくれます。他ではまねできない勢能氏のアイテムを活用して、生命の根幹であるソマチッドにエネルギーを与え、毎日のパフォーマンスをアップしていきましょう！

ソマチッドを蘇生させ潤いのあるお肌へ

CBD エナジークリーム

■ 33,000円（税込）

●内容量：30㎖

勢能氏が最初に開発したソマチッドクリームには、ホメオスタシスの機能を高める麻成分 CBD ほか、たくさんの有効成分を配合。クリーム内のソマチッドと体内のソマチッドが共振共鳴し合い、経絡を伝わって体全体を調整します。

1滴の中に無数のソマチッドが存在

ハイパフォーマンスエッセンス

■ 33,000円（税込）

●内容量：30㎖

高濃度のソマチッド原液そのものを製品化。生活用品や衣類、家電などに直接塗るか希釈してスプレーすれば、周波数を整え、人体へのマイナスな影響を緩和。シャンプーや化粧品などに入れたり、体にスプレーすればパフォーマンスアップにも。

本といっしょに楽しむ イッテル♥ Goods&Life ヒカルランド

マイナスイオン+オゾンで
強力 10 倍除菌・除塵・脱臭！ お家まるごと空間清浄

タバコの煙もあっという間に消える !?

お家では、寝室（PM2.5、ハウスダスト、花粉、枕カバー・タバコ・クローゼット・汗の臭い）、リビング（エアコンのカビ、ソファー・カーペット・ペットの臭い、リモコンの付着菌、ドアノブの付着菌）、キッチン・ダイニング（魚や揚げ物など料理・換気扇・生ゴミの臭い、シンク周りのカビ、キッチンタオルの生乾きの臭い）、バスルーム（カビ）、玄関（下駄箱の臭い）、トイレ（アンモニア臭）など、場所によってさまざまな臭いや空気の汚れのお悩みがあります。「j.air」は、それらを一気に解消！ 最大 25 畳をカバーするため、各部屋の扉を開けておけばお家全体の空気をクリーンに。室内に浮遊する目に見えない微細なチリや花粉などの有害物質はオゾンの酸化力で破壊分解して根本から解消。菌や臭いにはオゾンとマイナスイオンが吸着して除菌・脱臭。オゾンとマイナスイオンを併用することで、それぞれ単体で使用したときにくらべて除菌効果が 10 倍に。モーターや風の排出音がないため静音。どんな場所にもなじむデザインでお部屋の雰囲気を乱すこともありません。ペットやあかちゃんにも安心の設計で、家族みんなの健康を守ります。クーラーのカビ菌にも対応！ ノミ、ダニ、ゴキブリ、蚊はほど良いオゾンが大嫌い（逃げます）。J.air で快適空間生活を始めましょう！

j.air（ジェイエアー）

170,500円（税込）

サイズ：高さ 125mm × 幅 125mm × 奥行 125mm　重量：1300g　推奨使用面積：〜 25 畳（環境により差があります）　除塵方式：イオン方式　マイナスイオン量：1000 万個 / cc 以上　オゾン濃度：0.03ppm（環境値以下）　電源・電圧：AC100V 〜 240V 50/60Hz　消費電力：8w　本体材質：イオン電極チタン 他ステンレス　カバー材質：木

【使用方法】パワースイッチをオンにするだけで作動する簡単操作。高さ 1.8 〜 2 メートルの場所で設置を推奨。効率よく、室内にマイナスイオン & オゾンを広げます。24 時間 365 日、継続使用が可能（問題がある際は自動的に電源が切れる安全機能を搭載）。

ご注文はヒカルランドパークまで TEL03-5225-2671　https://www.hikaruland.co.jp/

＊ご案内の価格、その他情報は発行日時点のものとなります。

自然の中にいるような心地よさと開放感が
あなたにキセキを起こします

元氣屋イッテルの１階は、自然の生命活性エネルギーと肉体との交流を目的に創られた、奇跡の杉の空間です。私たちの生活の周りには多くの木材が使われていますが、そのどれもが高温乾燥・薬剤塗布により微生物がいなくなった、本来もっているはずの薬効を封じられているものばかりです。元氣屋イッテルの床、壁などの内装に使用しているのは、すべて45℃のほどよい環境でやさしくじっくり乾燥させた日本の杉材。しかもこの乾燥室さえも木材で作られた特別なものです。水分だけがなくなった杉材の中では、微生物や酵素が生きています。さらに、室内の冷暖房には従来のエアコンとはまったく異なるコンセプトで作られた特製の光冷暖房機を採用しています。この光冷暖は部屋全体に施された漆喰との共鳴反応によって、自然そのもののような心地よさを再現。森林浴をしているような開放感に包まれます。

みらくるな変化を起こす施術やイベントが
自由なあなたへと解放します

ヒカルランドで出版された著者の先生方やご縁のあった先生方のセッションが受けられる、お話が聞けるイベントを不定期開催しています。カラダとココロ、そして魂と向き合い、解放される、かけがえのない時間です。詳細はホームページ、またはメールマガジン、SNSなどでお知らせします。

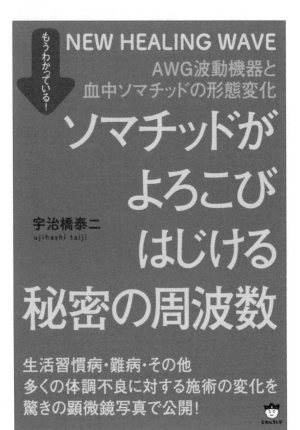

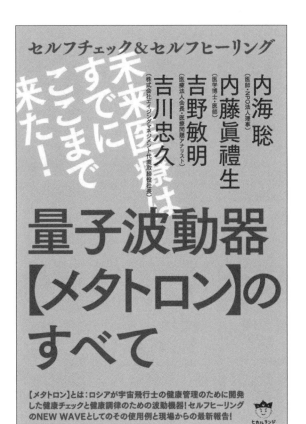